Alexa von Heyden

Meine Sonne.
Mein Mond.
Meine Sterne.

Alexa von Heyden

MEINE SONNE. MEIN MOND. MEINE STERNE.

Das Leben nach der großen Liebe

Eden
BOOKS

Inhaltsverzeichnis

Magnus ist weg

Die Tür fällt ins Schloss. Ich bin allein. Ein Rumpeln noch auf der Treppe, dann schlägt die Haustür unten krachend zu. Ich stehe barfuß in meinem pinken Schlafanzug mit den weißen Herzchen im Flur und halte die Luft an. Ist das wirklich gerade passiert? Mit dem rechten Ohr lausche ich von innen an der Tür, ob er doch noch einmal hochkommt, mich in den Arm nimmt, mir einen Kuss auf den Mund gibt und verspricht, dass wir es schaffen. Dass wir aufhören zu streiten, alles gut wird, nichts und niemand uns auseinanderbringt und ich für immer seine Sonne, sein Mond und seine Sterne bin. Ich wage nicht zu atmen, als könnte ich mit Luftanhalten die Zeit stillstehen lassen und die letzten Tage und Wochen rückgängig machen, all das, was ich aus Wut gesagt und aus Frust getan habe. Es nützt nichts: Das Haus bleibt still. Keine Schritte auf der Treppe, kein Schlüsselklimpern, nicht der kleinste Mux. Nachdem Magnus so oft damit gedroht hat, hat er es an diesem Donnerstagmorgen Ende März wahrgemacht. Ich habe ihn angefleht, es nicht zu tun, und gebettelt, dass er bleibt. Alles hinzuschmeißen sei keine Lösung und überhaupt könne er mich nicht einfach so hängen lassen.

Er habe genauso Schuld an dem Schlamassel und solle seine Entscheidung noch einmal im Herzen bewegen. Uns würde schon etwas einfallen, wie wir wieder zueinanderfinden. Nach all dem, was wir erlebt haben. Zwölf Jahre sind wir ein Paar. Es wäre doch gelacht, wenn wir es nicht schaffen. Aber weder meine Worte noch meine Tränen konnten etwas ausrichten. Das Letzte, was er zu mir gesagt hat, war: »Schlaf doch noch ein bisschen«. Wie soll ich das je wieder können – schlafen, ohne ihn?

Ich presse die angehaltene Luft aus meiner Brust, meine Hand umklammert die Türklinke so fest, dass die Fingergelenke durch die Haut scheinen. Für einen Moment wird mir schwindelig. Ich lasse los, schlage die Hände vors Gesicht und sinke mit dem Rücken gegen die Tür auf den Boden. »Scheiße, Scheiße, Scheiße …«, flüstere ich, wie wenn etwas Wertvolles kaputtgegangen ist und man begreift, dass es sich nicht mehr reparieren lässt. Nur geht es hier nicht um eine zerdepperte Porzellantasse oder ein Auto, das man gegen eine Laterne gesetzt hat, weil man sich in der Kurve verschätzt hat. Es geht um meine große Liebe und um mein Leben, wie es bisher war – aus, Schluss, vorbei. Magnus sitzt im Taxi in Richtung Flughafen. Er fliegt auf »unsere« Insel. Ausgerechnet dahin, wo wir die glücklichsten Tage aller Zeiten verbracht haben. Im Kofferraum liegen sein Surfbrett und ein paar T-Shirts, Shorts und Flipflops, die er eilig in die schwarze Tasche gestopft hatte, die wir immer zusammen auf Reisen benutzt haben. Ein Gepäckstück für uns beide. So ein Paar waren wir. Wir haben alles geteilt. Jedes Käsebrot und jede Erinnerung. Und das soll jetzt vorbei sein? Ich kann nicht glauben, dass das wahr sein soll.

Magnus hat sich verändert. Früher hat er mich getröstet, wenn ich geweint habe. Jetzt konnte er gar nicht schnell genug wegkommen. Er habe die Schnauze voll, es läge nicht nur, aber vor allem an mir, hat er gesagt. Er käme mit seinem Leben nicht klar und müsse jetzt einfach mal für ein paar Wochen weg, den Kopf freibekommen und was anderes sehen, andere Leute, anderes Wetter, anderes Essen. Ich habe ihm beim Packen geholfen, weil er seine Lieblingshose und die Tabletten gegen Sonnenallergie nicht finden konnte. Anstatt ihm einen Vogel zu zeigen und seine Sachen über den Balkon auf die Straße zu schmeißen, habe ich ihm alles aus dem Schrank in unserem Schlafzimmer rausgesucht und aufs Bett gelegt. Wenn er zurückkommt, soll ich ausgezogen sein. In eine eigene Wohnung. Egal wohin, Hauptsache ich bin weg.

Ich weiß gar nicht, wie ich das machen soll. Dabei haben wir es vor ein paar Nächten gemeinsam beschlossen. Mehr oder weniger. Magnus hat es zuerst ausgesprochen. Ich habe seinen Vorschlag angenommen, aber dabei geheult und mit dem Kopf geschüttelt. So ähnlich muss sich jemand fühlen, der unter Folter einen Mord gesteht: Man weiß, dass es nicht richtig ist, aber man will, dass das Gebrüll um einen herum endlich aufhört. Ich hätte auch zugestimmt, wenn er vorgeschlagen hätte, dass wir auf den Mars ziehen. Ich kann nämlich nicht mehr. Da ist keine Kraft mehr in meinem Körper, um zu streiten, zu weinen, nicht mehr zu schlafen. Ich will dieses Leben, so wie es jetzt ist, auch nicht mehr leben. In diesem Punkt sind Magnus und ich immer einer Meinung gewesen: Es muss sich etwas ändern. Wie oft haben wir uns das vorgenommen? Zehn, zwanzig, hundert Mal? Aber es wollte nicht funktionieren. Wir haben gestritten, uns versöhnt und uns zwei Tage später um denselben Mist wieder in die Haare bekommen: wer welche Rechnung bezahlt hat, wer wen genervt angeguckt hat, wer gestresst ist. Wir sind uns immer mehr aus dem Weg gegangen und haben immer weniger miteinander gesprochen. Abends lagen wir voneinander abgewandt in unserem Bett, zwischen uns ein Abgrund. Die tiefste Stelle des Meeres war nichts im Vergleich zu der kalten Einsamkeit, die sich zwischen uns geschoben hatte. Dabei gilt bei mir eigentlich die Regel, dass man nie wütend aufeinander ins Bett gehen darf. Aber selbst am nächsten Morgen lag Magnus noch mit dem Rücken zu mir und stand mit giftiger Miene auf. Ich saß im Bett und suchte seinen Blick, aber er wollte sich partout nicht mit mir vertragen. Er schaute noch nicht mal auf, als ich morgens heulend im Bett saß, und verließ ohne ein Wort das Haus. Früher hat er immer meine Füße, die morgens unter der Bettdecke hervorguckten, gekitzelt und versucht, mich langsam wach zu bekommen, was schwer ist, weil ich so ein Morgenmuffel und vor der ersten Tasse Kaffee zu nichts zu gebrauchen bin. Dass mein Wunsch nach Veränderung bedeuten würde, Magnus zu verlieren, damit hätte ich nicht gerechnet. Aber habe ich geglaubt, dass es ewig so weitergehen würde? Nein. Jetzt habe ich das Gefühl, die Kontrolle über mein Leben verloren zu haben und vor einer Karambolage aus enttäuschten Hoffnungen und verletzten Gefühlen zu stehen. »Es ist zu viel passiert«, hat Magnus gesagt. Ich stehe mit ungeputzten Zähnen und strubbeligen Haaren im Flur und versuche, einen klaren Gedanken zu fassen. Gleich muss ich zur Arbeit. Verflucht.

Es ist so ruhig in der Wohnung, das war es lange nicht. Keine Tür knallt, keiner droht, ich schreie nicht. Noch hängt der Streit der letzten Wochen wie ein Dunstschleier in der Luft, der sich langsam verflüchtigt, jetzt wo ich weiß, dass mein Freund – ich kann das Wort »Ex-Freund« noch nicht einmal denken – in ein paar Stunden Tausende von Kilometern weit weg sein wird. Mein Bauch kribbelt. Ist das die Aufregung oder die Angst, dass jetzt ein wirklich neuer Abschnitt beginnen soll? Auf der anderen Seite bin ich so wütend darüber, dass Magnus gefahren ist und mich hier mit der Aufgabe zurücklässt, ein neues Zuhause zu finden. Er behauptet, ich hätte ihn dazu getrieben, mich zu verlassen. Ich dagegen finde, er hat alles dafür getan, dass ich dauernd am Rad drehe. Dabei wollte ich etwas, das sich jeder wünscht: eine Familie und einen Ort, wo ich hingehöre. Und ich wollte, dass wir wieder so verliebt wie am Anfang sind. Dass wir Hand in Hand spazieren, romantisch Essen gehen oder dieses Hühnchen von Jamie Oliver nachkochen, bei dem man frische Kräuter unter die Haut schiebt und den Vogel an den Beinen mit Schnur zusammenbindet, bevor man ihn in den Ofen schiebt. Ich wollte nichts Weltbewegendes. Mal wieder ins Kino oder Theater gehen, ein Wochenende in diesem Welldorado auf der Mecklenburgischen Seenplatte verbringen, für das wir uns jedes Jahr Gutscheine schenken, die wir aber nie einlösen, und morgens im Bett frühstücken. Ich wollte von Champagner beschwipst im Park auf einer Decke in der Sonne liegen, auf Grashalmen kauen und Arm in Arm einschlafen. Ich behaupte, dass wir es gemeinsam gegen die Wand gefahren haben. Ausgerechnet wir, Sunny und Magnus, das Traumpaar, das seit Ewigkeiten zusammen ist, sodass Freunde und Familie unsere Namen in einem Atemzug nennen: »SunnyundMagnus«. Ich kann nicht sagen, wo ich aufhöre und wo er anfängt. Jeder Punkt in meinem Leben ist mit diesem Mann verbunden. Ein einziges Netz aus »SunnyundMagnus«. Unsere Freunde, mit denen wir uns zum Fußballgucken oder Kickern treffen. Das Schwimmbad, wo wir unsere Bahnen ziehen. Ich kraule tausend Meter, das ist zwanzigmal die Fünfzigmeterbahn hin und her, Magnus packt in der gleichen Zeit fünfhundert Meter mehr. Der Supermarkt, in dem wir im Gegensatz zu unseren Freunden noch immer einkaufen, weil ich finde, dass es im Bioladen so komisch schwül nach Frischkornbrei riecht. Unsere Lieblingsrestaurants, vor allem die italienischen und vietnamesischen. Die gemeinsamen Reisen der letzten Jahre nach Indonesien, Thailand, Kambodscha, in die USA und nach Indien. In Zukunft werde ich lernen müssen, wieder »ich« statt »wir« zu sagen. Schritt für Schritt, so wie ein Gelähmter wieder laufen lernt.

Ich stemme mich aus der Hocke hoch. Mein rechtes Bein ist eingeschlafen und der Fuß taub. Als ich ins Wohnzimmer humpele, fühlt es sich an, als würde ich mit rechts in ein Nadelkissen treten. Ich reiße die Flügeltür zum Balkon mit Schwung auf. Der Wind bläst mir entgegen und scheucht raschelnd ein paar Blätter auf, die noch vom Herbst übrig sind. Mein Blick fällt auf die Töpfe mit den Blumenleichen auf der Fensterbank. Meine Mutter schleppt die Blumentöpfe von ihrer Terrasse jeden Herbst zum Überwintern runter in den Keller. Ich lasse die Lavendelbüsche und den Rosmarin eingehen, schmeiße das Gestrüpp im Frühjahr weg und kaufe neue Pflanzen. So wollte ich es nächstes Wochenende machen: alles weg, alles neu. Das kann ich mir jetzt wohl sparen. Ich wurde verlassen, an einem schönen Frühlingstag: Der Himmel ist hellblau und mit kleinen Wolken gezuckert. Gegenüber auf dem Dach liegt gefrorener Tau – die Tage werden zwar wärmer, aber die Nächte sind noch immer eisig. Magnus war bestimmt kalt, als er in seiner dünnen Jacke los ist. Hoffentlich wird er nicht krank.

Ich lehne mich über das Balkongeländer und schaue runter auf die Straße, als bestünde eine Chance, dass Magnus unten im Taxi mit laufendem Motor sitzt und darauf wartet, dass ich runterkomme und sage, dass er mein Mond, meine Sonne und meine Sterne ist, und ihn bitte, nicht zu fahren. Aber das Taxi ist weit und breit nicht mehr zu sehen. Die zwei Klappstühle mit verstellbaren Rückenlehnen standen wie die Blumen einen ganzen Winter lang draußen, die Sitzflächen sind voller Taubendreck. Magnus behauptet, dass man von Vogelscheiße blind wird, wenn man sie ins Auge bekommt. Ich setzte mich auf die äußerste Kante des Stuhls, der am wenigsten schmutzig ist, schlinge die Arme um die Beine, hebe das Kinn und lasse die Frühjahrsonne die Tränen auf meinen Wangen trocknen. Die Wärme im Gesicht tut gut. Wieder versuche ich, einen Gedanken zu fassen, aber es ist, als wäre ich ein Tuareg, der in einem Sandsturm sein Kamel sucht. Das kann nicht wahr sein. Ich will das nicht: ausziehen, mich von Magnus trennen. Wie soll das gehen? Erst vor einem Jahr sind wir in diese Wohnung gezogen. Es sollte *die* Wohnung werden, der Ort, an dem ich mit Magnus eine Familie gründen wollte. Schon bei der Besichtigung habe ich mich zu Hause gefühlt. Große Räume mit hohen Decken, ein ruhiges Schlafzimmer zum Hinterhof – mein absoluter Traum mit Fischgrät-Parkett, Stuckrosetten an der Decke und Flügeltüren mit messingbeschlagenen Klinken. Eine davon schließt allerdings nicht mehr so richtig, weil ich sie im Streit einmal zu doll vor Magnus' Nase zugeknallt habe. Hinterher brüllte er mich an, dass ich aufhören solle, immer alles kaputt zu machen. Ich könne nicht immer so ausrasten. Dabei wollte ich das gar nicht: alles kaputt machen. Ich wollte rot-weiß-karierte Vorhänge in der Küche aufhängen und einen Tisch mit einer Sitzbank in die Ecke stellen. Ich sah uns schon mit unseren Kindern beim Abendbrot sitzen. Fischstäbchen und Kakao würde ich ihnen machen, danach eine Geschichte vorlesen, Zähneputzen und ab ins Bett. Unsere Freunde und Familien haben sich mit uns über die schöne Wohnung gefreut und jeden Tag auf die Nachricht gewartet, dass »SunnyundMagnus« nach so vielen Jahren Betonbeziehung endlich Nachwuchs bekommen. Vor allem meine Mutter! Sie rief an und jubelte mit vollem Mund, weil sie gerade beim Frühstück saß: »Ich habe geträumt, dass du schwanger bist!« Solche Anrufe bekam ich ständig und bei all den Hochzeiten, die in den letzten Jahren in unserem Kreis gefeiert wurden, fing, bis auf eine Ausnahme, immer ich den Brautstrauß. Nicht, weil ich es unbedingt gewollt und meine Hände danach ausgestreckt hätte, sondern weil die Braut ihn mir absichtlich vor die Füße warf und die anderen Frauen freiwillig zur Seite traten. Irgendwann nervte es mich nicht nur, sondern tat richtig weh. Denn die Wahrheit ist: Magnus und ich kommen schon lange nicht mehr miteinander klar. Bevor er heute gegangen ist, habe ich sogar ein paarmal im Hotel oder bei meiner Freundin Sophie übernachtet. Doch schon nach zehn Minuten in einem fremden Bett hatte ich Heimweh. Aber ich wollte, dass er begreift, wie ernst es mir war. Dass wir uns mehr Zeit für uns nehmen, weniger am Computer und vor dem Fernseher sitzen und vor allem nicht dauernd auf dem Handy rumwischen. Ehrlich gesagt fällt mir das selbst schwer: Dauernd habe ich es in der Hand und starre mit Geiernacken auf das Display. Dieses Ding ist schon wie ein Körperteil von mir. Magnus sagte, ich hätte hehre Ansprüche, denen ich nicht gerecht werde, und würde Regeln aufstellen, mich selbst aber nie daran halten. Ich blase die Luft durch die Lippen. »Pwwwwh!« Ich muss mich dringend anziehen und schnell zur Arbeit fahren. Wenn heute nicht schon Donnerstag wäre und ein freies Wochenende in Sicht, würde ich durchdrehen.

Ein Zimmer, zwei Zimmer – wie viel Platz brauche ich, Helena »Sunny« Schulz, seit vierzehn Minuten Single? Was für ein Unwort, es klingt wie ein Makel. Abgesehen davon fühle ich mich nicht als »Single«. In welchem Bezirk soll die neue Bude sein, hier in der Nähe oder ganz weit weg? Will ich überhaupt noch leben? All das sind Entscheidungen, die ich jetzt nicht treffen kann und auch gar nicht treffen will. »Du musst dich zusammenreißen!«, sage ich laut zu mir selbst. In einer halben Stunde gilt es, mit rosigen Wangen und einer knitterfreien weißen Bluse unserem wichtigsten Kunden die Strategie für die nächsten Jahre zu präsentieren. Es geht darum, wie *Oh So Lovely*, ein Onlineshop für Mode mit Sitz in Süddeutschland, vor dem Auge der Öffentlichkeit wachsen und gedeihen soll. Seit Monaten regele ich dafür alle Details, leite einzelne Schritte ein, schließe andere ab und meistere Herausforderungen. Aber welchen Plan habe ich für mich und mein Leben gemacht? Ich wünschte, ich könnte jetzt zu meinem Schreibtisch gehen, eine Schublade aufmachen und ein Blatt Papier hervorzaubern mit einer übersichtlichen Skizze für meine Zukunft. Oder zumindest mit einem Plan B für den Fall, dass Plan A nicht funktioniert. Aber einen solchen Plan gibt es nicht. Mein Schreibtisch hat noch nicht mal eine Schublade, wo ich ihn sicher hätte verwahren können.

Im Büro ahnt keiner, was bei mir zu Hause los ist, und selbst wenn jemand wüsste, dass ich gerade verlassen wurde, würde niemand Rücksicht nehmen. Liebeskummer? Pah! Wenn die Espressomaschine nicht funktioniert, wäre das die größere Katastrophe. In der Kaffeeküche hängt ein

Poster «Don't cry, work«. Das hat meine Chefin mit Reißzwecken und einer Wasserflasche an die Wand geschlagen.
Ihr ist es egal, ob ich mit Magendarminfekt oder ohne Beine
ins Büro komme, Hauptsache ich sitze an meinem Platz und
nehme den Telefonhörer ab, wenn es klingelt. Ich arbeite
in einer PR-Agentur und keiner in meiner Familie kapiert
so richtig, was ich da genau mache, warum der Job so viel
Zeit in Anspruch nimmt und ich trotzdem nie Geld auf
dem Konto, dafür aber oft schlechte Laune habe und immer
so angespannt bin. Ich fange dann an, mit den Armen zu
rudern und zu erklären: »Leute, ich sitze zwischen acht
und zehn Stunden täglich am Computer, telefoniere und
schreibe gleichzeitig E-Mails und immer wenn ich hoffe,
dass ich am Wochenende etwas gegen das Piepen in meinem Ohr machen kann, kommandiert mich meine Chefin
in einem Abendkleid und Hochsteckfrisur vor ein weißes
Zelt und lässt mich Häkchen hinter die Namen einer Gästeliste setzen. Jep – das ist mein Job, dafür habe ich studiert.«
Natürlich macht mich diese Arbeit nicht glücklich, aber
viele Alternativen bietet diese Stadt nicht. Die Hauptsache
für mich war immer, dass ich in Magnus' Nähe bin. Dabei
hätte ich woanders vielleicht eine bessere Stelle gefunden,
die mich nicht mit Haut und Haaren auffrisst, sondern wo
meine Talente gefördert werden. Aber was soll's, alle meine
Freunde haben bescheuerte Jobs. Egal ob Webdesigner,
Betriebswirt oder Stylist, ich möchte mit keinem von ihnen

tauschen. Alle schlittern von einer Sinnkrise in die nächste. Es geht nicht die Karriereleiter hoch, sondern von einem Hamsterrad ins nächste, in dem immer schon übermorgen eine neue Deadline oder Kündigung droht. Keiner verdient viel Geld, ich auch nicht. Es reicht gerade so für die Miete, zwei Wodka Tonic und ein Paar Turnschuhe im Monat. Trotzdem gebe ich immer mehr Geld für Klamotten aus, als ich auf dem Konto habe. Bei Magnus ist es anders. Seitdem er von einer bekannten Unternehmensberatung abgeworben wurde, kann er arbeiten wie und wo er will. Im Anzug in seinem Office – einem riesigen Glaskasten mit Blick über die Dächer der Stadt – oder in Unterhose zu Hause auf dem Balkon. Im Gegensatz zu mir ist er ein totaler Erfolgsmensch, der einen Deal nach dem anderen in trockene Tücher wickelt und gar nicht weiß, wohin mit all der Kohle, die ihm die Firma auf sein Konto überweist. Zwischendurch hatte ich schon mal den Verdacht, dass ich mit einem hyperintelligenten Mathegenie zusammenlebe und er versucht, es vor mir zu verbergen, weil er heimlich für die Regierung arbeitet und die nächste Mondlandung plant. Jede Woche rufen neue Headhunter an, die ihn abwerben wollen und ihm noch mehr Gehalt versprechen. Sein Chef weiß das. Er behandelt Magnus deshalb wie einen Sohn und bietet ihm nicht nur viel Geld, sondern vor allem Freiheiten, nach dem Motto: »Kommen Sie, wann Sie wollen. Hauptsache, das Ergebnis stimmt!« Und

Magnus? Der weiß das alles gar nicht zu schätzen. Selbst das Reisen macht ihm keinen Spaß. Er sagt, er sieht nie Mailand oder London, sondern immer nur den Flughafen und die Ledersitze von den Taxis. Ich halte immer dagegen, er soll froh sein, dass er nicht so eine Chefin hat wie ich. Die Frau heißt Beatrice Möser und ist der Grund für meine dauernden Kopfschmerzen, Magenbeschwerden und das Ohrensausen. Sie grüßt mich noch nicht mal, wenn ich ihr auf dem Flur begegne und einen »Guten Morgen« wünsche. Stattdessen zitiert sie mich und die Kollegen täglich zum Rapport, jeder muss seitenweise jeden Arbeitsschritt, Telefongespräche oder Meetings dokumentieren. Trotzdem ruft sie hinter meinem Rücken bei den Kunden an, um sich zu erkundigen, ob alles gut gelaufen ist. Nie ist sie zufrieden und wenn ich sie etwas frage, verdreht sie die Augen oder unterbricht mich und sagt »Werden Sie eins mit der Tapete!«. Wegen dieser Frau habe ich Schlafstörungen und knirsche mit den Zähnen. Ich denke oft, das kann nicht sein. Ich bin jung und irgendwie muss ich das doch wegstecken können, aber es geht nicht. Einer ihrer Lieblingssätze lautet: »Karriere macht man nach 18 Uhr«. Dann lacht sie und entblößt dabei ihr Gebiss mit den langen Zahnhälsen. Wenn ich ausnahmsweise mal zeitig nach Hause fahre und nicht wie alle anderen bis neun oder halb zehn an meinem Platz sitze, bombardiert mich Frau Möser den restlichen Abend mit E-Mails. Im Betreff stehen nur Großbuchstaben und jeder Satz endet mit drei Ausrufe- oder Fragezeichen: »SOFORT!!! ZU ERLEDIGEN!!!« oder »WO SIND DIE PRESSECLIPPINGS???« »Shouty capitals« nennt man das auf Englisch. Also bleibe ich wie die Kollegen so lange sitzen, bis Frau Möser Feierabend macht. Dabei passiert meistens den ganzen Abend nichts Weltbewegendes. Es geht nur darum, Präsenz zu zeigen und alle fünf Minuten das Postfach auf E-Mails von Frau Möser oder ihrer Sekretärin Nancy zu checken, während draußen das wahre Leben vorüberzieht. Da gehen die Leute nach der Arbeit einen Wein trinken, in die Sauna, zum Sport, ins Kino oder schälen mit Freunden den ersten oder letzten Spargel des Jahres. Ich frage mich jeden Morgen beim Zähneputzen vor dem Badezimmerspiegel, warum ich mir diesen Stress antue. Ich gehe nicht gerne zur Arbeit, ich hasse es sogar. Aber ich gehe weiter hin, weil ich nicht nur Angst vor Frau Möser, sondern eine noch größere, sehr diffuse Angst vor Verarmung habe. Diese Angst sitzt mir wirklich im Nacken. Ich reiße immer Witze, dass ich als alte Frau Pfandflaschen im Park sammeln werde, um über die Runden zu kommen, aber insgeheim fürchte ich, dass ich schon in naher Zukunft die Leute auf den Picknickdecken anquatschen muss, ob sie das Bier ausgetrunken haben. *Mich* hat noch nie ein Headhunter angerufen. Ich bin Mitte dreißig und habe das Gefühl, noch nichts Großartiges in meinem Leben geleistet zu haben, außer dass ich ein paar Runden bei dem Trinkspiel

Mäxchen gewonnen habe, weil ich von klein auf eine Meisterin im Bluffen und Lügen bin. Aber ich habe bislang weder liebreizende oder hochtalentierte Kinder bekommen, noch eine Entdeckung gemacht, die die Geschichte der Menschheit prägt. Ich bin nicht berühmt, habe keine ausreichende Altersvorsorge, geschweige denn Eigentum oder Aussicht auf eine Erbschaft. Ich habe eigentlich gar nichts.

Mit Anfang zwanzig war ich bereit, alles zu geben. Ich glaubte, dass mir alle Türen offenstünden. Um Erfahrungen zu sammeln, habe ich fleißig ein Praktikum nach dem nächsten absolviert, danach das Zeugnis in einer Klarsichtfolie in meinen Zeugnisordner abgeheftet und den Ordner ins Regal gestellt. Aber trotz meines guten Uni-Abschlusses und eines Packens Zeugnisse habe ich bisher nirgendwo eine Festanstellung bekommen und die Anzahl der Türen, vor denen ich vorstellig werden kann, lässt sich inzwischen an einer Hand abzählen. In der Agentur von Beatrice Möser arbeite ich seit ein paar Monaten als freie Projektassistentin mit der Aussicht auf einen Jahresvertrag. Der winkt mir aber nur dann, wenn ich »richtig Gas gebe«. Jeden Montag fühle ich mich wie ein Stück Mäusespeck, das aufgespießt an einem Stöckchen über einen flammenden Grill gehalten wird. Wenn ich verbrenne, macht das nichts, denn neben dem Feuer steht eine Schüssel mit frischem Mäusespeck. Alice Schwarzer würde sich an den Kopf fassen, aber ich hätte mir tatsächlich vorstellen können, eine Mutter und Hausfrau zu sein, die Wäsche wäscht, kocht und ihre Kinder zur Schule, zum Hockeytraining und zum Blockflötenunterricht fährt. Nur hat Magnus das irgendwie nie angeboten. Und darum konnte meine Angst vor dem Jobverlust so groß werden, dass ich mittlerweile alles danach richte: wann ich anfange zu arbeiten, wann ich aufhöre, was ich denke, ob ich schlafen kann oder nicht. Dabei will ich doch ganz anders leben. Ich möchte morgens gerne aufstehen und einen Beruf haben, bei dem ich glänzen kann und der mich nicht so stresst, dass ich am Abend den Menschen anschreie, den ich am meisten liebe. Das Verrückte ist: Ich weiß, dass das nicht gut ist. Schon lange. Jetzt ist mein Freund weg und ich sitze hier allein und jammere immer noch.

Die Sonne auf meinem Gesicht wird immer wärmer, es tut gut und trotzdem verlässt mich der Mut. Wie soll ich innerhalb von ein paar Wochen eine neue Bude finden, umziehen und es täglich ins Büro schaffen? Zumindest habe ich vom Umzug letztes Jahr noch alle Unterlagen, die man für eine neue Wohnung braucht: Kontoauszüge, Lebenslauf und eine Schufa-Auskunft, die bestätigt, dass man keinen Flat-Screen-Fernseher im Versandhandel bestellt und nicht bezahlt hat. Ich schwanke zwischen Zorn und Verzweiflung. Warum haut Magnus einfach ab, statt mit mir zusammen zu versuchen, einen Weg aus dieser Krise zu finden? Es nützt nichts, er ist weg. Ich muss mir etwas einfallen lassen und darf nicht wie sonst darauf hoffen, dass sich die Dinge von allein regeln. Ich lasse mich nochmal kurz auf die

Couch fallen – ein riesiges Ding, das wir uns zum Einzug geleistet haben –, klappe meinen Laptop auf, tippe mit neuen Tränen in den Augen ein paar Daten ein und abonniere einen Newsletter für Wohnungsangebote. Dann rufe ich, wie ferngesteuert, mein Facebook-Profil auf. Ich mache das inzwischen ganz automatisch, wenn ich am Rechner sitze, wahrscheinlich circa zehn bis dreißig Mal am Tag. Vielleicht finde ich ja über Freunde eine kleine Wohnung oder ein Zimmer, das ich übergangsweise mieten kann? Wie formuliere ich am schlauesten meine Suche? Ich will ja nicht gleich öffentlich verkünden, dass wir im Moment eine Pause machen. Es geht keinen was an und außerdem denke ich nicht, dass diese Trennung endgültig ist. Als mein Profil aufpoppt, sehe ich, dass Magnus mir zuvorgekommen ist. Er muss noch im Taxi seinen Beziehungsstatus geändert haben. Wir sind nicht mehr zusammen, nicht mal mehr »Freunde«. Davor waren unsere Namen mit einem roten Herz verbunden. Hat der nichts Besseres zu tun, als es gleich aller Welt mitzuteilen, dass wir getrennt sind? *Diesen* Magnus kenne ich überhaupt nicht! Mein Nachrichtenfach zeigt neue Nachrichten an. »Nein! Echt jetzt?« oder »Mensch Sunny, tut mir leid« muss ich da lesen. »Suche eine Ein- bis Zweizimmerwohnung in den üblichen Bezirken. Gerne zur Untermiete. Bitte melden«, schreibe ich wütend in meine Statuszeile, und ändere sie sofort wieder um ein Detail: »Für eine Freundin: Suche eine Ein- bis Zweizimmerwohnung in den üblichen Bezirken. Gerne zur Untermiete. Bitte melden.« Meine Hände zittern. Es dauert keine Minute, da steht schon der erste Kommentar von meiner Freundin Sophie unter meinem Gesuch: »??????????« Ich klappe sofort den Rechner zu. Was soll ich auf zehn Fragezeichen antworten? Zehn Ausrufezeichen? Facebook nervt. Ich verplempere so viel Zeit auf dieser dusseligen Seite, um mir Fotos von irgendwelchen Leuten anzuschauen, von denen mich auf der Straße keiner grüßt. Und Sophie könnte mich auch anrufen. Im selben Moment klingelt mein Telefon. Natürlich ist es ist Sophie, aber ich lasse es klingeln, denn ich muss jetzt wirklich ins Büro. Meine Chefin und der Kunde warten und bei der Präsentation darf mir keiner anmerken, dass mir gerade mein Leben um die Ohren fliegt. Wenn ich jetzt wieder anfange zu heulen, kriege ich mich nicht mehr ein. Magnus hat sich über meine Pflichterfüllung immer aufgeregt. Der Job sei Mist, ich solle mich da nicht so reinsteigern und mir endlich etwas Neues suchen. Er hat mir immer Mut gemacht, dass ich doch viel mehr auf der Pfanne hätte, als Gästelisten abzuhaken. Ich solle zumindest einmal auf den Tisch hauen und sagen: »So nicht!« Aber ich bin unfähig, mich gegen Frau Möser zu wehren, die mich wegen meiner rötlichen Haare »Möhre« nennt. Aber was soll's: Ich brauche wie jeder Mensch einen Job und denke immer an das, was Mami mir und meiner Schwester Caro jahrelang eingebläut hat: »Ihr müsst finanziell unabhängig sein. Macht euch niemals von einem Mann abhängig. Geht arbeiten.« Das Ergebnis ist, dass ich heute dauernd an meinen Kontostand denke und nicht schlafen kann, wenn ich im Minus bin. Noch dazu bin ich selbst daran schuld, dass ich dauernd pleite bin, weil ich so viele Klamotten kaufe. Aber wenn der DHL-Mann nicht klingelt und ich keine Pakete mit in Seidenpapier gewickelten Sommerkleidern oder weißen Blusen bekomme, habe ich das Gefühl, dass gar nichts in meinem Leben passiert.

Ich gehe ins Badezimmer, um mir das verweinte Gesicht zu waschen und mich schnell zu schminken. Eigentlich müsste ich duschen, aber es bleibt keine Zeit mehr. Ich könnte Nancy anrufen und sagen, dass ich nicht kommen kann. Ende der Durchsage. Das habe ich mich bislang nur ein einziges Mal getraut, damals als Magnus nicht nach Hause kam. Ansonsten bin ich jeden Morgen ins Büro gedackelt, auch wenn ich die Nacht davor wieder mit ihm gestritten hatte und anschließend schluchzend auf dem Badewannenrand die Inhaltsstoffe jedes Shampoos studierte, bis mir der Hintern wehtat. Statt zur Arbeit zu gehen, könnte ich mit einem Taxi zum Flughafen fahren, mit den Fäusten gegen die Glasscheibe vor dem Abflugbereich trommeln und hoffen, Magnus mit diesem Einsatz davon zu überzeugen, nicht in den Flieger zu steigen. Auch wenn er gerade diese Aktion bei Facebook gebracht hat. Na und? Dann ändert er seinen

Status halt wieder und alle Freunde klicken auf »Gefällt mir«. Was macht Sunny Schulz? Deckt ihre Augenringe ab, pudert die Nase und flicht sich einen Zopf, damit niemandem auffällt, dass die Haare nicht gewaschen sind. Sie reichen mir bis zur Schulter und ich habe einen Wirbel und deshalb einen Schwungscheitel, sodass ich dauernd die Haare von Seite zu Seite werfe. Wenn sie so fettig sind wie heute, geht das allerdings nicht. Als wenn das jemanden interessieren würde! Eher fällt auf, dass ich nicht so stark geschminkt bin wie sonst. Auf Wimperntusche und mein Markenzeichen, den Lidstrich, verzichte ich heute. Dabei ist er für mich das, was der dunkelblaue Anzug für Magnus ist. Er trägt Dreiteiler, entweder dunkelblau oder hellgrau, aber ohne Krawatte. Das hat er sich aus einer seiner Lieblingsserien abgeguckt, in der es um einen Typ geht, der angeblich ein Medium und Hypnotiseur ist und die Polizeibehörden als Berater unterstützt. Im Urlaub trägt Magnus dagegen nur Shorts, läuft barfuß und hat statt Wachs eine Salzkruste in den Haaren. Es ist so, als gäbe es zwei Versionen von diesem Mann: den echten Magnus und den Business-Magnus. Von mir gibt es neben der normalen Sunny auch eine Büro-Version, eben die mit Lidstrich. Man kann sagen, dass es eine Art Kriegsbemalung ist, denn erst so wird aus Sunny Helena Schulz. Üblicherweise ziehe ich einen schmalen Strich, ganz nah am Wimpernrand entlang. Je wichtiger der Termin, desto dicker gerät der Balken, vor allem, wenn Frau Möser dabei ist. Oberhalb

27

des äußeren Augenwinkels ziehe ich den Strich einen Wink nach oben, das sieht hübscher aus, wenn man die Wimpern anschließend tuscht. Aber heute sind meine Augenlider zu geschwollen, um darauf zu malen. Ein Tupfer Rouge auf den Wangen hilft schon mal ein bisschen gegen die Blässe. Ich grinse, wie man es machen soll, damit die Farbe auf dem höchsten Punkt der Wangen landet, und fahre mit dem Pinsel über mein Gesicht. Wie ich da so gekünstelt lachend vor dem Spiegel stehe, verliere ich die Fassung und fange doch wieder an zu heulen. Wie soll ich diesen Tag, die nächsten Wochen und den Rest meines Lebens überstehen? Ich fühle mich, als hätte mich ein Laster überfahren. Erst im Vorwärts- und dann noch mal ganz langsam im Rückwärtsgang.

Am liebsten würde ich meine Mutter anrufen und fragen, ob sie mich krankschreibt. Aber Mami ist jetzt in Rente und andauernd auf Reisen. Gerade ist sie mit ihren »Mädels« in Südafrika. Von ihrem Freund Hajo hat sie sich getrennt. Der Grund ist simpel: Er hat kein Geld und sie will auf ihre alten Tage die Welt sehen. Mami leidet unter »Mal d'Afrique« und ist also ein Afrika-Junkie so wie andere Leute in dem Alter jeden Tag Golf spielen oder sich vornehmen, trotz nachlassender Seh- und Geschmacksnerven die Sterneküche zu erobern. Mittlerweile verbringt sie den ganzen Winter in irgendwelchen Busch-Camps und wenn sie zurück in Deutschland ist, erzählt sie immer wieder ihre Reisegeschichten.

Von kleinen Vögeln, die geniale Nester konstruieren, in die keine Schlangen kriechen können, oder wie gefährlich Nilpferde sein können, wenn man sich zwischen sie und das Wasser stellt. »Mami, das hast du schon drei Mal erzählt«, sage ich immer und sie sagt dann: »Na und, dann erzähl ich es dir noch mal!« Wenn sie nicht unterwegs ist, ist meine Mutter nun wieder jeden Abend allein und ich frage mich, ob das gerecht ist, nachdem das mit meinem Vater passiert ist. Aber meine Mutter sieht ihren Single-Status relaxed. »Schatz, nach deinem Vater gab es sowieso nie wieder einen richtigen Mann für mich. Wer sollte da auch kommen, nach diesem Kerl? Es ist okay, ich habe mein Leben gelebt, ich habe euch. Das reicht mir.« Nach dieser Ansage bin ich in Tränen ausgebrochen. Mami macht einfach ihr Ding, was ich gut finde. Wenn sie mich in Berlin besucht, habe ich meistens keine Zeit, weil ich auch am Wochenende arbeiten muss oder von der Woche gestresst bin. Hinterher entschuldige ich mich hundert Mal, aber wenn meine Mutter da ist, überall ihre Kosmetik-Täschchen, Senftütchen und Schokoladentäfelchen aus dem Flugzeug hinlegt oder fragt, wie weit das Restaurant von unserer Wohnung weg ist und ob ich das bestellte Taxi wirklich bestellt habe, platzt mir die Hutschnur und ich fauche sie an: »Mami, echt jetzt. Es nervt!« Also kommt sie nicht mehr so gerne zu Besuch. Im Nachhinein tut mir das immer fürchterlich leid und ich fahre nachts aus dem Schlaf hoch und denke, ich muss sie sofort anrufen und alles zurücknehmen, was ich jemals Böses zu ihr gesagt habe. Ich habe so eine Angst, dass Mami stirbt. Sollte dieser Fall jemals eintreten – obwohl ich meiner Mutter verboten habe zu sterben! – weiß Caro über alles Bescheid: wo das Testament liegt, die Bankunterlagen, wie und wo Mami beerdigt werden will. Ich stelle mir vor, wie wir zu ihrer Beerdigung müssen, und verbiete mir im selben Augenblick solche Gedanken wieder, weil ich Sorge habe, dass sie dadurch wahr werden können. Wenn Mami stirbt, ist sie vielleicht ganz allein und wenn ich die Nachricht erfahre, bin ich auch ganz allein. Umso glücklicher bin ich, dass meine Mutter mit über siebzig noch so fit ist und mir immer treu SMS schreibt. »Namibia ist ein Traum! In der Wüste hört man nur den Wind. Liebe dich. Mami«, »Komm nach Hause, ich mach dir ein Brot mit Tomaten und Liebstöckel aus dem Garten!« oder, wenn sie mit ihren Freunden Wissensspiele spielt, ganz kryptisch: »Google bitte mal Aleppo-Beule! Und welcher Hauptbestandteil ist in Absinth?« Für meine Geschwister und mich ist sie eine Art lebende Telefonvermittlung, die alle darüber auf dem Laufenden hält, was die anderen machen. Meine kleine Schwester, die jetzt immerhin auch schon Anfang dreißig ist, arbeitet genauso viel wie ich und ich sehe sie und meine Brüder nicht so oft, wie ich gerne würde. Immer ist irgendein Event, ein Dinner oder eine Messe, weshalb ich nicht zu den Geburtstagen, Taufen oder Einschulungen meiner Nichten und Neffen kommen kann. Als ich sie das erste Mal sah, waren sie Babys, das nächste Mal kamen sie schon selbst an die Schokolade auf dem Tisch ran und wieder beim nächsten Mal hatte der Älteste Pickel im Gesicht. Früher war es irgendwie anders, eine Familie zu sein. Ich bekomme nie was mit. Aber Caro geht es genauso, sie arbeitet mit viel Leidenschaft als Krankenschwester in der Notaufnahme eines Krankenhauses. Sie kommt nach unserem Vater, der auch Arzt war. Anderen Leuten zu helfen, war immer ihr Wunsch. Ich beneide sie darum, dass sie einen Job hat, der sinnvoll ist. Wenn sie abends nach Hause geht, weiß sie, dass sie ein Leben gerettet hat – oder zumindest einen Fuß eingegipst.

»Mami wo bist? Ruf bitte mal an. Mir geht's nicht so gut«, schreibe ich in die SMS. Das klingt so harmlos, aber soll ich schreiben »Magnus hat Schluss gemacht, ich suche eine neue Wohnung«? und meine Mutter unnötig in Alarmbereitschaft versetzen? Sie sitzt irgendwo unter einem Jacaranda-Baum und kann mir eh nicht helfen. Aber ich fühle mich gerade echt allein. Also tippe ich die Nachricht doch noch mal um: »Hallo Mami, bitte ruf mich mal zurück …« An den vielen Pünktchen wird sie merken, dass etwas nicht stimmt, und sich bestimmt bald bei mir melden. Ich gehe ins Schlafzimmer, fische den BH von der Türklinke, wo ich ihn abends immer hinhänge, ziehe mein Pyjamatop aus und schließe den BH in meinem Rücken. Dann hole ich eine frisch gereinigte Bluse aus dem Schrank, reiße den

Reinigungszettel ab, schließe Knopf für Knopf. Okay, das wär schon mal geschafft. Meine Röhrenjeans hängt auf dem Kleiderständer hinter der Tür. Ich setze mich aufs Bett, um erst den linken und dann den rechten Fuß hineinzustecken, die Hose bis zu den Knien hochzufummeln und dann mit einem kräftigen Ruck über meine Oberschenkel zu reißen. Magnus hat sich immer lustig gemacht über meine Anziehtechnik: Ich solle mich lieber auf eine Leiter stellen und von da in die Hose springen, das ginge vielleicht leichter. Der Mann hat noch nie von der Erfindung der Strechtfaser gehört. Ich vermisse ihn und seine Sprüche jetzt schon. Das Bett ist noch nicht gemacht, die Decke liegt zerwühlt auf der Matratze, daneben das T-Shirt, in dem Magnus geschlafen hat. Wohl eine Art Abschiedsgruß. Ich lasse mich in das T-Shirt fallen und schließe die Augen. Es riecht überall nach ihm und ich bereue, dass ich heute Nacht nicht neben ihm geschlafen habe, aber ich konnte die Vorstellung nicht aushalten, dass dies wirklich unsere letzte Nacht sein soll. Darum bin ich mit meiner Decke auf die Couch gezogen – natürlich in der Hoffnung, dass er hinterherkommt und sich zu mir legt. Ich lege das Stück Stoff auf mein Gesicht, inhaliere den Duft und schluchze. Ganz leise nehme ich das Signal für eine neue SMS wahr. Ich springe vom Bett auf und krame in meiner Tasche, die auf der schmalen Konsole liegt, auf der wir unsere Schlüssel und Kleingeld abwerfen. Das Telefon rutscht immer nach ganz unten zwischen Portemonnaie, Kalender und Kosmetiktäschchen. Magnus wollte mir ausrechnen, wie viel meiner Lebenszeit ich damit vergeude, mein Handy oder den Hausschlüssel zu suchen und in Panik zu verfallen, weil ich glaube, beides verloren zu haben oder Opfer eines Taschendiebes geworden zu sein. Ich schmeiße die Tasche auf den Boden, knie mich hin und hole alles raus, was drin ist. Aufgeweichte Kaugummis für einen frischen Atem und weiße Zähne, eine zusammenklappbare Haarbürste, Taschentücher von der Apotheke, bei der ich jeden Tag etwas anderes kaufe, Kopfschmerztabletten, Tropfen für trockene Augen oder Pillen gegen Verstopfung, weil ich nie in Ruhe auf Klo gehen kann, ein USB-Stick im Form einer Erdbeere aus Gummi. Das Telefon liegt auf dem Grund der Tasche, das Display leuchtet noch. Meine Nase läuft, mein Blick ist verschwommen, aber ich sehe, dass die Nachricht von Magnus stammt. »Steige jetzt in den Flieger. Melde mich, wenn ich angekommen bin. Hoffe, du bist okay und hast mein T-Shirt gefunden. Halt die Ohren steif.« Ich denke an seine langen Wimpern, seine Hände und seine Füße. Die krummen Knie, die ich besonders geliebt habe. Die ich immer noch liebe. Man hört ja nicht einfach auf, jemanden zu lieben, nur weil der nicht mehr mit einem zusammen sein will.

Das Geheimnis

Wie jeden Morgen hole ich mir im Café nebenan einen Cappuccino zum Mitnehmen mit extra heißer Milch und fahre dann einhändig mit dem Fahrrad zur Arbeit. Die verheulten Augen verstecke ich hinter einer Sonnenbrille, obwohl der Himmel inzwischen bewölkt ist. Wie Magnus würde ich am liebsten einfach abhauen oder sogar ganz vom Erdboden und von dieser Welt verschwinden, aber ich kann ja nicht. Ich muss arbeiten und fahre wie immer die Straße entlang, die den Berg runter ins Stadtzentrum führt. Über Nacht hat sie sich in einen Kirschblütenmeer verwandelt und sieht aus, als würden große rosa Zuckerwatteballen sie säumen. Der Wind fegt durch die Kronen und nimmt ein paar Blütenblätter mit, die wie Konfetti über meinen Kopf hinwegsegeln. Der Frühling macht mich fertig. Alles um mich herum fängt neu an, die Natur blüht und gedeiht und ich? Ich will nicht neu anfangen. Ich stelle mir die Aufgabe, während der restlichen Fahrt einen klaren Kopf zu bekommen, aber ich bin trotzdem voll neben der Spur. Als alle Autos anfahren, rollt mein Fahrrad über eine rote Ampel. Ich versuche zu bremsen, da liegt mein Kaffeebecher schon auf der Straße und ich beinahe auch. Die Milch fließt über den Asphalt. Besser ich schiebe, denke ich, auch wenn ich längst zu spät zur Arbeit und damit auch zu meiner eigenen Präsentation komme. Werde ich allein in dieser Stadt klarkommen?, überlege ich und schaue mich um. Der Verkehr ist ohrenbetäubend, nur ein paar Bäume stehen hier und da und jeder davon ist von Hundekacke umzingelt. Nie sieht man ältere Menschen auf der Straße, dafür sitzt vor jedem Supermarkt ein Bettler oder jemand, der die Straßenzeitung verkauft und einem ein schlechtes Gewissen macht, wenn man mit einer prall gefüllten Tüte rauskommt. Es hat lange gedauert, bis ich mich hier einigermaßen heimisch gefühlt habe und ich hätte mich nicht mit dieser Stadt angefreundet, wenn ich nicht angefangen hätte, mit dem Rad zu fahren und all die versteckten Parks und Uferstellen zu finden. Es ist ein schwarzes Damenrad mit drei Gängen und einem verbeulten Drahtkorb am Lenker, in dem Rotkohl-Fitzel hängen, weil irgendein Assi das Papier von einem Döner in meinen Korb geworfen hat, als ich es vor dem Büro stehen gelassen hatte. An diesem Abend bin ich ausnahmsweise mit dem Taxi nach Hause gefahren, weil ich zu kaputt war, um auch nur einmal in die Pedale zu treten. Früher bin ich mit der U-Bahn zur Arbeit gefahren, aber ich kann die Enge nicht mehr ertragen. Ich stelle mir immer vor, dass der Waggon, in dem ich sitze, entgleist, die Bahn auf die Seite kippt und ich mit all diesen

Menschen, ihren Franzbrötchen und Kaffeebechern auf einem Haufen liege und dazwischen ersticke. Allein wegen dieser Vorstellung bleibt mir beim Betreten der Bahn die Luft weg. Außerdem gibt es immer Leute, die einen nerven oder die sogar zu richtigen Hassattacken anstacheln. Zum Beispiel dieser Typ, der jeden Morgen zur selben Zeit fuhr wie ich: Entweder hatte er eine Isotasse dabei, aus der er schlürfend Tee trank, oder er packte ein großes Glas Joghurt aus seiner Tasche, aß ganz genüsslich und kratzte zum Schluss mit einem langen Löffel den letzten Rest aus dem Glas. Dabei schien es ihn überhaupt nicht zu stören, dass die anderen Fahrgäste, also ich, von seinem Löffel-im-Glas-Geklimper Mordgelüste bekamen. Genauso geht es mir mit den Straßenmusikern, wenn sie morgens um acht mit dem Schlachtruf »Musica, Musica, Musica« die Bahn entern und *Hit The Road Jack* fiedeln. Und immer wieder, an fast jeder Station, steigt ein Bettler ein. Mir ist das morgens zu viel, ich ertrage weder die Gute-Laune-Musik noch die Armut. Also fahre ich Rad. Manchmal sind das die einzigen zwanzig Minuten am Tag, in denen ich das Tageslicht zu Gesicht bekomme. Und das sagt Sunny Schulz, das Mädchen, das in einem Dorf am Waldrand aufgewachsen ist. Bis wir Teenager waren, haben Caro und ich stundenlang im Wald gespielt. Es war, als wollten wir uns vor dem Erwachsenwerden hinter Brombeerbüschen verstecken. Wir haben Buden gebaut, an einer seichten Stelle im Bach Froschleich-Farmen angelegt, uns mit Tonerde die Gesichter bemalt und Indianer gespielt. In unserer Fantasie gehörten wir zum Stamm der Lakota, weil Caro damals Fan von dem Film *Der mit dem Wolf tanzt* mit Kevin Costner war. Sie hat den Film elf Mal im Kino gesehen, schon beim zweiten Mal kniete sie während der Vorstellung unten auf dem Boden und schlug in einem Buch die Begriffe in Lakota nach, sodass sie bald selbst ein paar Brocken sprechen konnte. Etwa »Was ist los?« oder »Hol mein Pferd!«. Das Problem war nur, dass sie kein Pferd hatte. Also baute Caro sich eins zu Haus. Dazu legte sie eine dünne Schaumstoffmatratze um den Schreibtisch in ihrem Kinderzimmer, zurrte sie mit drei ineinandergeschnallten Gürteln fest, drapierte Mamis alten Fuchspelzmantel – ein Erbstück von ihrer Großmutter – und eine Trense darüber. Fertig war das Pferd. Einen Kopf hatte es nicht. Wenn wir nach Hause kamen, mussten wir uns im Gäste-WC die Füße waschen, dann gab es Fischstäbchen und Kakao. Den Rest des Abends galoppierte Caro auf ihrem »Pferd« gegen die Wand. Wenn Wochenende oder Ferien waren, starteten wir immer schon am Morgen einen Ausflug in den Wald, damit wir genug Zeit für unsere Entdeckungstouren und Spiele hatten. Dieser Wald ist nach wie vor der schönste Ort, den ich auf der Welt kenne. Ein verwunschener Forst mit hohen Tannen und großen Lichtungen, auf denen man, wenn man ganz still ist, nicht nur die Spechte hämmern, sondern auch die

Bienen summen hört. Es ist ein Wald mit steilen Hängen und plätschernden Bächen, deren Wasser süß und erfrischend schmeckt. Wir sind bergauf, bergab, durch den Matsch und über Stock und Stein gerannt und ich werde mich immer an den Tag erinnern, an dem uns plötzlich ein Hirsch gegenüberstand. Wir waren schon auf dem Weg nach Hause, die Taschen voll mit Bucheckern, auf den Nasen angeklebte Ahornsamen, als dieses Vieh mit einem riesigen Geweih auf dem Kopf durch schulterhohe Brennnesseln aus dem Unterholz auf den Weg trat, nur zwanzig Meter von uns entfernt stehen blieb und uns mit seinen großen dunklen Augen anschaute. Wie ein Fabelwesen, das uns durch seine Zauberkraft innehalten ließ. Caro und ich hielten uns an den Händen und wagten kaum zu atmen. So hatten wir das letzte Mal zusammen im Flur in Lingen gestanden, an dem Tag, als unser Vater starb. In diesem Moment waren wir wieder vier und fünf Jahre alt. Meine Schwester und ich sprachen es niemals aus, aber wir waren uns beide sicher: dieser Hirsch, das war er. Ich glaube, Caro geht heute immer noch so viel joggen, weil sie hofft, ihn wiederzutreffen. Und wenn es auch niemals geschieht, so weiß sie doch die Stelle, an der wir ihn gesehen haben. Eines Tages liefen wir tiefer als je zuvor in den Wald hinein und fanden zwar nicht den Hirsch, dafür aber einen Weiher mit einer Insel in der Mitte, nicht mehr als ein Fleckchen Erde mit drei Büschen. Am Ufer stand ein alter Baum – eine

Buche oder eine Eiche –, dessen Krone wie ein Dach über das Wasser ragte. Irgendjemand hatte es geschafft, ein Seil um den dicksten Ast des Baums zu werfen, und das Ende auf unserer Kinnhöhe um den Stamm gewickelt. Wir suchten ein Stück Holz und knoteten aus dem Seil und dem Holz eine Schaukel, die zwischen dem Ufer und der Insel hin- und herpendelte. Den Rest des Sommers spielten wir nichts anderes als »Schwingen«. Die Schaukel wurde zu einer Attraktion, die auch die älteren Kinder, die schon Zigaretten rauchten und Moped fuhren, aus dem Dorf zu unserem Weiher lockte. Wir setzten uns paarweise auf den Ast, das Seil in der Mitte, und schwangen kreischend hin und her. Der größte Spaß war es, wenn das Holz brach und ein Paar ins Wasser krachte. Natürlich nicht man selbst, sondern die anderen. Denn so ein Tauchgang im Weiher war unheimlich, weil das Wasser vom Laub dunkel und der Grund moderig war, sodass man darin versackte und mit schlammverschmierten Füßen aus dem Wasser stieg, zwischen den Zehen die Gerippe verrotteter Blätter. Unsere Füße wurden in diesem Sommer gar nicht mehr sauber, unsere Haare rochen nach Tümpel und Kinderschweiß. Auf der Insel im Weiher habe ich meine erste Kippe gepafft, heimlich hinter einem Busch. »Nur wer schwingt, darf rauchen«, bestimmten die Großen. Wir ließen die Zigaretten im Kreis rumgehen, denn wir waren Indianer. Ich mochte den Geschmack nicht, aber es gefiel mir, den warmen

Rauch einzuatmen und wieder auszupusten. Diese Sommer, dieser Weiher und die tausendundeins Möglichkeiten, einen Tag zu gestalten – ich wünschte, ich könnte jetzt dorthin zurückkehren.

Die Tür des Aufzugs öffnet sich und reißt mich aus meinen Tagträumen. Ich habe es tatsächlich geschafft, unverletzt ins Büro zukommen, wenn auch ohne Kaffee, und trete in die Kabine, die von oben bis unten verspiegelt ist. Die Beleuchtung ist gnadenlos. Wenn ich allein bin, quetsche ich mir hier heimlich die Mitesser auf der Nase oder dem Kinn aus, weil man sie in dem Licht überhaupt erst sehen kann. An der Wand steht ein Schild, wann der Aufzug gebaut wurde und wie viele Leute er hoch- und runterfahren kann. Er ist so alt wie ich. Oder ich bin so alt wie der Aufzug: 35, beziehungsweise bald 36. Ich drücke auf den runden Knopf mit der Zahl 5. In dieser Etage befindet sich die Agentur, in der ich arbeite. Oben wartet ein langer Flur, ganz am Ende ist der Eingang – eine große lilafarbene Tür mit dem Namen der Agentur in Schnörkelschrift: Purple Consulting by Beatrice M. Ich zweifle jeden Tag daran, dass es korrektes Englisch ist, für mich klingt es eher nach einer Firma für Oma-Pullover mit Tigerdruck und Glitzersteinchen, die über den Teleshopping-Kanal vertrieben werden, aber Lila ist die Lieblingsfarbe von Frau Möser. Sie trägt jeden Tag etwas in der Farbe, sei es ein Jackett oder einen Armreif.

Selbst Blumen, Tesafilm und die Schokolinsen in der versilberten Schale am Empfang sind lila. Mir fällt jeden Abend ein Stein vom Herzen, wenn ich aus diesem Gebäude wieder rauskomme, vor der Tür mein Rad abschließe und nach Hause fahren kann.

An diesem Morgen bin ich, wie so oft, eine der Ersten im Büro. Offiziell bin ich gar nicht zu spät. Ich komme immer eine halbe Stunde früher, damit ich als Morgenmuffel genügend Zeit habe, um in die Gänge zu kommen oder so wie heute in Ruhe eine Präsentation vorzubereiten. Wenn ich in Hektik gerate, laufe ich gegen die Türen oder mir fällt alles runter. Meine Kollegin Moni, mit der ich mir einen Tisch und die meisten Aufgaben teile, ist noch nicht da. Sie wird sofort bemerken, dass ich durchhänge. Obwohl wir fünfmal die Woche acht Stunden oder länger miteinander verbringen, weiß sie nicht viel von mir. Nur dass mein Freund Magnus heißt und wir zusammen wohnen. Persönliche Probleme darf ich mir im Büro nicht anmerken lassen, weil ich einem festen Vertrag hinterherjage, und da bin ich auf Monis Hilfe angewiesen. Dabei war zwischen uns anfangs keine Sympathie, im Gegenteil: Ich war »die Neue« und Moni »die Senior-Beraterin«. Sie behandelte mich von oben herab, grüßte mich morgens nur knapp und guckte genervt, wenn ich mich erkundigte, wie die Durchwahl zum Empfang sei und wo man gut Mittagessen könne. »Wir essen an unserem Platz,

Prinzesschen«, raunte sie. War das schon Mobbing? Fast hätte ich fast angefangen zu heulen. Dann wurden wir auch noch nebeneinander gesetzt, beziehungsweise ich wurde in Monis Büro verpflanzt, das sie zu ihrem Entsetzen nun mit mir teilen musste. Dass sie lesbisch ist, habe ich mir wegen ihrer Aufmachung von Anfang an gedacht: kurze Haare mit blondierten Spitzen, sportliches Jackett mit Applikationen auf der Brust, Boot Cut Jeans und ein dickes braunes Lederarmband, mehrfach um das Handgelenk geschnürt. Sie schminkt sich auch so komisch, irgendwie so gothicmäßig mit schwarzem Kajal um die Augen. Alle halbe Stunde lässt Moni alles stehen und liegen und geht auf den Balkon, um eine von ihren kleinen selbst gedrehten Zigaretten zu rauchen, die knistern, wenn man den Tabak und das Papier anzündet. Auf ihrem Schreibtisch stehen eine Kakteensammlung und Bilderrahmen mit ihrer »Familie«: zwei Perserkatzen namens Paula und Herr Schulze. Moni wurde in Bayern geboren und hat eine ganz andere Art von Humor als ich Rheinländerin. Sie macht Witze, die ich nicht verstehe, und umgekehrt. Dem Anschein nach passt sie gar nicht in diese Agentur, aber Moni ist weit und breit die einzige Frau, die Ahnung von Budget- und Strategieplanung hat. Ich habe mehr Respekt vor ihr als vor meiner Chefin, die Moni nur »die Möser'sche« nennt. Frau Möser ist nicht nur gemein, sondern auch gefährlich, weil sie eine Frau ist, die andere Frauen hasst. Alle und vor allem die, die jünger sind und nicht so ein Gulaschgesicht wie sie haben. Ich wusste gleich, dass ich es irgendwie schaffen musste, mit Moni auszukommen, angesichts dieser Person.

Einmal begegneten wir uns in der Küche, als ich Milch aus dem Kühlschrank holen wollte. Ich stand vor der Kaffeemaschine, wartete, dass der Espresso durch die Maschine tröpfelte und fragte mich, ob es im Laufe meiner Karriere auch nur einen einzigen Tag geben würde, an dem ich gerne zur Arbeit gehen würde, als mein Blick auf eine große Glasflasche mit einem Inhalt, der an Milch mit Blumenkohl erinnerte, fiel. Ich kippte sie hin und her und rümpfte die Nase.

»Bäh, was ist das denn?«, murmelte ich.

»Das ist nicht Bäh, sondern meine Kefirkultur«, fauchte Moni, die plötzlich hinter mir stand.

Ich fuhr herum und stellte die Glasflasche sofort wieder an ihren Platz.

»Kefir! Das ist so was wie Buttermilch, oder? Sieht ja interessant aus …«

»So sieht das aus, wenn man Kefir nicht in einem Plastikbecher im Supermarkt kauft, sondern selbst macht.«

»Wie macht man Kefir selbst?«

»Mit Milch und einem Pilz.«

Ich schaute angewidert, wollte mich aber unbedingt weiter mit Moni unterhalten. Es war das erste Mal, dass wir über etwas Persönliches sprachen. Das erste Mal, nachdem ich schon mehrere Wochen in der Agentur gearbeitet und jeden Tag neben ihr gesessen hatte.

»Kefir soll ja sehr gesund sein«, lobte ich. Und siehe da: Moni, die alte Schreckschraube, guckte das erste Mal freundlich in meine Richtung.

»Es ist super gesund! Es macht fit, schöne Haut und hilft bei der Verdauung. Nicht, dass du das nötig hättest, aber ich gebe dir gerne ein paar Knollen für zu Hause mit. Dann kannst du es auch mal probieren«, rief sie plötzlich euphorisch und fischte aus einer der Schubladen ein kleines Kunststoffsieb. »Warte, ich gieße das hier schnell ab und dann pack ich dir was zum Mitnehmen ein. Du wirst sehen, wie gut das für dich ist!« Sie kippte den Inhalt der Flasche über das Sieb in eine Glasschüssel, darin blieb ein weißes Gezadder hängen, das Moni so vorsichtig abspülte, als könnte es durch die Wucht des Wassers verletzt werden. Ich war mir sicher, dass ich niemals zu Hause einen Pilz züchten würde – Magnus würde die Augen verdrehen oder Kotz- und Würgegeräusche von sich geben –, aber ich wollte Moni nicht daran hindern, endlich nett zu mir zu sein. Ich brauchte in dieser Agentur endlich eine Verbündete. Und warum dann nicht gleich die Senior-Beraterin? Bingo!

»Och, du bist ein bisschen gestresst, nicht wahr?«

»Ach na ja, es geht. Es ist ja immer ein bisschen komisch, wenn man neu ist und niemanden kennt, aber ich komm schon klar …«

»Ich meine nicht dich, Prinzesschen, sondern den Kefir!«, raunte Moni und zeigte auf das glitschige Zeug, das sie in eine Plastiktüte gleiten ließ. Voller Stolz überreichte sie mir den Beutel. »Schön an eine warme Stelle stellen, das mag er gerne.«

Diese blöde Kuh!

»Nenn mich bitte nicht ›Prinzesschen‹! Auch wenn du meine Vorgesetzte bist, hast du nicht das Recht, so mit mir zu reden«, sagte ich leise, aber hörbar.

Moni riss die Augen auf, aber dann sah ich ein Lächeln über ihr Gesicht huschen.

»Du darfst das doch nicht ernst nehmen! Ich meine es doch nicht böse, *ois isi* …« Ich fühlte mich nicht ernst genommen, dabei hatte es so viel Mut gekostet, mich gegen das »Prinzesschen« zu wehren. »Hier, dein Kefir! Der Aufwand ist mir zu groß. Ich geh lieber in den Supermarkt und kaufe einen im Plastikbecher.« Ich hielt ihr die Tüte hin und wollte gerade mit meiner Kaffeetasse zu meinem Schreibtisch abdampfen, als Moni nachsetzte:

»Aha, so eine bist du also: Du willst viel, aber investierst wenig.« Woher will sie wissen, was ich will? Ich drehte mich mit der Kefirpilztüte in den Hand auf dem Absatz um und lief kopflos in Richtung Toiletten. In der Kabine setzte ich mich auf den Klodeckel, schlug die Beine übereinander und ärgerte mich, dass mir in dieser Situation kein schlagfertiger Spruch eingefallen war.

Die Sache gab mir zu denken. Wie meinte Moni das, von wegen »Viel wollen, aber wenig investieren?« Der Kefir glibberte vor meinen Füßen auf dem Boden. Ich nahm ihn in meiner Handtasche mit nach Hause, gab ihn am Abend in ein Glas mit H-Milch und deckte den neuen Mitbewohner mit einem Küchentuch zu. Magnus kam an diesem Abend, wie so oft, spät nach Hause. Ich lag schon im Bett und versuchte einzuschlafen, als ich hörte, wie er in der Küche mit einem Messer hantierte, um vor dem Schlafengehen noch ein Brot zu verdrücken. Als könnte ich durch Wände sehen, merke ich, wie er das Glas entdeckte, hörte, wie er daran schnüffelte und dann ins Schlafzimmer gelaufen kam. Ich lag im Dunkeln auf der Seite, mit dem Rücken zur Tür und musste mir das Lachen verkneifen.

»Sunny, du bist wach – oder? Was ist das komische Zeug, das da in der Küche steht und so rumstinkt?«

»Kefir.«

»Das ist ja ekelhaft«, wobei er das erste »e« in die Länge zog. »Züchtest du bald auch Sprossen?«

»Es ist gesund, macht schöne Haut und hilft bei der Verdauung, was Leuten wie mir, die lange und viel im Büro hocken, nicht schaden kann«, sagte ich. »Außerdem hoffe ich, dass der Kefir mir hilft, eine neue Freundin zu finden.«

»Diese Moni? Ich dachte, die sei ätzend?«, fragte Magnus. Ich richtetet mich auf und knipste das Licht auf meinem Nachtisch an.

»Sie hat gesagt, ich würde viel wollen, aber wenig investieren. Findest du, sie hat Recht?«

»In welchem Zusammenhang hat sie das denn gesagt?«, fragte Magnus im Türrahmen lehnend, während er mit großen Bissen das Brot runterschlang.

»Als ich gesagt habe, dass es mir zu kompliziert ist, Kefir selbst zu machen, und dass ich lieber in den Supermarkt gehe und mir einen Becher kaufe. Dabei mag ich gar keinen Kefir, aber ich glaube, sie meinte das auch allgemeiner, nicht nur auf den Kefir bezogen. Sie meinte das ganze Leben.«

Magnus überlegte und antwortete mampfend:

»Ich glaube, ich weiß, was sie meint.«

Am nächsten Morgen marschierte ich mit einem neuen Selbstbewusstsein ins Büro, denn ich hoffte doch, trotz oder gerade wegen des kleinen Wortgefechts, eine neue Freundin gefunden zu haben. Ich wünschte Moni mit kräftiger Stimme einen »Guten Morgen« und machte mich daran, mit gespielter Konzentration meine E-Mails zu lesen. Einfach so aus dem Blauen heraus, als wir beide an unseren Computern saßen, sagte sie:

»Hast du den Kefir gemacht?«

»Jawoll.«

»Wie ich es dir gesagt habe?«

»Wie du es gesagt hast«, wobei das gelogen war, denn ich hatte ja H-Milch und keine Bio-Milch verwendet.

»Und?«

»Lecker!« Das war nicht gelogen, das Zeug war trinkbar, auch wenn es gekühlt besser schmeckt als fensterbrettwarm, aber warmer Joghurt schmeckt ja auch nicht.

»Deine Haut sieht auch schon besser aus, nicht mehr so unruhig«, lobte Moni.

»Fängst du jetzt an, dem Prinzesschen Komplimente zu machen?«, schnalzte ich und schlug innerlich mit mir selbst ein, total stolz auf diesen kessen Spruch. »Mein Freund fand den Kefir allerdings ekelhaft.«

»Um es klar zu stellen: Ich stehe nicht auf dich.«

Es war als würde eine Plattennadel quietschend aus der Rille springen. Ich fühlte mich ertappt, denn ich hatte ehrlich schon mal darüber nachgedacht, ob Moni auf mich abfahren könnte. Ich hatte Magnus sogar davon erzählt und er hatte sich fast totgelacht, weil er meinte, dass ich doch dann gute Chancen hätte, mich in der Agentur hochzuschlafen.

»Und warum nicht?« Ich weiß nicht woher, aber auf einmal war meine alte Schlagfertigkeit wieder da.

»Du bist nicht mein Typ.«

»Und wer ist dein Typ?«, fragte ich, hielt ihrem strengen Blick stand und zog dabei die linke Augenbraue hoch.

Stille. Dann musste Moni schallend lachen und ich auch. Sie hat mir die Frage nie beantwortet, aber seit diesem Tag sind wir ein Team. Ein ganz großartiges sogar. Wir haben noch nie außerhalb des Büros und der Mittagspause etwas zusammen unternommen, aber sie hält mir bei den Präsentationen den Rücken frei, indem sie mir Torten-Diagramme bastelt, bei denen die Chefin tatsächlich dann doch manchmal zufrieden nickt. Ich dagegen texte Moni hübsche Formulierungen, wenn ihre Strategiepläne allzu fad wirken. Es gibt Kunden, die sich ausdrücklich uns als Zweiergespann wünschen. So auch *Oh So Lovely*. Dass ich allerdings seit einiger Zeit nicht mehr hundertprozentig bei der Sache bin, weil mich der Dauerzoff mit Magnus belastet, hat Moni natürlich mitbekommen. Sie fragt mich jeden Morgen, ob alles okay sei, obwohl ich versuche, mir den Kummer nicht anmerken zu lassen. Heute wird es mir nicht gelingen. Moni kommt also rein, reißt den Gurt ihrer Messenger-Tasche über den Kopf und pfeffert das Ding auf ihren Tisch. Ich sitze mit Sonnenbrille neben ihr, bewege mich nicht und schaue nach draußen.

»Alles klar, Frau Schulz?« Seitdem sie mich nicht mehr Prinzesschen nennen darf, sagt Sie »Frau Schulz« oder einfach nur »Schulz« zu mir.

»*Ois isi*, Monilein. Du brauchst dir keine Sorgen zu machen.«

»Du sagst *ois isi*? Verarsch mich nicht. Los, rück raus mit der Sprache!«

Ich habe einen Kloß im Hals, der immer größer wird und mich kein Wort herausbringen lässt.

»Ist er besoffen nach Hause gekommen? Habt ihr über Geld gestritten? Wer welche Rechnung bezahlt hat? Den lauten Fernseher? Das butterverschmierte Messer in der Küche? Oder hat er sich vor anderen Leuten im Ton vergriffen? Los, spuck's aus! In ein paar Minuten müssen wir die Präsi rocken!«

Tränen schießen mir in die Augen, der Wasserstand wird so hoch, dass mein Blick verschwimmt. Ich presse die Lippen aufeinander. Moni kommt auf meine Seite des Tisches, lehnt sich mit dem Po an die Kante und verschränkt die Arme vor der Brust.

»Woher weißt du denn all sowas?«

»Darüber streiten alle Paare, egal ob Frauen oder Männer.«

»Jetzt rück mir nicht so auf die Pelle«, krächze ich, immer noch dabei, die Tränen runterzuschlucken und greife nach dem lilafarbenem Tacker, um etwas in der Hand zu haben, das von mir ablenkt.

»Was ist mit dir und Magnus?«, fragt Moni, diesmal etwas einfühlsamer, weil sie ahnt, dass bei uns vielleicht mehr als nur der Haussegen schiefhängt. Die Träne kippt aus meinem Auge und läuft unter der Sonnenbrille die Wange hinunter, bis zum Kinn, wo sie hängen bleibt und ich sie mit der Handkante wegwische. Gut, dass es noch so früh ist und noch nicht viele Leute im Büro sind, außer Nancy, die frisch aus den Flitterwochen und braun gebrannt am Empfang sitzt und zum Glück nichts von meinem Kummer mitbekommt, sonst wüsste gleich jeder, dass ich heute Morgen vor der Präsentation geheult habe.

Moni überlegt.

»Ist er weg?«, fragt sie schließlich und legt mir die Hand auf die Schulter.

Ein großer Schluchzer meinerseits.

»Heute Morgen.«

»Wohin?«

»Surfen.«

»Warum?«

»Weil er das immer macht, wenn ihm die Decke auf den Kopf fällt.«

»Nein, warum er weg ist.«

»Ich weiß es nicht.«

»Wie, du weißt es nicht? Aber du weinst doch!«

»Er ist abgehauen!«

»Warum?«

»Er will Zeit für sich …«

»Wegen einer anderen?«

»Ich habe keine Ahnung!«

»Hast du einen anderen?«

»Was ich? Spinnst du? Seit zwölf Jahren bin ich treu wie Gold!«

»Aber irgendwas muss doch zwischen euch passiert sein?!«

»Eher nicht, das Übliche. Aber wenn man es alles aufzählen würde, dann wäre es doch eine ganze Menge «, heule ich.

»Und wie soll es weitergehen?«

»Gar nicht. Das ist ja das Schlimme. Magnus ist weg und ich soll ausziehen!

»Wie bitte?« Moni verdreht die Augen, so nach dem Motto »Typisch Mann«.

»Ja, er ist in den Urlaub abgerauscht und wenn er wiederkommt, soll ich eine eigene Wohnung gefunden haben«, bringe ich hervor.

Moni stößt ein abfälliges Lachen aus, das wie das Kreischen der Möwen am Meer klingt.

»Wie sollst du das denn bitteschön schaffen: eine eigene Wohnung? In so kurzer Zeit?! Neben diesem Job?! Das ist ein Witz!«

»Er meint es ernst. Du hättest ihn mal sehen sollen. Eiskalt ist er ins Taxi gestiegen und abgefahren«, jammere ich.

»Und so was lässt du dir gefallen? Ich dachte, ihr seid schon ewig zusammen und Magnus ist deine große Liebe. Und solltet ihr nicht mal so langsam ein Baby machen?«

»Ja, das ist er und ein Baby wünsche ich mir auch, aber ...«

»Was, aber …?«

»Dafür müsste man erst mal Sex haben.«

Moni reißt ein Blatt von der Rolle Küchenkrepp ab, die die Putzfrau auf unserem Tisch vergessen haben muss, und reicht es mir. Ich schnäuze mir laut die Nase. Nancy schaut erst empört, dann interessiert vom Empfang aus zu uns rüber. Sie wittert, dass in diesem Büro mal wieder Tränen fließen.

»Sieht aus, als könntest du ein großes Ohr und eine saugfähige Schulter gebrauchen«, sagt Moni und streichelt meinen Arm.

Noch ein großer Schluchzer. Ich lege das Taschentuch auf dem Tisch an, nehme wieder den Tacker in die Hand und drücke ihn zusammen, eine zerquetsche Heftklammer fällt in meinen Schoß.

Moni nimmt mir den Tacker aus der Hand.

»Schaffst du es, die Präsentation durchzuhalten?«

»Denke schon …«

»Danach machen wir heute draußen Mittagspause. Wir holen uns Sushi und du erzählst mir in Ruhe, was los ist.«

»Frau Möser flippt aus, wenn wir nicht an unserem Platz essen!«, antworte ich.

»Wir machen heute wie jeder normale Mensch eine Stunde Mittagspause. Und zwar draußen. *Host mi?*«

Die Präsentation rauscht an mir vorbei, ohne dass ich wirklich anwesend wäre. Moni übernimmt das Reden, ich muss immer nur auf den Knopf drücken, damit die nächste Powerpoint-Seite auf der Wand aufleuchtet, und wiederhole Kernaussagen wie »Für Social-Media-Kanäle gilt: Listen and respond«. Frau Möser funkelt mich mit ihren an diesem Tag lila geschminkten Augen an, als könnte sie riechen, dass etwas nicht stimmt, aber »der Kunde« – immerhin ein extra aus München eingeflogenes fünfköpfiges Team – scheint von unseren Ideen und Vorschlägen überzeugt und verabschiedet sich zufrieden. Beim anschließenden Mittagessen in einem der besten Restaurants der Stadt dürfen Moni und ich nicht teilnehmen – und sind heilfroh. So können wir unbemerkt nach draußen schleichen. Wir stehen schweigend im Fahrstuhl und gehen immer noch schweigend die Straße bis zur Ecke runter. Beim Japaner bestelle ich Lachs-Sashimi und Avocado-Maki. Moni wählt ein vegetarisches Menü, sie ist nämlich nicht nur Kefir-Beauftragte, sondern auch Tierschützerin. Wir lassen uns das Essen einpacken und gehen ein paar Schritte, bis wir am Ufer der Spree ankommen, wo unter einer Pergola, umrankt von dem ersten Blauregen in diesem Jahr, eine freie Bank auf uns wartet. Wir setzen uns, packen das Sushi aus und fangen an, die Reisrollen zu stäbeln. Nach zwei Rollen bin ich satt und lege das Plastikgeschirr samt Holzstäbchen neben mir ab.

»Kann ich deine Sojasoße haben?«, fragt Moni und greift schon nach dem kleinen Plastik-Fisch mit dem roten Deckel auf dem Maul. Als sie sich so über mich rüber lehnt, fragt sie ganz nebenbei:

»Wann habt ihr das letzte Mal miteinander geschlafen?« Als würde sie fragen: »Isst du den Ingwer auch nicht mehr?«

Ich schaue sie entgeistert an. Aber die Frage ist berechtigt, immerhin habe ich die Sexflaute selbst vorhin angedeutet.

»Hmm, ich glaube, letzten Monat? Im Februar. Es war nicht mehr so kalt …«

»Im Februar. Es war nicht mehr so kalt. Hört sich an, als wenn du dich nicht mal daran erinnern könntest.«

Ich werde rot. Moni ist so unverschämt!

»Kann sein, dass es noch länger her ist, ich weiß es nicht genau. Ich führe ja kein Buch darüber oder ritze Kerben in meinen Bettpfosten.«

»Du weißt es also nicht genau? War es denn dieses oder letztes Jahr im Februar? Oder vielleicht im Jahr davor?«

»Ah, ich weiß, was das wird. Jetzt halt mir hier nicht so einen Vortrag, dass Sex mit Männern niemals gut sein kann, weil sie den Körper einer Frau nicht verstehen und immer nur auf ihre eigene Befriedigung aus sind. Echt, das ist so bescheuert und war ganz bestimmt nicht der Grund dafür, dass Magnus heute gefahren ist!«

»Jetzt hab dich nicht so. Das ist doch eine ganz einfache Frage: Wann bist du das letzte Mal über deinen Freund hergefallen oder er über dich?«

»Warum fragst du Sachen, die dich nichts angehen?«, motze ich. Ich schüttele den Kopf und rutsche mit meinem Hintern auf der Bank hin und her. Meine Kollegin ist nicht zufrieden mit meinen Antworten. Aber in ihrem Mund steckt eine dicke Rolle Futomaki mit Ei und Roter Bete, sie kann gerade nicht sprechen. Also fange ich an, mich zu rechtfertigen.

»Du weißt doch, wie es in einer langen Beziehung ist, oder? Wir arbeiten beide viel und dann ist Magnus oft nicht zu Hause oder Frau Möser schreibt abends noch eine E-Mail und fragt nach irgendwelchen Zahlen …«, stammele ich.

Moni grunzt und hat endlich ihren Bissen so klein gekaut, dass sie ihn runterschlucken kann: »Gerade weil ich weiß, wie es in einer langen Beziehung ist, frage ich dich. Frauen brauchen Abenteuer. Also, ich schätze: zwei Jahre nicht mehr.«

»Zwei Jahre nicht mehr *was*?«

»Zwei Jahre habt du und Magnus nicht mehr gepoppt.«

Ich starre Moni entgeistert an und überlege angestrengt, wann mich Magnus wirklich das letzte Mal angefasst hat. Am Busen, am Po. Und wann ich ihn das letzte Mal angefasst habe. Nicht nur Küsschen, sondern »Komm, lass uns Sex haben!« Ich kann mich nicht mehr erinnern. Moni merkt, dass ich innerlich zusammenfalle, stellt ihre Sushi-box zur Seite und rückt an mich heran. Ich streiche mir mit zitternden Fingern eine Haarsträhne hinters Ohr und versuche, einen Witz zu reißen, der diese Situation auflösen könnte:

»Machst du mich jetzt doch an? Du hast doch gesagt, dass Frauen Abenteuer brauchen …«

Moni sitzt neben mir und schaut auf ihre Hände. Meine Augen füllen sich wieder mit Tränen.

»Ich kann mich nicht erinnern, weil es so lange her ist.«

»Dafür musst du dich nicht schämen«, sagt eine Sand-männchen-Stimme neben mir.

»Doch, ich schäme mich fürchterlich. Ich liebe diesen Mann, aber ich kann nicht mit ihm schlafen. Das ist doch nicht normal, ich weiß nicht, was mit mir los ist?!«

»Moment, Moment – wieso mit dir?«

»Ich bin immer so müde!«

Moni fängt laut an zu lachen. Es steckt mich an. Ich lache und heule gleichzeitig.

Endlich ist es raus.

Der restliche Tag in der Agentur geht einigermaßen schnell vorüber. Frau Möser kehrt nicht mehr ins Büro zurück und Moni schickte mich um Punkt sechs in den Fei-erabend. Ich gurke mit dem Rad in Richtung Heimat, freue mich darauf, mich endlich in meinem Nest zu verkriechen, aber als ich vor der Tür stehe, kommt mir das ganze Haus fremd vor. Ich ziehe mich aus, lege meine Sachen über den Stuhl neben dem Bett – meinen BH hänge ich wie immer an die Türklinke – und lege mich ins Bett. Ohne Magnus fühlt es sich nicht mehr wie zu Hause an. Es wird die erste Nacht ohne ihn sein. Schlafen kann ich sowieso nicht, ich warte auf ein Lebenszeichen von ihm und frage mich, wie es so weit kommen konnte, dass ich hier liege, während er ans andere Ende der Welt fliegt, um möglichst weit weg von mir zu sein. Ist der fehlende Sex der Grund für unser Dilemma? Hat Magnus doch eine Affäre und ich Schaf habe es nicht gemerkt, weil ich immer viel zu sehr mit mir selbst beschäftigt war? Als wir uns kennenlernten, haben wir jeden Tag miteinander geschlafen. Egal wo, es konnte nicht verrückt, schnell oder hart genug sein. Einmal trieben wir es im Flur, oben die Mützen auf dem Kopf, Pullover und Winterjacken noch an, die Ärsche nackt, die Hosen bis zu den Schuhen runtergelassen. Dann zogen wir in eine gemeinsame Wohnung, teilten die Telefon- und Stromrechnung, ich putzte das Klo und meckerte über seine Haare, die überall auf dem Boden und im Waschbecken lagen, er schleppte die schweren Einkäufe hoch und meckerte, dass ich die Wasserflaschendeckel nicht richtig zuschraubte und die Spülmaschine nicht ordentlich einräumte. Der Alltag ersetzte die Verliebtheit. Bald hatten wir nur noch ab und zu Sex, waren dafür aber innig vertraut. Irgendwann schliefen wir nur noch an unserem Jahrestag miteinander und irgendwann hörte es ganz auf. Ich fand mich damit ab, weil es dafür andere Sachen gab, die schön waren. Unser Zuhause war unsere Welt, mit eigenen Ritualen und einer eigenen Sprache. Am Morgen streichelte Magnus als Erstes nach dem Aufstehen meine Füße, ich machte ihm abends seine geliebten Schnittchen, Käse- und Wurstbrote, die ich in mundgerechte Happen schnitt und mit Paprikawürfelchen und Lauchzwiebelringen dekorierte. Magnus nannte mich meistens nicht Sunny, sondern Hase. Von diesem Kosenamen gab es vielfache Ableitungen: Hasi, Häschen, Hasimaus. Wir schufen Wortschöpfungen in Babysprache, die nur wir beide verstanden. Wir sangen Fantasielieder und boten einander dazu ein Tänzchen dar, als hieße unser Lieblingsspiel »Wer von uns beiden spinnt am meisten?« Wenn es abends nicht zu spät war, wickelten wir uns in Decken ein – er lag oben auf dem Sofa, ich unten auf dem Boden – und schauten Fernsehserien, nach denen wir süchtig waren. Ins Kino zu gehen lohnte sich für uns gar nicht mehr, weil wir mindestens vierstündige Glotzmarathone machten. Ich habe meine Dreißiger vor dem Fernseher verbracht und fand es okay. Die Hauptsache für mich war immer, dass Magnus und ich zusammen sind. Mir ist gar nicht aufgefallen, dass mir körperliche Nähe fehlt. Bis heute.

Meine Mutter behauptet, Sex sei so wichtig wie trinken und essen. Männer denken angeblich im Durchschnitt 34-mal pro Tag an Sex. Frauen 19-mal. Ich denke an Schuhe, Kleider und Wein. Aber an Sex? Nö. Ich liege allein im Bett, schiebe meine Hände unter mein Top und streichele meine Brüste. Die Haut ist warm, ich spüre meinen Herzschlag und wie die Brustwarzen hart werden. Ich war nie so ein Mädchen, dass gerne ihre Brüste zeigt, weil ich keine dauerharten Nippel, sondern eher so große weiche Brustwarzen habe. Ich finde trotzdem, dass ich mich gut anfühle, meine Haut ist geschmeidig und alles, was darunter liegt, fest. Warum hat Magnus das nicht mehr angemacht? Okay, ich habe keinen Bock, mir alle zwei Tage die Haare an den Beinen zu rasieren, geschweige denn die Poritze waxen zu lassen. Meine Hände wandern runter zu meinem Bauch, wo die Haut noch weicher ist. Ich schiebe meine rechte Hand in meine Unterhose, wo sie über meinem Schambein liegen bleibt. Was ist bloß los mit mir? Ich bin ein totaler Sexmuffel geworden und habe noch nicht mal Lust, es mir selbst zu machen. Alles was ich will, ist jetzt in diesem Moment, dass mich jemand festhält. Mir fällt das Gebet ein, das mein Vater und ich immer zusammen aufgesagt haben, als er noch lebte. Es hing über meinem Kinderbett auf einer kleiner Tafel an der Wand: »Gott, der du heut mich bewachst, beschütze mich auch diese Nacht. Du sorgst für alle, groß und klein, drum schlaf ich ohne Sorgen ein.« Ich habe immer noch den Zusatz »Bitte lieber Gott, beschütze meine Familie und lass alles gut werden« hinterher geschoben. In meiner kindlichen Vorstellung spannte ich damit eine Art Schutzschild um die ganze Welt, unter dem meiner Familie nichts passieren konnte, aber nur, wenn ich es jeden Abend wieder aktivierte. Ich nehme meine Hände aus meiner Hose, falte sie ganz fest über meiner Brust zusammen und spreche mein Gebet. Den einen Satz wiederhole ich wieder und wieder, denn ich bete für Magnus und mich: »Bitte, lass alles gut werden.«

Am nächsten Morgen sitze ich wie jeden Tag pünktlich vor meinem Rechner im Büro, ein dicker schwarzer Lidstrich hängt über meinen rotgeweinten Augen. Wenn es hochkommt, habe ich zwei Stunden geschlafen. Ich habe die Nacht damit verbracht, abwechselnd auf mein Handy zu schauen und meine E-Mails auf dem Laptop abzurufen, aber es kam keine Nachricht von Magnus. Wo ist er jetzt? Ist er schon angekommen? Geht es ihm gut? Ich checke sein Facebook-Profil. Da er nicht nur unseren Beziehungsstatus geändert, sondern mich auch noch als Freundin entfernt hat, sehe ich nur noch sein Foto und eine alte Statusmeldung aus der Zeit der letzten Fußballweltmeisterschaft. Da waren wir mit unseren Freunden fast jeden Tag in der kleinen Kneipe gegenüber vom Spielplatz mit der silbernen Rutsche zum Fußballgucken und erlebten einen Bilderbuchsommer mit vielen Toren und noch mehr Schnäpsen. Wir schworen uns, von nun an alle vier Jahre dieses Ereignis miteinander zu begehen. Meine Augen werden wieder feucht. Ich muss mir nicht nur eine neue Wohnung, sondern auch ein neues Leben suchen.

In diesem Moment stampft Frau Möser über den Flur und schießt wie ein Hund, der den Briefträger ins Bein beißen will, mit gesenktem Kopf und gefletschten Zähnen auf unseren Schreibtisch zu. Reflexartig wische ich eine Träne aus meinem Gesicht.

»Sie! Die Möhre! Auf ein Wort in mein Büro. Jetzt!«, schnauzt sie aus zehn Metern Entfernung und zielt mit dem Finger auf mich. Moni zieht ihren linken Mundwinkel übertrieben nach links und gibt einen leisen »Irks«-Laut von sich. Was habe ich jetzt schon wieder verbrochen? Ich versuche doch alles, damit man mir meinen Kummer nicht anmerkt. Ich versuche trotz allem, einen guten Job zu machen. Ich erhebe mich von meinem Drehstuhl und gehe auf Zehenspitzen hinter ihr her. Frau Möser führt mich in ihr Büro und schließt die Glastür. Ich fühle mich wie früher, wenn man zum Schuldirektor gerufen wurde, weil man die Tafelkreide oder das Klassenbuch versteckt hatte. Frau Möser lässt sich wehleidig in ihren Stuhl fallen und bietet mir mit einer großzügigen Geste den kleinen Hocker vor ihrem Tisch an. Man muss immer warten, bis sie einem diesen Melkschemel anbietet, sonst fragt sie, ob man wahnsinnig sei. Manchmal muss man auch die ganze Zeit stehen, während sie ihren Frust ablässt. Ich bleibe ganz vorne auf der Kante sitzen und versuche, mich auf meine Körpersprache zu konzentrieren, so wie ich es beim Karriere-Coaching in der Uni gelernt habe: Rücken gerade, groß machen und versuchen, dem Blick des Gegenübers standzuhalten.

»Liebe Frau Schulte …« Frau Möser sagt erst meinen Namen extra falsch und legt dann eine Kunstpause ein, die mir signalisiert: Das wird ein Anschiss, bei dem generelle Fähigkeiten des Mitarbeiters kritisiert und infrage gestellt werden, wobei das Gespräch mit einer Verwarnung endet.

»Ich habe einen Anruf von der Chefetage bei *Oh so lovely* bekommen. Da war man gar nicht happy mit ihrer Performance gestern …« Wieder eine Kunstpause. Sie wartet darauf, dass ich die Fassung verliere.

Meine Lippen fangen an zu zittern und ich presse sie zusammen, als würde ich Lippenstift verteilen. Ich schaue an Frau Möser vorbei und konzentriere mich auf die jungen Bäume vor dem Fenster, deren grünen Wipfel der Wind durchschüttelt.

»Was ist bloß los mit Ihnen? Bei Ihrem Vorstellungsgespräch damals wirkten sie so aufgeräumt. Da habe ich geglaubt, dass Sie vielleicht wirklich das Zeug dazu hätten, einen festen Vertrag bei mir zu bekommen.« Auf einmal ist ihre Stimme ganz sanft. Aber das macht mir noch mehr Angst, als wenn sie brüllt. Sie legt den Kopf zu Seite und faltet ihre feisten Hände. Die French Manicure kann

nicht davon ablenken, dass ihre Finger an geschälte Weiß-
würste erinnern. Soll ich ihr gestehen, dass ich gerade den
schlimmsten Liebeskummer meines Lebens habe? Dass in
meinen Augen nichts mehr Sinn hat, am allerwenigsten
dieser Job? Dass ich innerhalb der nächsten Tage von zu
Hause ausziehen muss und sie mich gefälligst in Ruhe
lassen soll?

»Ich habe eine Grippe verschleppt, ein paar Vitamine
und ich bin wieder fit«, lüge ich und hüstele ein paarmal in
meine Faust.

Frau Möser scheint von meiner Antwort enttäuscht und
schaut mich skeptisch an. Dann schnalzt sie mit der Zunge,
steht von ihrem Stuhl auf und stellt sich neben mich.

»Na, dann hoffen wir mal, dass die Vitamine schnell
ihre Wirkung entfalten. Der Flurfunk hat Sie ja sicher auch
schon erreicht: Es wird demnächst ein paar personelle Veränderungen in der Agentur geben, die auch Sie betreffen
könnten. Solange nichts entschieden ist, gilt: maximale
Flexibilität!«

»Alles klar, maximale Flexibilität. Kein Problem«, wiederhole ich die neue Parole wie in Trance.

Beatrice Möser verschränkt die Arme vor der Brust und
funkelt mich an. »Sie können gehen!«

Ich erhebe mich von dem Melkschemel und als ich
durch die Tür auf den Flur schlüpfe, ruft sie mir noch
hinterher:

»Der Lidstrich steht Ihnen nicht, das lässt Sie noch müder aussehen. Hübscher wären rote Lippen!«

Ihr Beautytipp schallt durch die Agentur. »Das hat die Möser'sche jetzt gerade nicht gesagt, oder?«, knurrt Moni.

Ich erzähle ihr im Flüsterton von meinem Gespräch bei der Chefin. »Warum lässt du dir solche Ansagen gefallen? Gegen mein ›Prinzesschen‹ hast du dich doch auch gewehrt.«

Meine Kehle schnürt sich zu.

»Was soll ich denn machen? Sie ist hier der Boss und sie hasst mich. Klar, du hättest ihr natürlich Paroli geboten, wenn sie dir gesagt hätte, dass du wie ein Müllhaufen aussiehst!«, zische ich.

Moni schüttelt den Kopf. »Nee, Schulz. Bei mir würde sie sich das gar nicht trauen.«

»Weißt du was über ›personelle Veränderungen‹?«

»Ja, ich habe deswegen bald einen Termin bei ihr. Sie meinte, wir sollten reden, weil sie mir gerne einen Vorschlag machen würde. Keine Ahnung, was sie vorhat.«

Besichtigungstermin

Sich trennen – was bedeutet das? Dass nichts mehr ist, wie es war. Wie macht man aus »SunnyundMagnus« wieder »Sunny und Magnus«? Das einzige Ziel, das ich im Moment verfolge, ist, die Fassung zu wahren. Ich mache den Mund nur für das Nötigste auf: morgens, wenn ich beim Kaffeemann meinen Cappuccino bestelle oder wenn Moni etwas von mir will, was eher selten vorkommt, weil sie beinahe mütterliche Rücksicht auf mich nimmt, mir alle nervigen Aufgaben vom Hals hält und mich in Ruhe aus dem Fenster starren lässt.

Ich habe nicht nur Liebeskummer, sondern richtige Herzschmerzen. Noch immer habe ich nichts von Magnus gehört, bis auf eine kurze E-Mail, in der er geschrieben hat, dass er gut angekommen ist. Ansonsten zieht er die von ihm gewünschte Kontaktsperre strikt durch. Ich werde bald bekloppt. Wo ist er, was macht er gerade, was denkt er und mit wem ist er unterwegs? Mami dagegen schreibt mir selbst aus dem Busch in Südafrika SMS. Sie feuert mich zum Durchhalten an und verspricht, bald zu kommen. Ich habe ihr geantwortet: »Mami, ich glaube, ich schaffe das nicht.« Sie schrieb zurück: »Du bist meine Tochter. Du schaffst das.« Auf meiner Mailbox sind sechs Nachrichten von meiner Freundin Sophie. »Hey, Schatz! Kann ich irgendwas tun? Geh doch mal ans Telefon, wenn ich anrufe. Ich versuche es später noch mal. Kuss!« Als es klingelt, gehe ich wieder nicht ran. Der Verlust der Selbstverständlichkeit, von allem, was mich umgibt, wirft mich aus der Bahn. Ich kann nicht sagen, ob all das hier wirklich passiert. Ist das mein Leben? Bin ich Sunny Schulz, ein Mensch auf dem Planeten Erde? Nichts scheint real: dieses Leben nicht, das Haus nicht, das ich morgens verlasse und in das ich abends zurückkehre, und auch das Bett nicht, in das ich mich lege und in dem ich darauf warte, dass der nächste Tag anbricht.

Über zwei Wochen sind vergangen und ich habe weder eine neue Bleibe noch zufällig den Schreibtisch mit der Schublade gefunden, in der der Plan B für meine Zukunft liegt. Ich fahre jeden Tag wie ein Roboter zur Arbeit, erledige meine Aufgaben und tauche abends in meine eigenen Welt ab: Ich sortiere meine Kontoauszüge, habe die P-Sprache erfunden, in der ich vor jedes Wort, das ich denke oder ausspreche, ein P setzte: »Pich puss poch pie Päsche paschen«. Ich versuche, wie eine Stripperin in hohen Schuhen vor dem Spiegel zu tanzen, mache Feuchtigkeitsmasken und esse mein Rührei direkt aus der Pfanne. Ich habe eine Pro- und Kontra-Liste geschrieben mit Argumenten, die für und gegen ein Liebescomeback mit Magnus sprechen.

Pro: Er ist meine große Liebe, Kontra: Wir streiten uns dauernd. Ich habe meine T-Shirts nach Farben sortiert, mir die Fußnägel lackiert, Popcorn gemacht, die Fenster geputzt und dabei lauter Marienkäfer gefunden. Eigentlich bringen Marienkäfer ja Glück, aber tot machten sie mir Angst. Als hätten sie keinen anderen Platz auf der Welt finden können, sind sie ausgerechnet in unser Fenster geflogen, um zu sterben. Es kam mir wie ein böses Omen vor – warum waren sie mir vorher nicht aufgefallen? Ich fand es traurig, sie so zu sehen, denn ich mag Marienkäfer. Die knallrote Farbe war zu einem bräunlichen Orange verblasst und ihre Panzer waren ohne jedes Gewicht. Aber einer von ihnen lebte doch noch! Gerade als ich den Staubsauger anwerfen wollte, um ihn zusammen mit seinen toten Schwestern und Brüdern zu entsorgen, fuhr der kleine Kerl seine steifen Beinchen aus und fing an zu krabbeln. Ich nahm ihn auf die Hand, wobei er diese gelbe Flüssigkeit absonderte, die widerlich stinkt. Dann klappte er seine verknitterten Flügel hoch und flog ein paar Meter durchs Zimmer, bis ihn die Kräfte verließen und er auf dem Boden landen musste. Ich nahm ihn wieder auf die Hand, trug ihn behutsam auf den Balkon und setzte ihn in einer der Lavendelleichen ab. Dort stellte er wieder seine Flügel auf und flog los: vom Balkon im Sinkflug Richtung Straße, wo er sicher gestorben wäre. Doch dann erwischte ihn eine Böe und er schoss wie Superman hoch über die Dächer, wo ich ihn aus den Augen verlor.

Jetzt gerade liege ich immer noch im Bett und kann noch nicht aufstehen. Muss ich auch nicht: Heute ist Samstag und ich habe frei. Ich strecke mich, kuschele mich noch einmal richtig schön in die Decke ein. Dann blinzele ich zuerst mit dem linken, dann mit dem rechten Auge. Die Sonne fällt in Streifen durch die Jalousien auf die Bettdecke und der Staub tanzt im Licht. Es sind leichte Flusen, kleine und noch kleinere Partikel, die im Luftstrom auf- und absteigen und nur diesen einen Sinn haben: Staub zu sein. Der Vibrationsalarm meines Handys auf dem Boden neben dem Bett knurrt und schiebt das Telefon über die Dielen. »Das darf echt nicht wahr sein«, maule ich laut »Lasst mich doch bitte einfach ihn Ruhe!« Magnus wird es sicher nicht sein. Und Frau Möser kann mir heute gestohlen bleiben. Früher wäre ich sofort rangegangen, jetzt lasse ich es so lange bimmeln, bis die Mailbox anspringt. Ich will nicht aufstehen, ich will mich um nichts kümmern, ich will nicht ausziehen. Bestimmt versucht Sophie, mich an die Strippe zu bekommen. Sophie weiß, dass ich telefonieren hasse, weil ich es den ganzen Tag im Büro machen muss, und privat nie rangehe, vor allem nicht, wenn es mir schlecht geht. Wir kennen uns schon eine Weile. Ich habe es nicht so mit dem Begriff »beste Freundin«, aber wenn es jemanden gibt, der für diese Rolle infrage käme, dann wäre es wohl Sophie, Mutter von zwei kleinen Mädchen und seit einiger Zeit alleinerziehende Mutter, seitdem ihr

Mann sie erst über ein Jahr mit schlechter Laune gequält und dann aus mehr oder weniger unklaren Motiven verlassen hat. Seitdem treibt er sich im Nachtleben herum. Er ist über vierzig und geht in Technoclubs, wo er sich mit Erasmus-Studentinnen besäuft. Allerdings fällt er in dieser Stadt gar nicht groß auf, es gibt viele Typen, die so drauf sind, wie er. Was ist bloß mit ihnen los? Warum langweilen die sich zu Hause mit ihrer Familie, warum sind sie nicht für ihre Kinder da? Ich als Halbwaise bin über so ein Verhalten fassungslos. Was Sophie und mich grundlegend unterscheidet, ist, dass sie weiß, was sie will: dass es ihren Kinder gut geht. Das ist ihre Priorität, alles andere stellt sie hinten an. Die Trennung hat sie knallhart durchgezogen, da gab es zwar viel Enttäuschung und Traurigkeit, aber keinen Zweifel daran, dass dieser Mann endlich aus ihrem Leben verschwinden muss. So wie sie für ihre Kinder funktioniert, erinnert sie mich an meine Mutter. Auch in den Momenten ihrer Einsamkeit, in denen ich als Freundin nicht mehr machen kann, als noch eine Flasche Weißwein zu entkorken und Sophie in der Hoffnung zu bestärken, dass irgendwo da draußen ein kluger, gutaussehender und zuverlässiger Mann auf sie wartet, der sie und ihre Töchter lieben wird. Jetzt kann ich ihr allerdings nicht mehr gut zureden, denn ich stehe nicht mehr auf der Seite der Frauen, die aus einer vermeintlich glücklichen Betonbeziehung heraus begnadete

Tipps darüber diktieren können, wie eine Frau den Mann fürs Leben oder überhaupt einen Mann findet.

Ich angele auf dem Boden nach dem Telefon und höre die Mailbox ab. Es war tatsächlich Sophie. Ihre Stimme überschlägt sich:

»Guten Morgen, ich bin's Sophie! Ich weiß, ich weiß – du willst deine Ruhe haben, aber hast du schon die Anzeige in der Kirschallee gesehen? Die Anzeige ist gerade erst online gegangen. Und jetzt kommt's: Ich kenne Christina, die Frau, die jetzt da wohnt. Ihre Kinder gehen in die gleiche Kita wie Charlotte und Stella. Die Besichtigung ist um zwölf, wir sollen ein paar Minuten früher kommen, dann stellt sie dich dem Hausverwalter persönlich vor. Die Miete ist bezahlbar und das Beste: Die Wohnung kostet keine Provision! Also, mach dich fertig, ich hol dich um halb ab!« Jeder ihrer Sätze klingt nach einem Ausrufezeichen.

Ach du Schreck, was mache ich jetzt? Dass ich so schnell einen Besichtigungstermin kriegen würde, hätte ich nicht erwartet. Und dann auch noch mit Vitamin B, weil man die Vormieterin kennt. Das klingt schrecklich, als könnte es klappen. An meiner Strategie »Irgendwie wird alles wieder gut, wenn ich nur geduldig darauf warte und mich nicht rühre« hat sich bislang nichts geändert. Das alles geht mir zu schnell, viel zu schnell. Seitdem ich den Newsletter abonniert habe, habe ich mir kein einziges Angebot angeschaut. Ich hoffe insgeheim ja doch jeden Tag auf eine Nachricht von Magnus, in der er schreibt, dass seine überstürzte Abreise ein Fehler war, dass er Zeit zum Nachdenken hatte und jetzt weiß, dass er mich um jeden Preis zurückwill und bereit ist, alles dafür zu tun, wenn ich es auch wäre. Ich ziehe die Bettdecke über den Kopf, um den Geruch ganz tief einzuatmen. Magnus' getragenes T-Shirt liegt immer noch neben mir. Das ist mein Zuhause, hier gehöre ich hin. – Noch.

Jeden Abend fühlte ich mich erlöst, wenn ich unter die Bettdecke kriechen konnte, die Magnus schon angewärmt hatte. Sein Brustkorb ging auf und ab, unsere Beine suchten und verknoteten sich. Seine Nähe beruhigte mich, egal wie anstrengend der Tag im Büro war und ob Frau Möser mich wieder »Möhre« oder »Die Frau Dingsbums« genannt hatte, weil sie sich meinen Nachnamen nicht merken kann – für mich übrigens ein sicheres Indiz dafür, dass ich nie einen festen Vertrag bekommen werde. Aber alles war vergessen, wenn ich meine Hand auf Magnus' Rücken legte und der Rhythmus seines Atmens mich abholte. An manchen Tagen dauerte es nur ein paar Minuten, ein Zucken oder ein leiser Pups noch, und ich schlummerte tief und fest neben ihm. Oft bin ich von der Arbeit zu aufgekratzt oder mich packt mitten in der Nacht wieder diese unbändige Angst, dass meine Mutter oder eines meiner Geschwister sterben könnte. Dagegen hat mir Magnus eine Einschlafhilfe gebastelt. Ich zähle keine Schäfchen, die in meiner Fantasie über einen Weidezaun hüpfen, sondern Sterne über meinem Kopf. Es ist das Romantischste, was je ein Mann für mich gemacht hat: Magnus hat diese grüngelben selbst klebenden Leuchtsterne mit Glow-in-the-Dark-Effekt minutiös an die Zimmerdecke gepfriemelt, und zwar in der Formation unserer beider Sternzeichen. Ich bin Stier, Magnus ist Widder. Das ergibt eine komplizierte Anreihung von kleinen und großen Sternen, zumal er die beiden Sternbilder Orion und Walfisch daneben geklebt hat, damit die ganze Decke nachts strahlt. Dieser Sternenhimmel ist ein Symbol dafür, dass – egal, wie groß meine Sorgen oder Ängste sind – die Welt nicht untergeht. Ich ziehe das Plümo bis zur Nase und zähle die Sterne: 78. Mein Geburtsjahr ist 1978. Magnus' Vorlage war der Winterhimmel, den er sich ausgedruckt und mit auf die Leiter genommen hatte. Einen ganzen Nachmittag lang hat er die Aufkleber an die Decke gefummelt und mir erklärt: »Die Leute schauen sich immer nur im Sommer den Sternenhimmel an, dabei ist der Himmel im Winter viel schöner. Man sieht viel mehr Sterne, wenn die Nächte so dunkel sind.«

Am Abend lag er im Bett und klagte über einen steifen Hals. Ich kuschelte mich an seine Schulter, knetete seine strammen Muskelstränge zwischen Nacken und Schlüsselbein. Magnus murrte, wenn ich mit der Massage nachließ, aber ich war abgelenkt, denn ich konnte nicht aufhören, das Kunstwerk über mir zu bestaunen. Es gab große und kleine Inseln, dazwischen klebten ein paar Schnuppen und Planeten. Es wirkte alles so nah und echt, als könnte ich von meinem Bett aus direkt ins Universum greifen. Was für Mühe sich Magnus gegeben hatte!

Magnus' Liebeserklärungen waren immer schon speziell. Und mit meinen konnte er nicht immer etwas anfangen. Einmal schlug ich vor, dass wir nach Paris fahren und auf dem Pont des Arts ein Liebesschloss anbringen sollten, so wie Tausende andere. Ich fand das schön: Ein Paar schwört sich ewige Liebe, befestigt ein Schloss mit beiden Namen oder den Initialen am Brückengeländer oder einer Laterne und wirft die Schlüssel in den Fluss. Magnus schmetterte meinen Vorschlag ab: wer sich diesen Schwachsinn ausgedacht hätte? Als könne man die Liebe festketten! Und überhaupt: Diese Schlösser würden rosten und die Brücken kaputtmachen. Erst war ich über seine Abfuhr enttäuscht, aber je mehr ich heute darüber nachdenke, desto mehr muss ich ihm Recht geben. Die Liebe kann man nicht wie ein Fahrrad abschließen und hoffen, dass sie nicht geklaut wird. Die Sterne am Himmel leuchten auch nicht für immer, aber zumindest halten sie eine kleine Ewigkeit.

»Was ist das da oben rechts in der Mitte für ein Riesenstern?«, fragte ich Magnus und deutete mit dem Zeigefinger auf einen Stern an der Decke, der doppelt so groß wie die anderen war.

»Das ist der Hauptstern in deinem Sternbild, der Aldebaran«, erklärte Magnus und richtet sich auf. »Er ist 65 Lichtjahre
entfernt, 45-mal größer als die Sonne und einer der hellsten
Sterne, die es gibt. Man nennt ihn auch das ›Herz des Stiers‹.«

»Einer der hellsten Sterne, die es gibt, ist ausgerechnet
in meinem Sternbild?«

»Wusste ich vorher auch nicht.«

Ich dachte einen Moment über diesen Aldebaran nach
und gab Magnus dann einen langen Kuss auf den Mund.

»Mein Hauptstern soll also der Aldebaran sein?«

Noch ein Schmatzer.

»Das kann nicht sein, denn der Hauptstern in meinem Sternbild« – Schmatzer – »das bist du«, sagte ich und
legte meine Stirn auf seiner Stirn ab. Magnus schlang seine
Arme um mich, ich meine um ihn und so lagen wir ein paar
Minuten aufeinander und hielten uns fest.

»Und du – du bist noch viel mehr als das für mich. Du
bist meine Sonne, mein Mond und meine Sterne«, sagte
Magnus und ich dachte, ich platze gleich vor Glück. Um
uns herum flirrte dieses Für-immer-Gefühl.

Ich küsste ihn noch einmal auf die Stirn und lehnte
mich rüber, um das Licht auszuknipsen. Sein Handy lag
auf dem Nachttisch und gerade, als ich den Lichtschalter
erwischte, leuchtete das Display auf. Eine neue Nachricht.
Wer schrieb ihm zu dieser Uhrzeit eine SMS? Lautlos nahm
ich das Handy vom Boden auf.

»Wer ist Saskia?«

»Eine Kollegin, warum?«

»Sie hat dir geschrieben.«

»Ach, das ist wegen morgen. Wir fliegen zusammen nach London.«

»Ist sie nett?«

»Ja, sie hat ganz lustige Sprüche auf Lager und ist echt fit in dem, was sie macht.«

»Warum hast du mir noch nie von ihr erzählt?«

»Warum hätte ich dir von ihr erzählen sollen?«

»Sieht sie hübsch aus?«

»Komm, mach das Licht aus! Morgen wird ein langer Tag und ich muss bis dahin wieder einen geschmeidigen Nacken haben. Also lass uns schlafen.«

»Mich würde aber schon interessieren, ob …«

»Gute Nacht!«

Über mir schimmern die Sterne und erinnern mich daran, wie ich bis vor Kurzem gelebt habe. Ob Magnus an mich denkt, so wie ich gerade an ihn? Ich halte es nicht mehr lange aus, wenn ich nicht bald etwas von ihm höre. Ich habe so viele Fragen! Zum Beispiel, ob da doch etwas mit dieser Saskia läuft und er sein Leben lieber mit einer erfolgreichen Anwältin seines Kalibers als mit einem hektischen kleinen Licht aus der PR-Branche verbringen will? Der ganze Körper tut mir weh, nicht nur mein Herz, sondern auch mein Kopf, der Rücken und vor allem mein Magen. Ich stehe auf, schwanke wie eine Besoffene in die Küche und setzte Teewasser auf. Solange das Wasser noch nicht kocht, mache ich nebenan im Esszimmer, wo außer dem großen Tisch und einem Wäscheständer keine Möbel stehen, mit zitternder Armmuskulatur ein paar Yoga-Übungen, an die ich mich noch erinnere: nach unten schauender Hund, Brett, Liegestütz, Kobra. Tief einatmen, tief ausatmen, loslassen, nicht durchdrehen. Wann ich das letzte Mal in meinem Yoga-Studio oder überhaupt beim Sport war, daran kann ich mich genauso wenig erinnern wie an Sex mit Magnus. Seit dem Gespräch mit Moni versuche ich in einer meiner Gehirnwindungen das letzte Mal mit ihm ausfindig zu machen, aber es will mir nicht einfallen, wo und wann wir miteinander geschlafen haben. Wir waren zwar zusammen, aber *so* zusammen waren wir ewig nicht.

Zurück in der Küche nehme ich eine Tasse mit einem aufgedrucktem Schnurrbart – ein Geschenk von meinem großen Bruder – aus dem Schrank, hänge einen Beutel Fencheltee über den Rand und kippe sprudelnd heißes Wasser darüber. Das Gefäß wärmt meine Hände, ich puste Luft über den Tee – genauso stehen die Frauen in Liebesschnulzen immer da und denken über ein Problem nach. Im Film käme jetzt der Postbote und würde ihr einen Eilbrief von ihrem Traummann bringen, wenn der, nachdem er jahrelang verschollen gewesen war, nicht gar selbst unerwartet vor der Tür stehen würde, mit einem Bart bis zur Brust und in zerfetzter Safarihose. Das wahre Leben sieht ziemlich anders aus: Mein Liebster bleibt weiterhin verschollen, ich bin noch nicht mal geduscht, stinke aus dem Mund und gleich wird mich meine Freundin Sophie einsammeln, um mit mir eine neue Wohnung anzuschauen.

Es ist so still. Magnus fehlt mir in jedem Moment. Er war doch immer da. Ich frage mich, wann er mich verlassen hat. Und damit meine ich nicht, wann er in den Urlaub abgezischt ist, sondern wann er beschlossen hat, dass er das mit uns nicht mehr will. Ich kann mir immer noch nicht vorstellen, hier auszuziehen. Ich habe es oft im Streit ange-kündigt, aber nie gedacht, dass es eines Tages wahr werden würde. Alles, was ich in diesen Wutmomenten wollte, war, dass Magnus mich in den Arm nimmt. Aber er konnte das nicht. Er ließ mich immer wütender werden, mit Türen knallen und Sachen schmeißen. Dabei ging es immer nur um Kleinigkeiten, wie ich in den letzten Tagen immer wieder festgestellt habe, um völlig unwichtige Dinge. Ein falsches Wort, eine Unaufmerksamkeit oder Macke des anderen, die man schon lange kennt und über die man sich eigentlich nicht mehr ärgern sollte. Früher bin ich nicht so schnell ausgrastet. Aber je länger ich arbeitete, je mehr ich das Gefühl bekam, mich sowohl beruflich – kein fester Vertrag – als auch privat – keine Kinder – im Kreis zu dre-hen, desto kürzer wurde meine Zündschnur. Irgendwann war nur noch ein Stummel übrig. Je mehr Stress ich hatte, desto mehr nörgelte ich. Je länger der letzte Urlaub her war, je selbstverständlicher unsere Handys auf dem Esstisch lagen und je lauter der Fernseher lief, desto häufiger platzte mir der Kragen. Wenn ich nach Hause kam, lief es häufig so ab:

»Was essen wir heute?«

»Ich hab schon ein Brot gegessen.«

»Also essen wir heut nichts?!«

»Wir können nicht jeden Tag essen gehen oder was bestellen – ich kann echt keine Sommerrollen mehr sehen. Mach dir doch auch ein Brot. Der Käse ist allerdings alle.«

»Setzt du dich wenigstens zu mir?«

»Ich hab echt noch was zu tun und außerdem kommt gleich Fußball.«

»Entschuldige, dass ich Zeit mit dir verbringen wollte.« Schon flog die Tür fast aus den Angeln. Wenn wir so stritten, wusste ich manchmal gar nicht, wohin mit mir. Also lief ich aus der Wohnung, rannte die Wut in den Straßen in unserem Kiez mürbe und schmollte anschließend auf der Bank gegenüber der silbernen Rutsche am Spielplatz, immer in der Hoffnung, dass Magnus hinterherkommen und mich fest in den Arm nehmen würde. Irgendwann, als ich wieder mal auf meiner Schmollbank saß, hatte ich realisiert, dass ich mich oft im Ton vergreife, aber ich verließ mich weiterhin darauf, dass Krisen in einer

Beziehung normal sind und ich irgendwann wieder nach Hause gehen kann. »In guten und in schlechten Zeiten«, heißt es doch. Ich wusste, dass Magnus nie zu mir kommen würde, obwohl er wusste, dass ich eigentlich auf ihn wartete. Mein Blick fiel auf die Schaukel neben der Rutsche. Wie lange hatte ich eigentlich nicht mehr geschaukelt? Zwanzig Jahre? Mein Hintern passte nur knapp zwischen die beiden Ketten auf das Sitzbrett, aber die Bewegung war noch immer in meinem Körper gespeichert: Beine ausstrecken, Schwung holen, weiter und immer höher, bis man irgendwann höher als das Schaukelgerüst fliegt. Ich fühlte mich wie ein Kind, bis ich irgendwann Schiss bekam, dass die Schaukel mein Gewicht nicht aushalten und ich samt Sitzbrett und Ketten in hohem Bogen im Gebüsch landen würde. Ich bremste ab, ließ los und sprang mit einem Riesensatz von der Schaukel. Ich flog durch die Luft, war mir für einen Moment nicht sicher, ob ich diesen Sprung überlebe oder mir nicht zumindest beide Beine breche, und landete auf allen vieren im klammen Sand. Meine Knie taten zwar weh, aber ich wollte weitertoben. Wie lange hatte ich kein Rad mehr geschlagen! Im Gegensatz zum Schaukeln fiel mir diese Übung nicht mehr ganz so leicht, dabei habe ich es früher auf dem Schulhof stundenlang gemacht. Ich purzelte kopfüber durch den Sand und spürte, wie steif und schwer ich mit den Jahren geworden war. Zum ersten Mal begriff ich, was Älterwerden bedeutet.

Irgendwann war meine Wut verflogen und ich marschierte mit verschränkten Armen nach Hause. Ich wollte mich mit Magnus versöhnen und vorschlagen, dass wir statt Fußball mit einem Teller Schnittchen auf dem Schoß die nächste Folge unserer Lieblingsserie gucken. Aber Magnus war wegen des Türenknallens und Abhauens so eingeschnappt, dass er mir kein Stück entgegenkam. Da war nichts mehr mit Schnittchen und Fernsehen. Der eine ging ohne ein weiteres Wort ins Bett, die andere schlief auf der Couch ein.

Ein Blick auf die Uhr in der Küche. Obwohl Sophie in viereinhalb Minuten vor der Tür stehen wird, will ich noch schnell unter die Dusche hüpfen. Irgendwie muss ich mein Leben wieder in den Griff bekommen, und wenn ich mit der Pflege anfange. Mein Körper fühlt sich fremd an. Die Haut um die Augen brennt unter dem Wasser, das an mir herunterläuft und mich wie ein Blatt Papier aufzulösen scheint. Ich stelle das Wasser heißer. Ist man erwachsen, wenn man die Trennung von seiner großen Liebe überstanden hat? Es heißt, man brauche die Hälfte der Zeit, die die Beziehung gedauert hat, um über den Ex-Partner hinwegzukommen. Dann wären es sechs Jahre, die ich Magnus hinterhertrauern müsste. Sechs Jahre, um ihn zu vergessen – dann bin ich über vierzig! Mami würde sagen, das sei doch alles Quatsch, ich sei noch jung und hätte alle Chancen der Welt, noch einmal glücklich zu werden. Sie dagegen sei damals in einer viel schlimmeren Situation gewesen. Sie war mit Ende dreißig schon Witwe und hatte sowohl einen Haufen Kinder als auch Schulden. Bis heute ist sie nicht über den Tod meines Vaters hinweg. Dagegen kann ich mit meinen Sorgen – Freund weg, Job anstrengend – natürlich nicht anstinken. Ich drehe das Wasser noch einen Tick heißer und lasse es volle Pulle über meinen Kopf brausen, bis die Haut an Brust und Oberschenkeln rot wird. Magnus duscht sich morgens immer eiskalt ab. Ich würde schreien, wenn ich morgens kalt duschen müsste. Bei mir dauert alles immer ein bisschen länger. Aber jetzt muss ich mich echt beeilen, schnell das Shampoo aus den Haaren waschen und die dunklen Stoppeln unter den Achseln wegrasieren. Sophie steht bestimmt schon mit laufendem Motor vor der Tür. Sie ist immer überpünktlich, ihr ganzer Tagesablauf ist durchgetaktet: wann sie aufsteht, wann sie die Kinder in die Kita bringt und wieder abholt, wann es Abendbrot und wann eine Folge »Prinzessin Lillifee« gibt, wann die Fingernägel geschrubbt und die Zähne geputzt werden und wann ihr dann noch Zeit für ein Glas Wein bleibt. Ich hüpfe aus der Dusche und trockne Arme und Beine ab, schlinge das Handtuch vor der Brust zusammen und renne über den Flur. Es klingelt. Ich flitze zur Tür, rufe »Ich bin in zwei Minuten unten!« in den Hörer der Gegensprechanlage und rase ins Schlafzimmer. Es klingelt noch zweimal kurz an der Tür, Sophie ruft mich zur Eile auf. »Mann, stress mich nicht!« brülle ich, obwohl sie mich nicht hören kann. Ich stehe nackt, mit klitschnassen Haaren und dem Handtuch zu meinen Füßen vor meinem Schrank und kann mich nicht entscheiden, was ich zur Besichtigung anziehen soll. Die Stange ist vollgepackt mit weißen Blusen und Jacketts fürs Büro. Daneben hängen alle meine Sommerkleider. Wie viele Menschen träume ich von einem Leben am Meer. In manchen Momenten bin ich fest davon überzeugt, dass ich eines Tages nur noch mit von Meeresluft getrockneten Haaren und einem kurzen Kleid unterwegs sein werde. Vor allem, wenn ich meine Zeit in Onlineshops verplempere. Ich kaufe die Klamotten nicht, weil ich sie brauche, sondern weil ich eine Idee brauche, von der ich hoffe, dass sie mich glücklicher machen wird. Die Begeisterung hält immer nur, bis das Paket ankommt, ich die Sachen auspacke und den Karton unter meinen Tisch zu den anderen Kartons schiebe. Wenn die Sachen nicht passen, bin ich nicht enttäuscht, sondern erleichtert, dass ich alles zurückschicken kann und das Geld wiederbekomme – mein Konto ist ja immer überzogen. Ich liebe alle Kleider in meinem Schrank, aber wenn es morgen mit dem Leben am Meer losgehen würde und ich mich entscheiden müsste, wüsste ich sofort, welche fünf ich mit nehmen würde: das zitronengelbe mit Schmetterlingsärmeln und einem passenden Gürtel, den man um die Taille bindet, das weiße mit einem Saum aus handgeklöppelter Lochspitze, das türkisfarbene Hängerchen, den geblümten Playsuit und das Maxikleid mit den Spaghettiträgern. An allen Sachen baumeln noch die Preisschilder. Ich habe sie nie getragen. Wütend knalle ich die Schranktür zu. Auf dem Stuhl neben dem Bett liegen das graue T-Shirt, die Jeans und der Blazer von gestern. Was soll's, dann ziehe ich eben das gleiche wie immer an. Sophie klingelt Sturm.

»Wo bleibst du denn? Mensch, die warten auf dich!«, blökt sie, als ich mit nassen Haaren zu ihr ins Auto springe. Im Fußraum liegen leere Trinkpäckchen, zerknüllte Brötchentüten und ein paar Wachsmalstifte. Als ich mich in den Autositz fallen lasse, spüre ich wie etwas unter meinem Hintern zerbröselt: eine Salzbrezel. Ich fege die Krümel mit der Hand weg, wobei mir ein eigenartig säuerlicher Geruch in die Nase steigt. Autos riechen ja oft komisch. Entweder nach neuem Auto, das ist so ein stickiger Mief nach Plastik und Polster, oder nach Kippen und Wunderbaum, wenn der Fahrer raucht. Ich schnuppere noch mal, aber diesen Geruch kann nicht genauer bestimmen. Irgendwas im Fußbereich der Rückbank riecht vergoren, wie vergammelter Erdbeerjoghurt. Ich bekomme einen Würgereiz.

»Ja, sorry – das ist Kotze«, bestätigt Sophie. »Stella hat gestern die ganze Rückbank vollgespuckt, nachdem sie bei einem Geburtstag zusammen mit zwei anderen Kindern eine Schüssel rohen Waffelteig verdrückt hat.«

Ich halte mir mit Daumen und Zeigefinger die Nase zu.

»Tut mir leid, dass ich nicht ans Telefon gegangen bin«, sage ich mit näselnder Stimme.

»Du gehst nie ans Telefon!«

»Ich weiß, du meinst es nur gut.«

»Pass auf, ich kann den Kummer nicht wegzaubern. Aber dafür kann ich was anderes!«

»Und das wäre?«

»Dir helfen, dass du endlich in die Puschen kommst. Die Wohnung ist toll, du wirst es gleich sehen«, sagt sie und tritt aufs Gaspedal. Irgendwie habe ich ein komisches Gefühl. Ich kann nicht sagen, ob es gut oder schlecht ist. Es ist neu.

Die Gegend ist nicht die beste, ich halte mich an dem Gedanken fest, dass meine Jugendheldin Nena früher angeblich irgendwo hier gelebt hat. Dafür liegt die Wohnung in einer ruhigen Seitenstraße, ein großer Park ist gleich um die Ecke und die nächste Straßenbahnhaltestelle nicht weit weg. Vor der Tür des Hauses wartet eine Traube Menschen. Eine der Frauen ist hochschwanger. Sie trägt rosafarbene Gummistiefel, obwohl es heute gar nicht geregnet hat und auch nicht danach aussieht. Ihren grünen Mantel hat sie über ihrem Bauch eng zusammengeknotet, damit die dicke Kugel, die zwischen den beiden Stoffbahnen herausguckt, richtig schön zur Geltung kommt. Bei der Vorstellung, dass ich – der aktuellen Lage nach zu urteilen – wohl nie ein Kind von Magnus bekommen werde, könnte ich gleich wieder anfangen zu heulen. In diesem Moment kommt Sophie von hinten, schiebt mich an den Leuten vorbei in den Hauseingang und drückt mit verdeckter Hand auf die dritte Klingel oben rechts. Ein triumphierender Blick ihrerseits in die Menge, die eine Ungerechtigkeit wittert.

»Sophie, bist du das?«, fragt die Stimme durch die Sprechanlage.

»Ja-ha«, säuselt Sophie zurück, kann mich aber mit ihrer guten Laune nicht anstecken. Das Schloss summt, Sophie wirft sich gegen die Tür und lässt mich hineinschlüpfen, bevor sich die Tür schnell wieder hinter uns schließt.

»Kurze Info noch vorab: Christina kann deine Situation sehr gut verstehen und wäre bereit, dir zu helfen, indem sie beim Hausverwalter ein gutes Wort für dich eingelegt.«

»Und wo zieht sie hin?«

»Zu ihrem neuen Freund.«

»Ah, okay … mit Kind?«

»Mit Kind.«

»Ah, okay. So einfach geht das, ja?«

»So einfach nicht, aber es geht – ja.«

Wir steigen die Stufen hoch, ich schaue auf meine Füße und das, was auf dem Boden liegt, vor allem sind es weiße Hundehaare. Eine Frau in unserem Alter öffnet die

Tür, oben im dritten Stock, zwischen ihren Beinen steht ein kleines Mädchen mit rundem Gesicht und hält sich an dem Lederrock ihrer Mutter fest. Sophie begrüßt ihre Bekannte und deren Tochter überschwänglich. Ich sehe auf den ersten Blick, dass die Bude echt ganz nett ist: Zwei helle Zimmer, eine kleine Pantry-Küche. Zwar bei Weitem nicht so chic wie die Küche in unserer jetzigen Wohnung, weil der Herd Eisenplatten und kein Ceranfeld hat und die Spüle so ein klappriger Schrank mit Schiebetür ist, aber okay. Ein Badezimmer ohne Fenster, dafür mit Wanne und genügend Platz für eine Waschmaschine. Einzig und allein die Raufasertapete finde ich hässlich. »Tja – früher war Raufasertapete normal, heute ist sie ein Makel. Die jungen Leute wollen glattverputzte Wände«, sagt ein großgewachsener, sehr schlanker Mann, der mitten im Wohnzimmer steht. Er trägt eine rote Fleece-Jacke, eine extravagante Brille mit bunten Bügeln und hält eine Klippmappe samt Kugelschreiber unterm Arm. Das muss der Hausverwalter sein. »Thomas Ziervogel«, stellt er sich mit einem kräftigen Händedruck vor und reicht mir das Exposé. Ich versuche Augenkontakt zu halten, während er mir die Wohnung im Schnelldurchlauf erklärt und währenddessen den Kugelschreiber immer raus- und reinklickt: Quadratmeterzahl, Kaltmiete, Betriebskosten, Renovierungsarbeiten in den letzten fünf Jahren, Kellerschlüssel, Mülltrennung, Nachbarschaft. Sophie quatscht in der Küche mit ihrer

Freundin laut über ihre Kinder, von denen die Ältesten in diesem Sommer in die Schule kommen. Sie macht ihre »Meine-Freundin-ist-die-perfekte-Nachmieterin«-Show gut, trotzdem glaube ich, dass ich die Wohnung nie bekommen werde, egal ob ich die jetzige Mieterin über zwei Ecken kenne oder nicht. Immerhin steht unten vor der Tür eine Schwangere kurz vor der Entbindung! Es klingelt. Der Hausverwalter bittet die anderen Interessenten nach oben. Kaum ist sie durch die Tür gewatschelt, heftet sich die schwangere Frau an seine Fersen und hört gebannt dem gleichen Vortrag zu, den er mir auch schon gehalten hat. Ich starre auf den Bauch der Frau. Er ist so dick, dass ihr Nabel nach außen geploppt ist und wie ein Fleisch-Knopf durch ihr T-Shirt drückt. Sie hält immerzu ihre Hand schützend darüber, streichelt ihn und bewegt sich siegessicher durch die Räume, als habe sie den Mietvertrag schon in der Tasche. »Mein Mann braucht eine Stadtwohnung unter Woche, ansonsten wohnen wir draußen auf dem Land. Aber die Gegend hier ist ja total im Kommen und es würde ihm bestimmt gefallen«, flötet sie so laut, dass es jeder von den anderen Interessenten hören kann. Die Gegend ist total im Kommen? – die hat ja überhaupt keine Ahnung, denke ich, aber der Mann von der Hausverwaltung nickt begeistert. Vielleicht kann sie wegen der Schwangerschaft nicht mehr klar denken. Ich überlege, wie es wohl wäre, selbst schwanger zu sein und einen so dicken Bauch zu haben. Die Vorstellung, dass mein Körper einen neuen Menschen hervorbringt, ist doch irre! Meine Beine wären geschwollen, die Haare würden in sanften Wellen über meine Brüste fallen, ich hätte Appetit auf Sauerkraut mit Schokoeis und könnte den süßlichen Duft von Blumen wie Lilien nicht ertragen. Ich stelle mir vor, wie ich das Kind bekommen und wie es mir voller Käseschmiere auf die Brust gelegt werden würde und wie dieses Gefühl der bedingungslosen Liebe durch mich hindurchströmen und meinem ganzen Leben endlich einen Sinn geben würde. Wie sähe es wohl aus, mein Kind?

Jemand packt mich am Ellbogen, es sind Christina und Sophie, die mich in ihre Mitte nehmen.

»Die Wohnung gefällt dir, oder?«, fragt Sophie.

»Sie ist sehr schön, aber das heißt ja nicht, dass ich auch wirklich hier einziehen kann, ich muss ja auch erst noch mal mit Magnus sprechen und dann gucken, ob ich überhaupt ...«, stammele ich. Der Hausverwalter sieht mich über den Rand seiner Brille hinweg an und zwinkert mir zu. Das entgeht der Schwangeren nicht, die sogleich ihren Kopf wie den Geschützturm eines Panzers umdreht und mich böse anguckt.

»Wenn du den Vertrag haben willst, sag mir Bescheid«, flüstert Christina.

Sophie knufft mich in die Seite.

»Das wäre doch großartig, oder, Sunny? Es ist die perfekte Wohnung für einen Neuanfang und ich komme dich oft besuchen!«

Neuanfang – mein Hals ist ganz trocken.

»Mmmh, danke«, brumme ich und gehe rückwärts in Richtung Tür. »Leider muss ich jetzt los. Aber danke für die Besichtigung, ich melde mich.« Ich renne aus der Wohnung raus, lasse Mieterin, Freundin und Hausverwalter verdutzt zurück. Nur die schwangere Frau freut sich, dass ich so überstürzt abzische. Ich höre, wie sich Sophie ebenfalls hektisch verabschiedet und hinter mir die Treppen runterläuft.

»Was war das denn für eine Aktion?! Mensch, bleib stehen!«, ruft Sophie vor der Tür. Ich laufe zwei Schritte vor ihr, steuere in Richtung Auto und fische im Gehen mein Telefon aus der Handtasche, als würde ich einen Anruf erwarten oder könnte etwas Wichtiges verpassen, dabei verpasse ich nie etwas.

»Du kannst die Wohnung haben!«, brüllt Sophie hinter mir her.

Ich bleibe auf der Stelle stehen, sie holt mich ein.

»Das befürchte ich«, krächze ich und schaue runter auf meine Schuhspitzen.

»Hattest du insgeheim gehofft, dass die andere Frau die Zusage bekommt?«, fragt Sophie.

Wir gehen schweigend zum Auto. Sophie steht auf der Fahrer-, ich auf der Beifahrerseite und wir starren uns über das Dach hinweg an. Meine Freundin erinnert mich nicht nur an meine Mutter, sie verhält sich gerade genau wie sie.

»Ich weiß, wie beschissenen es ist. Ich weiß, dass es weh tut. Und ich weiß, wie einsam du dich fühlst. Ich kann deinen Kummer wie gesagt nicht wegzaubern, aber ich kann dir hier und heute versprechen: Es wird besser.«

Der schwarze Knopf an meiner Seite der Tür schießt nach oben. Wir steigen ins Auto und fahren die Straße runter, vorbei am Freibad, in dem Magnus und ich im Sommer immer zusammen schwimmen waren, an besonders schönen Tagen sogar manchmal vor der Arbeit. Allerdings war das in der Zeit, in der ich noch nicht für Frau Möser gearbeitet habe. Das Schwimmbad liegt mitten in dem großen Park und wenn die Sonne scheint, glitzert das Wasser so blau, dass man richtig in Urlaubsstimmung kommt. Auch hier hatten wir ein Ritual: Nach dem Duschen haben wir aus dem Süßigkeiten-und-Chips-Automaten am Eingang eine Tüte Zwiebelringe gezogen und sie uns auf dem Weg nach Hause geteilt, wie zwei Kinder nach dem Schulsport. Wir haben uns die Ringe hin- und hergereicht, jeder durfte abwechselnd einen Ring essen. Ich hatte einen Abdruck von der Schwimmbrille im Gesicht, sah aus wie ein Klingone. Wenn die Tüte leer war, gaben wir uns einen salzigen Kuss und lobten einander dafür, dass wir uns aufgerafft hatten, schwimmen zu gehen. Weil man sich auspowert, aber gleichzeitig erfrischt fühlt.

Ich lege meinen Ellbogen auf dem Fenster ab und stütze mein Kinn in die Hand. Ich sehe Magnus, wie er in seiner Badehose auf der Wiese lag und die Zeitung las, wie ich dabei zugucken konnte, wie seine Haut von Minute zu Minute brauner wurde und wie er mir stolz das Ergebnis vorführte, indem er seinen Hosenbund runter zog und den Unterschied zwischen weißer Pobacke und gebräunter Hüfte präsentierte. Ein lauter Schluchzer. Sophie tritt auf die Bremse, schlägt das Lenkrad ein und fährt ihr Auto mit einem Schwung an den Straßenrand. Sie schnallt sich ab und wirft sich mit ausgestreckten Armen auf mich. Es ist unerträglich, ich kann nicht weinen, nicht atmen, nichts sagen.

»Ich weiß, ich weiß …«, sagt sie wieder und streicht mir eine Haarsträhne aus dem Gesicht.

Sonntagmorgen: Einen Tag nach der Besichtigung weiß ich immer noch nicht, wie ich mich entscheiden soll. Seitdem ich wach bin, führe ich die ganze Zeit Selbstgespräche:

»Okay, jetzt sag mir mal: Was willst du?«

»Dass Magnus nach Hause kommt.«

»Okay, das geht nicht. Denk nach: Was wäre jetzt das Beste?«

»Zu sterben.«

»Hm, das geht auch nicht.«

»Was machen wir jetzt?«

»Keine Ahnung.«

»Pling«, macht mein Handy. Ich habe ein neues Signal für SMS eingestellt, eins, das hoffentlich nicht so nervt wie das davor. Magnus hat mir geschrieben! Mein Herz macht einen Aussetzer.

Liebe Sunny,

ich sitze hier in meinen Shorts und warte darauf, dass die Tide steigt. Ich vermisse dich. Surfen war doch immer unser gemeinsames Ding, oder?! Selbst mit Abstand muss ich gestehen, dass mich die Situation überfordert. Es tut weh zu sehen, dass wir gescheitert sind, und ich wünschte, vieles wäre anders gelaufen. Wir hätten früher anfangen müssen, ehrlich miteinander umzugehen. Aber ich muss dir sagen, dass ich bei meiner Entscheidung bleibe: Ich kann und will nicht mehr so weitermachen. Ich brauche noch mehr Zeit, um mir meiner Gefühle klar zu werden. Ich melde mich bei dir. Mach dir keine Sorgen. Halt die Ohren steif.

Dein Magnus

Ich lese laut einzelne Wörter – »total überfordert« oder »gescheitert sind« – und versuche, etwas zwischen den Zeilen herauszuhören, das mir Hoffnung machen könnte, aber da steht nichts. »Halt die Ohren steif.« Ich schmeiße mich rücklings aufs Bett und fange an zu heulen. Lieber Gott, hilf mir doch.

Am nächsten Tag im Büro tue ich so, als würde alles so weiter-
laufen wie bisher, aber es gelingt mir nicht mehr, die Fassade
aufrechtzuerhalten. Ich sitze an meinem Schreibtisch und
starre auf den lilafarbenen Tacker, der vor mir steht. Ich bin
heute das erste Mal zu spät gekommen. Nicht fünf Minuten, sondern eine Stunde zu spät. Keine Ahnung, wie das
passieren konnte. Mein Wecker war auf halb acht gestellt,
aber ich wollte noch einmal kurz die Augen zumachen. Als
ich sie wieder aufmachte, habe ich meine Schlafanzughose
gegen Jeans und Blazer getauscht, mir einen Kaffee geholt,
bin aufs Rad gestiegen … und zu spät gekommen. Frau
Möser war außer sich, aber Moni hat mir Rückendeckung
gegeben und die Ausrede erfunden, dass ich für sie eine
Standortanalyse mache. Wir planen einen Pop-up-Store für
Oh So Lovely während der Fashion Week im Sommer und
ich hätte drei mögliche Locations recherchiert.

»Frau Schulz beweist maximale Flexibilität«, hat Moni
mich vor Frau Möser gelobt, die heute ein lila Wickelkleid
trägt, das ihren Hüftspeck vortrefflich in Szene setzt. »Sie ist
mit dem Fahrrad alle Locations abgefahren und hat über-
prüft, ob sie den Ansprüchen des Kunden gerecht werden
können. Das hätten wir nicht googeln können!«

»Du machst heute nach Feierabend drei Fotos von ein
paar Straßen und schickst sie mir per Mail! Schulz, verstanden?«, zischt Moni mir zu, als die Möser endlich von mir
abgelassen hat.

»Jawoll, Chef!«, antworte ich.

»Was ist los mit dir? Also ich meine, ich weiß, was mit dir los ist, aber ist irgendetwas Besonderes passiert?«

»Am Samstag habe ich mir eine Wohnung angeschaut.«

»Endlich! Ich habe schon befürchtet, dass du ewig in dieser Schockstarre bleibst. Und?«

»Wie, was und?«

»Ja und, wie war die Wohnung?«

»Ich fand sie okay. Zwei Zimmer, die Lage ist nicht so prall, aber dafür ist die Miete bezahlbar und ich müsste keine Provision zahlen. Außerdem kenne ich über eine Freundin die Vormieterin und die würde ein gutes Wort für mich einlegen, wenn ich die Wohnung haben will.«

»Frau Schulz, hallo, Klopfklopf?! Ist jemand bei dir zu Hause? Das klingt nach einem Hauptgewinn! Ganz klar: Du nimmst diese Wohnung!«

»Ach, ich weiß nicht …«

Moni fasst sich an den Kopf.

»*Zefix*, dein ›Ich weiß nicht‹ macht mich narrisch! Wie kann man denn so gar nicht aus dem Quark kommen!«

Ich fühle mich von allen Seiten unter Druck gesetzt. Dabei ist es einfach so, wie ich gesagt habe: Ich weiß es nicht. Ich weiß nicht, was ich will, und ich weiß nicht, was ich machen soll. Reiche ich Herrn Ziervogel die fehlenden Unterlagen heute bis zwölf Uhr mittags nach, wie ich es Sophie am Sonntag eigentlich noch versprochen habe? Oder melde ich mich nicht mehr und überlasse die Wohnung der schwangeren Frau? Bringt eine neue Wohnung Magnus und mich wieder näher zusammen oder noch weiter auseinander? Wir haben es zwar gemeinsam beschlossen, dass ich ausziehe, aber ich bin immer noch hin- und hergerissen. Magnus hat geschrieben, dass er sich über seine Gefühle klarwerden muss. Das bedeutet, er hat noch welche. So wie ich! Aber wenn ich eine eigene Wohnung habe, würden wir uns – statt über Alltäglichkeiten zu streiten und wie zwei faule Pandabären auf dem Sofa zu sitzen und zu fressen – nur treffen, um schöne Dinge zu unternehmen: ins Kino gehen, in einem tollen Restaurant essen oder endlich in dieses Wellness-Hotel fahren und unsere Gutscheine einlösen. Wir würden wieder Lust auf Sex miteinander bekommen und ohne dass wir es merken, würde sich die Liebe wieder einschleichen und nach ein paar Monaten könnte ich den Mietvertrag wieder kündigen und nach Hause kommen.

Eine Berliner Nummer leuchtet auf meinem Handydisplay auf. Es klingelt dreimal, viermal. Moni gibt mir mit dem Kopf ein Zeichen, dass ich endlich drangehen soll.

»Helena Schulz«, melde ich mich.

»Guten Morgen, Frau Schulz. Sie können sich denken, wer Ihnen an diesem schönen Montagmorgen eine gute Nachricht überbringt, oder?«, frohlockt eine Männerstimme.

»Gute Nachrichten an diesem Montagmorgen? – nee, keine Ahnung!«, antworte ich, aber mir schwant etwas.

»Hier spricht der Herr Ziervogel von der Hausverwaltung in der Kirschallee!«

Mein Herz bleibt stehen, ich schnappe mir wieder den Tacker und tackere die Luft.

»Ich wollte Ihnen Bescheid geben, dass es klappt.«

»Was denn bitte?«

»Na, Sie sind mir ja eine Marke! Es geht mich ja eigentlich nichts an, Sie waren nicht gerade die engagierteste Bewerberin, und nur ihre beiden Freundinnen haben mich davon überzeugt, Ihnen die Zusage zu geben. Langer Rede kurzer Sinn: Sie können die Wohnung in der Kirschallee haben.«

Jemand, der wirklich eine neue Wohnung haben will, würde jetzt mit einem Freudenschrei antworten, aber bei mir versagt die Stimme.

»Frau Schulz, sind Sie noch dran?«

»Aber Sie haben doch gar keine Unterlagen von mir?!«, schieße ich raus.

Moni dreht den Kopf zu mir herüber, presst ihre Lippen aufeinander und zieht ihre linke Augenbraue hoch. Ich glaube, gleich scheuert sie mir eine!

»Gehaltsnachweise und Schufa-Auskunft dürfen Sie ausnahmsweise nachreichen, wenn Sie den Vertrag unterschreiben. Wann können Sie zu uns in Büro kommen?«

»Und zu wann wäre dann der Mietbeginn?«, frage ich noch einmal zurück.

»Erster Mai. Aber Sie könnten schon am Samstag vorher rein. Also in genau zwei Wochen. Da können Sie den ganzen Frühling in ihrem neuen Single-Apartment genießen.«

»In zwei Wochen …«, wiederhole ich wie eine Maschine. Genau dann wollte Magnus wiederkommen und ich würde unsere Absprache einhalten können. Aber nur zwei Wochen, in denen ich unseren gemeinsamen Haushalt auflösen und nebenbei zur Arbeit gehen muss?! – das schaffe ich nicht! Das kann ich gar nicht schaffen.

»Okay …«, sage ich, aber in meinem Kopf macht es plötzlich ruck und ich weiß: Ich muss diese Wohnung jetzt mieten, als Symbol meiner Bereitschaft, alles für diese Beziehung zu tun. Ich will viel und investiere jetzt alles.

»Passt es Ihnen morgen um acht Uhr dreißig?«

Meine Schultern sacken nach unten, ich verstecke meine wässrigen Augen hinter meiner linken Hand. Moni springt von ihrem Stuhl auf. Sie stellt sich hinter mich, packt mit beiden Händen meine Schultern und zieht mich nach oben, sodass ich kerzengerade auf meinem Stuhl sitze. Ich verziehe das Gesicht vor Schmerzen.

»Morgen früh um acht Uhr dreißig«, krächze ich. »Wo muss ich hinkommen?«

Herr Ziervogel gibt mir die Adresse durch und erinnert mich noch einmal an alle Unterlagen plus Personalausweis, den ich zum Kopieren mitbringen soll. Ich lege auf.

»So 'ne verdammte Scheiße«, sage ich leise.

»Du hast die Wohnung?!«, fragt Moni.

»Ja, es klappt.«

»Das ist doch großartig!«, ruft Moni. Als gäbe es einen Grund, mir zu gratulieren! Dabei würde ich mir am liebsten einen Trauerflor ans Revers stecken.

»Noch ist ja nichts unterschrieben …«, sage ich.

»Ah, lass mich raten! Du willst erst mal wissen, was Magnus zu dieser Neuigkeit sagt? Schön, wenn er es sich anders überlegt, denn so eine Frau wie dich findet er wirklich so schnell nicht wieder. Aber gerade aus diesem Grund rate ich dir dringend: Überleg doch mal, was *du* eigentlich willst. Reagier nicht immer erst, wenn dein Spezi reagiert«, wettert Moni.

»Mein *Spezi*?! Was soll das, warum hackst du immer auf ihm rum?«, fauche ich zurück. »Außerdem weiß ich sehr wohl, was ich will!«

»Ach ja? Dann verrate doch mal: Wie sieht der Plan für deine Zukunft aus, Helena Schulz?«

»Das ist mir jetzt echt zu doof! Wie du weißt, wurde mein Plan gerade mehr oder weniger über den Haufen geworfen und ich verstehe immer noch nicht, warum eigentlich. Entschuldigung, dass ich daran zu knabbern habe!«

Ich schnappe mein Telefon und stampfe raus ins Treppenhaus.

»Schulz!«, ruft Moni hinter mir her. Ich reagiere nicht. Ich muss jetzt mit Magnus sprechen. Persönlich. Nach gefühlt achtzehnmal klingeln und einem ohrenbetäubenden Knacken in der Leitung nimmt er endlich ab. Er ist irgendwo in Indonesien, die Zeitverschiebung beträgt sieben Stunden, soweit ich mich erinnere.

»Hello?«, fragt er mit verschlafener Stimme und auf Englisch.

»Mit wem sprichst du denn bitte auf Englisch?«, frage ich zurück.

»Hallo?«

»Ich bin's, Sunny!«, rufe ich aufgeregt und sinke an der Wand in die Hocke. »Ich muss dringend mit dir sprechen!«

»Hey, hallo«, antwortet Magnus in alter Vertrautheit und ich höre, dass auch er sich freut, meine Stimme zu hören. »Hier ist es mitten in der Nacht. Ist was passiert?«

»Ich wollte Bescheid sagen, dass …«, angesichts der Tatsache, dass ich jetzt gleich die Nachricht über meinen Auszug verkünden soll, zieht sich meine Gurgel zusammen. Meine Stimme verzerrt sich wie die von Cher, wenn sie den Refrain von *Believe* singt.

»Sunny, bitte wein doch nicht …« Magnus versucht mich zu beruhigen. »Was meinst du, wie es *mir* geht? Beschissen, um ehrlich zu sein …« Seine Stimme klingt ganz lieb. Ich spüre Verbundenheit und Liebe zwischen uns. Ich vermisse ihn so sehr und kann mir das Leben ohne ihn immer noch nicht vorstellen. Tränen laufen mir über die Wangen.

»Ich habe eine Wohnung!«, jaule ich und in dem Moment, in dem ich es ausspreche, tut mir alles weh.

Stille am anderen Ende der Leitung. Ich versuche, regelmäßig ganz tief ein- und auszuatmen, um mich zu beruhigen.

»Ab wann?«, fragt Magnus.

»Ab Mai. Ich soll morgen früh hin und den Vertrag unterschreiben.«

In dem Moment geht wie in Zeitlupe die Tür der Agentur auf und Frau Möser tritt auf den Flur. Sie ist offenbar auf dem Weg zu einem Termin. Ich stehe sofort auf und drehe mich weg, in der Hoffnung, dass sie meine Tränen nicht sieht. Als sie auf meiner Höhe ist, drehe ich mich um und nuschle »Bin gleich wieder an meinem Platz!«, aber Frau Möser antwortet nicht. Sie schaut an mir vorbei und stößt einen Zischlaut aus.

»Bist du im Büro?«, fragt Magnus.

»Ja, und ich packe es nicht mehr. Die Möser hat mich gesehen, wie ich hier hocke und heule, dabei hat sie mich sowieso schon auf dem Kieker. Und dann bin ich heute auch noch zu spät gekommen! Mir fliegt hier alles um die Ohren und du bist nicht da«, wimmere ich.

»Sunny, ich liebe dich und ich wünschte, wir hätten wieder zueinandergefunden. Aber ich brauche jetzt Abstand, bitte versteh das.«

»Aber warum? Abstand von jemandem, den man liebt?! Das ergibt doch überhaupt keinen Sinn!« Ich wünsche mir so sehr, dass er mich zurückhält. Dass er sagt, lass das, zieh nicht aus. Es wir schon alles wieder gut, wenn ich zurückkomme.

»Ich kann es doch auch nicht erklären. Es macht mich genauso fertig. Deshalb musste ich weg.«

»Ja, und lässt mich hier allein in der Scheiße sitzen!!!«, brülle ich und lege auf. Ich steige in den Aufzug, fahre runter und trete vor die Tür. Es fängt an zu tröpfeln. Ich stelle mich auf die Straße und lasse mich nassregnen.

Die erste gemeinsame Wohnung

Mit Mitte zwanzig war ich so stolz auf unsere »erwachsene« Beziehung und sicher, in Magnus den Mann des Lebens gefunden zu haben. Nach meinem Uni-Abschluss reisten wir auf den Spuren meines Vaters mit dem Rucksack quer durch Asien und bezogen im Anschluss unsere erste gemeinsame Wohnung. In unserem Freundeskreis waren wir die Ersten, die zusammenzogen. Zuvor hatte ich in einer Mädchen-WG gelebt und Magnus hatte nur ein Zimmer gehabt, das für uns beide schnell zu klein wurde. Obwohl wir sehr verliebt waren, brauchten wir mehr Platz und eine Tür, die wir zwischen uns zumachen konnten, nicht ohne jedoch zwischendurch immer mal wieder den Kopf hindurchzustecken, zu fragen, was der andere macht, und uns Küsse durch die Luft zu schmatzen. Magnus nahm seine Karriere in Angriff, ich absolvierte das erste von insgesamt sechs Praktika in einer PR-Agentur, in der Hoffnung, auf diese Weise einen Einstieg die Branche zu bekommen. Die Wohnung haben wir damals noch über eine Zeitungsannonce gefunden. Es gab keine Fotos zum Angucken, nur einen Zweizeiler mit kryptischen Abkürzungen: »3 Zi. Whg. 4. Etage VH EBK KM 600 DM +NK.« Wir bekamen die Wohnung per Handschlag. Sie hatte zwei Zimmer, Dielenböden, eine Badewanne und einen Balkon. Ich fand, das war Luxus. Der einzige Schönheitsfehler war die Kreuzung, an der die Wohnung lag. Das wurde uns allerdings erst bewusst, als wir morgens senkrecht im Bett saßen, weil wir fest davon überzeugt waren, dass ein LKW durchs Zimmer donnert. Unter unserem Balkon lagen jeweils vier Spuren für die Autos und die Straßenbahn, die in alle Himmelsrichtungen fuhren. Das Gute war: Wir brauchten keinen Wecker mehr. Der Berufsverkehr riss uns ebenso zuverlässig wie gnadenlos aus dem Schlaf. Alle zehn Minuten, wenn die nächste Bahn über die Gleise rollte, rappelten die Tassen im Küchenschrank und die Kaffeemaschine auf der Arbeitsplatte hüpfte ein Stück nach vorne, sodass man sie am Abend zurück an ihren Platz schieben musste. Trotzdem zweifelten wir niemals an der Entscheidung, in diese Wohnung gezogen zu sein, denn wir hatten viel Herzblut in unser erstes gemeinsames Zuhause gesteckt. Das Meiste hatte Magnus erledigt: Vor dem Einzug hatte er die dicke dunkelrote Farbschicht – Handwerker nennen das Ochsenblut – mit einem Rasenmäher-ähnlichen Gerät abgeschliffen, bis die ursprüngliche Holzoptik wieder zum Vorschein kam. Es machte einen ohrenbetäubenden Lärm, alles hing voller Staub, aber Magnus hatte trotzdem seinen Spaß daran, sich mit freiem Oberkörper so abzurackern. Nachts lag er hustend im Bett, ich hatte ein schlechtes Gewissen, weil ich nur die Wanne und den versifften Backofen geschrubbt hatte, wobei auch das eine Drecksarbeit war. Die Badewanne war von einem dunklen Rand aus Körperfett und Seife gesäumt, im Abfluss steckte ein Büschel glitschiger Haare und der Herd war innen wie außen komplett verkrustet. Ich kniete auf dem Boden, tauchte einen gelben Schwamm in Spüli-Wasser, holte ihn braun wieder aus dem Backofen heraus und schrubbte die Bleche, auf denen verkohlter Pizzakäse und die Reste von Chicken Wings klebten. Währenddessen lackierte Magnus die Dielen mit Bootslack und verbot mir, irgendwo draufzutreten. Wehe! Den Flur versiegelte er in Etappen, sodass wir an einem Tag ins Wohnzimmer, aber nur mit einem Hechtsprung ins Bad gelangen konnten. Er war besessen von dieser Arbeit und mutierte zum Heimwerker-König, kaufte einen Werkzeugkoffer mit verschiedenen Inbusschlüsseln, Zangen und einem Hammer sowie viele kleine Schraubenkisten. Er kannte jede Mutter und jedes Scharnier. Streichen, hämmern oder bohren – all das schien ihm mehr Spaß zu machen, als in seinem dunkelblauen Anzug für ein Meeting nach Frankfurt oder London zu jetten. Am ersten Abend in der neuen Wohnung picknickten wir in der Küche Falafel, das ich bei einem libanesischen Imbiss an der Ecke zum Mitnehmen geholt hatte, und tranken dazu Bier. An diesem Abend kam es mir vor wie ein

Festessen. Wir hockten uns auf den Boden – um uns herum brannten Teelichter –, knallten die Flaschen mit einem »Prost« aneinander und schlangen unser Essen runter, denn wir hatten von der Schinderei echten Hunger bekommen. Magnus juckte sich den Kopf, aus seinen Haaren rieselte Holzstaub. »Du hast fast weiße Haare«, sagte ich mit vollem Mund und nahm mit den Fingern eine heruntergefallene Zwiebelscheibe von der Alufolie vor mir auf, um sie mir zurück in den Mund zu schieben.

»Dann weißt du ja, wie ich als alter Mann aussehen werde …«

Magnus hatte inzwischen nicht nur graue Schläfen, auch auf seinem Kopf entdeckte ich immer häufiger ein silbernes Härchen. Ich fand das nicht schlimm, im Gegenteil: Je älter Magnus wurde, desto attraktiver fand ich ihn. Ich legte mein Abendessen vor mir ab und begutachtete meine Hände. Die Haut war ganz rau, unter den Fingernägeln schimmerte braunes Fett. Ich war mir nicht sicher, ob der folgende Satz zu viel für Magnus oder für mich sein würde, aber ich wollte es ihm unbedingt sagen:

»Ich freue mich schon!«

»Ja, ich denke morgen haben wir's geschafft. Dann können wir die Möbel richtig hinstellen und anfangen, die Kartons auszupacken.«

»Ich meine doch nicht die Wohnung! Also, darauf freue ich mich auch, aber eigentlich wollte ich dir was anderes sagen.«

»Was denn?«

»Dass ich mich darauf freue, mit dir alt zu werden.«

Magnus knüllte sein Falafelpapier zusammen und schleckte sich die Sesamsoße von jedem einzelnen Finger.

»Ich würde dich jetzt wirklich gerne umarmen, aber ich fürchte, ich schaffe es nicht. Ich komme nicht mal mehr hoch, warte ...« Magnus versuchte, seine Beine aus dem Schneidersitz zu falten, doch ihm fehlte die Kraft aufzustehen. Er gab auf und streckte die Arme nach mir aus.

»Ist das deine Antwort?«

»Auf was?«

»Dass ich eines Tages mit dir Tauben füttern möchte.«

»Erwartest du jetzt auf dem Küchenboden einen Heiratsantrag? Guck mal, wie ich aussehe, überall Soße auf dem T-Shirt und Arme wie Gummi!«

»Quatsch. Ich will ja gar nicht unbedingt heiraten. Also zumindest jetzt noch nicht.« Das war gelogen. Natürlich wollte ich eines Tages heiraten und träumte von einer Hochzeit in einer kleinen Kirche auf dem Land. Ich wusste genau, wie mein Kleid aussehen sollte: Es hätte diesen Meerjungfrauen-Schnitt, der oben schmal ist und nach unten immer ausladender wird, oben eine Corsage, die den Busen hebt, darüber aber ein züchtiges, katholisches Oberteil aus Chantilly-Spitze mit dreiviertellangen Ärmeln und U-Boot-Ausschnitt. Ein Schleier? Unbedingt! Und zwar bodenlang, am Hinterkopf festgesteckt. Und welche Blumen? Kamille, Freesien und Pfingstrosen.

»Also, irgendwie habe ich noch Hunger auf was Deftiges zum Nachtisch. Kannst du mir bitte mal die Würstchen aus dem Kühlschrank geben?«, fragte Magnus.

»Hörst du mir überhaupt zu?«, sagte ich etwas gekränkt und schüttelte den Kopf.

»Bitte!«

»Hol sie dir doch selbst! Was für Würstchen überhaupt? Ich habe gar keine gekauft.«

»Komm, hol du sie mir bitte, ich hab die ganze Woche geschliffen und gestrichen!«, bettelte Magnus.

Ich versuchte im Sitzen an den Kühlschrank zu gelangen, aber meine Arme waren zu kurz. Mit einem Stöhnen hievte ich mich hoch. Auch mir tat alles weh.

»Auf einem Teller bitte!«

Das Glas Wiener Würstchen war das einzige Lebensmittel in dem neuen Kühlschrank, den Magnus' Eltern uns zum Einzug spendiert hatten. Schon die Bitte hätte mich wundern sollen, denn Magnus aß eigentlich gar keine Würstchen. Eine gegrillte Bratwurst mit Senf im Brötchen schon, aber kalte Wiener hatte ich ihn noch nie essen sehen.

Ich nahm das Glas aus dem Kühlschrank, schraubte den Deckel ab und versuchte, mit Daumen und Zeigefinger ein Würstchen herauszufischen. Ein leises Plönkern auf dem Grund des Glases.

»Was ist das?«

»Was ist das?«, äffte mich Magnus nach und lachte verschmitzt.

»Was ist das?«, fragte ich wieder. Ich erwischte ein Würstchen am Zipfel und zog es tropfend aus dem Glas heraus. Wieder hörte ich das Plönkern. Ich nahm das Glas in die Hand und wendete es vor meinen Augen hin und her. Etwas Metallenes rutschte am Grund hin und her.

»Da ist eine Schraube oder sowas in den Würstchen!« rief ich empört.

Magnus bog sich vor Lachen.

»Eine Schraube!«, ahmte er mich wieder nach.

»Was ist das?«, rief ich zum dritten Mal.

Magnus saß im Schneidersitz, stemmte das Kinn auf die Fäuste und schaute mir dabei zu, wie ich versuchte, das Rätsel des Würstchenglases zu lösen.

»Wir müssen die Firma auf Schadensersatz verklagen, dann bekommen wir eine Million Euro und müssen nie wieder arbeiten!«, rief ich begeistert und sah mich schon mein Leben am Strand verbringen.

»Vielleicht ist das ja gar keine Schraube?«, gab Magnus zu Bedenken, ohne dabei eine Miene zu verziehen. »Das ist doch was Rundes mit einem Loch in der Mitte, oder?«

Ich kippte das Glas über der Spüle aus, die Würstchen flutschen wie ein Bündel abgeschnittener Finger in das Spülbecken. Ganz zum Schluss rollte etwas Silbernes hinterher und blieb auf dem nassglänzenden Fleisch liegen.

»Was ist das?«, rief ich nun zum vierten Mal, denn ich hatte immer noch keine Ahnung.

Magnus stand auf und stellte sich neben mich. Er fischte den Ring aus den Würstchen heraus, drehte ihn im Licht hin und her. Der Stein daran begann trotz des Wurstwassers langsam zu funkeln.

Ich schüttelte den Kopf.

»Wir müssen noch nicht heiraten, aber ich wollte dich schon mal reservieren …«, sagte er. Der Ring war genau nach meinem Geschmack – ein schmales silbernes Band und ein eingefasster Stein. Etwa ein Diamant? Ich traute mich nicht zu fragen. Magnus nahm mir den Ring ab und streifte ihn über meinen linken Ringfinger. Er passte wie angegossen, als sei dieser Ring nur für mich gemacht.

»Reservierung bestätigt«, rief ich, stellte mich auf die Zehenspitzen, schlang meine Arme um Magnus und bewunderte über seine Schulter hinweg meinen Ring. So standen wir eine Weile, wiegten uns hin und her. Die Würstchen lagen immer noch in der Spüle. Wir fingen an, uns zu küssen. Erst kurze Schmatzer, die dann länger und leidenschaftlicher wurden, wobei wir immer wieder kurze Pausen machten und lachten. Magnus atmete tief ein und aus, als ich mit der Hand über seinen Hosenstall fuhr, und sagte, er wisse nicht, ob er nach dieser Arbeit überhaupt einen hockriegt. Trotzdem führte er mich an der Hand ins Nebenzimmer, wo neben den übereinandergestapelten

Umzugskartons nur eine Matratze auf dem Boden lag, die wir neu gekauft hatten und die eigentlich noch ein paar Tage auslüften sollte, nachdem wir sie aus der Plastikfolie geschnitten hatten. Magnus zog mir das T-Shirt über den Kopf und den BH gleich mit, ich nestelte an der Knopfleiste seiner Jeans und schob seine Hose und Unterhose bis zu den Knien runter. Er trat auf der Stelle, um sich zu befreien, doch seine Socken und Jeans verhedderten sich zu einem Knoten. Er verlor das Gleichgewicht und ließ sich rücklings auf die Matratze fallen, kämpfte weiter mit seinem Hosenbein und sagte »Aua aua aua aua«, weil ihm die Schufterei in den Knochen steckte. Ich schlüpfte aus meiner Hose, setzte mich nackt auf ihn, fuhr mit den Händen durch seine staubigen Haare und begann, mich erst ganz langsam und dann immer schneller auf und ab zu bewegen. Es dauerte nicht lange, bis Magnus laut meinen Vornamen und Nachnamen – »Helena Schulz!« – stöhnte und einen Orgasmus hatte, der ihm anscheinend fast die Schädeldecke wegsprengte, denn er verdrehte die Augen, schnappte nach Luft und schnaufte: »Boah, krass ...« Ich war zufrieden, denn wir hatten schon seit einiger Zeit keinen Sex mehr gehabt. Aber das war kein Wunder, immerhin galt es, eine Wohnung zu renovieren und einen Umzug zu organisieren. Ich saß immer noch auf ihm, fuhr mit den Händen seine Arme entlang und ergriff seine Hände, küsste ihn noch einmal auf den Mund und ließ meinen Kopf neben seinen auf die Matratze fallen.

Magnus packte mich an der Taille und wollte mich gerade auf den Rücken legen und sich bei mir revanchieren, als mir ein Schock durch die Knochen fuhr: Ich war mir nicht sicher, ob ich die Pille am Morgen genommen hatte, und konnte mich auch nicht daran erinnern, sie am Tag zuvor geschluckt zu haben! Panisch sprang ich auf, rannte auf die Toilette und presste das Sperma aus meinem Körper. Der Vormieter hatte uns eine Kloschüssel ohne Brille und eine Rolle bretthartes Recycling-Klopapier hinterlassen, mit dem ich anfing, mich abzuwischen, was nicht nur nach dem Sex ziemlich unangenehm ist. Magnus steckte seinen Kopf durch die Badezimmertür.

»Alles okay bei dir?«

»Mach die Tür zu!«, fauchte ich und wickelte noch mehr Papier von der Rolle.

»Was ist los, kackst du?«

»Ich hab die Pille vergessen!«, jammerte ich, während ich nackt über einem Haufen Toilettenpapier saß.

»Warum vergisst du das denn?«

»Machst du Witze? Na, wegen all dem hier?! Und überhaupt, was heißt hier: ›Warum vergisst du das denn?‹ Dann nimm *du* doch die Pille!«

Magnus Kopf zog sich aus der Tür zurück, blieb aber vor dem Badezimmer stehen.

»Weißt du was? Ich fänd's gar nicht so schlimm«, hörte ich seine Stimme auf dem Flur.

»Super, dann nimmst du in Zukunft die Pille für den Mann und ich hab den Stress nicht mehr!«

»Es gibt keine Pille für den Mann! Ich meine: Dann kriegen wir halt ein Kind.«

»Und wie soll ich dann jemals einen vernünftigen Job finden?«, rief ich und fiel dabei fast von der Kloschüssel runter. Ich zog ab, aber die Toilettenspülung schaffte die Papierberge nicht, sodass sich das Becken bis zur Kante mit Wasser füllte.

»Jetzt ist auch noch das Scheißklo verstopft!«, brüllte ich, den Tränen nahe.

»Lass mich mal sehen … Was hast du denn da gemacht?« Magnus kam wieder ins Bad, sammelte, immer noch nackt, die leere Papierrolle vom Boden auf und fing an, mit der schwarzen Klobürste, die ebenfalls dem Vormieter gehörte und die ich längst hatte entsorgen wollen, im Toilettenbecken herumzustochern.

Ich kletterte in die Badewanne, stellte das Wasser an, spritze mir Handwaschseife in den Schritt und schäumte meinen gesamten Unterleib gründlich ein, in der Hoffnung, dass ich so die restlichen Spermien in mir abtöten würde. Magnus hatte es geschafft, das Klo wieder frei zu kriegen, und zog den Duschvorhang zur Seite. Ich zog ihn von innen wieder zu. Magnus zog ihn wieder zurück und prustete vor Lachen, als er mich mit meinem Schaumrock sah.

»Was wäre so schlimm daran, wenn du jetzt schwanger würdest? Meine Mutter hat mich auch früh gekriegt.«

»Wenn ich schwanger werde, kann nichts mehr aus mir werden!«, klagte ich und ließ den Kopf hängen.

Magnus verdrehte die Augen. Er stieg zu mir unter die Dusche, nahm mein Gesicht in beide Hände, sodass sich mein Mund leicht öffnete, und zog mich nah an sich heran. Ich starrte ihn an. Das Wasser lief nur über meinen Körper, nicht über seinen.

»Wir haben doch schon mal darüber gesprochen, damals am Strand, erinnerst du dich? Als du mir gesagt hast, dass du nicht weißt, ob du überhaupt Kinder kriegen willst. Weil du Angst hattest, dass die Krankheit deines Vaters vielleicht vererbbar sein könnte und deine Kinder auch depressiv werden könnten. Aber ich glaube, jeder macht sich Sorgen, wenn er Kinder kriegt. Ob das Baby gesund ist. Ob man dem Kind was bieten kann. Ob man es schafft, einen starken und klugen Menschen großzuziehen, der irgendwann für sich selbst sorgen kann. Und weißt du was? Ohne dich hätte ich auch Schiss. Aber mit dir an meiner Seite bin ich der Größte.«

»Passt du auf mich auf?«

»Wenn du auf mich aufpasst.«

So standen wir noch eine Weile – ich unter dem heißen Wasser, Magnus neben mir –, bis er mich unter dem Wasserstrahl wegschubste und fragte:

»Alles wieder gut?«

»Mmmhjaaa«, antwortete ich.

Natürlich war nichts wieder gut. Mit der Sorge, schwanger zu sein, bleibt man als Frau irgendwie allein.

»Wo hast du eigentlich die Handtücher versteckt?«

»Die sind noch in einem Karton.«

»Und die Badezimmermatte?«

»Die auch!«

»Och Mann, Hase!«

Während ich noch fröstelnd in der Dusche stand, legte Magnus mit Klopapierstreifen den Boden aus, damit nicht alles nass wurde, aber wir fluteten trotzdem das ganze Bad und der Klopapier-Teppich löste sich in graue matschige Inseln auf. Nackt und tropfnass suchte ich den Karton, in dem ich die Handtücher verstaut hatte – ein Sammelsurium aus Erbstücken unserer Eltern, manche waren schon total lappig und stammten, glaube ich, noch aus den Siebzigerjahren. Dabei fand ich schließlich auch in den Tiefen des Kartons meine Pillenpackung wieder und zählte die eingeschweißten weißen Kügelchen: Ich hatte zwei Tage lang keine Pille eingenommen, es zwischen Kartonschleppen und Backofenputzen schlichtweg vergessen. Heimlich drückte ich alle restlichen Pillen aus der Packung und würgte sie alle auf einmal hinunter – aus Angst, ich könnte ein Kind in diese Welt setzen, das niemals glücklich wird oder sich auch nur einen Tag in seinem Leben so einsam fühlt wie ich mich oft. Ich wusste, dass eine bestimmte Anzahl von Pillen die gleiche Wirkung wie die Pille danach hat. Hauptsache, man schluckt das Medikament spätestens 72 Stunden nach der Empfängnis. Was ich nicht wusste, war, ob ich zu diesem Zeitpunkt überhaupt meinen Eisprung und die fruchtbaren Tage hatte, sprich: ob ich überhaupt hätte schwanger werden können. Klar lernt man im Biologieunterreicht wie der weibliche Zyklus funktioniert, aber trotzdem glaubte ich immer, dass ich jederzeit hätte schwanger werden können. Die nächsten zwei Tage war mir übel und schwindelig, aber ich sagte Magnus nichts davon. Ich wollte nicht, dass er sich Sorgen machte. Ich war immer noch unsicher, ob das Mittel gewirkt hatte, denn meine Brüste waren wie aus Stein und kamen mir riesig vor – was schließlich auch ein Anzeichen für eine Schwangerschaft sein konnte. Mir war heiß und kalt und ich bildete mir ein, dass meine Tage nun überfällig seien, dabei hatte ich sie schon immer unregelmäßig gehabt. Aber meine Tage kamen wirklich nicht. Sicherheitshalber kaufte ich in der Drogerie einen Schwangerschaftstest, stellte mir für den nächsten Tag den Wecker auf sechs Uhr und schlich mit der Packung ins Badezimmer. Ich zog meine geringelte Unterhose über die Knie, setze mich hin und pinkelte in ein kleines Glas, was an sich schon ziemlich schwer ist, aber noch schwerer, wenn man dabei auf einer Kloschüssel sitzt. Erst fiel mir das Glas fast ins Klobecken, beim zweiten Versuch pinkelte ich mir auf die Hand. Außerdem fragte ich mich, was eigentlich der »Mittelstrahl« sein soll. Wirklich der Strahl in der Mitte oder das Pipi, das zwischen dem ersten und letzten Tropfen kommt? Ich pinkelte einfach das ganze Glas voll, stellte es neben dem Zahnputzbecher ab, tunkte den Teststreifen hinein und ließ alles, wie in der Packungsbeilage beschrieben, »einwirken«. Wenn man schwanger ist, färbt das Gelbkörperhormon nicht nur einen, sondern beide Streifen rot oder einen Streifen rot und den anderen blau. Fünf Minuten später hatte ich Gewissheit: Das Ergebnis war negativ. Hatte ich wirklich alles richtig gemacht? Ich las noch einmal die Anleitung. Ja, alles richtig gemacht. Ich war nicht schwanger. Mich überkam ein komisches Gefühl: Ich war erleichtert, aber merkte gleichzeitig, dass ich noch mehr enttäuscht war. Plötzlich wusste ich ganz sicher: Ich will Kinder haben. Egal, was in meiner Familie passiert ist und wie traurig ich deshalb manchmal immer noch war. Ich traute es mir zu, wie Magnus so schön gesagt hatte, einen starken und klugen Menschen heranzuziehen, der irgendwann für sich selbst sorgen kann.

Babyccino

Wenn ich tatsächlich in eine eigene Wohnung ziehen sollte, wünsche ich mir einen Kelim. Magnus findet alles Folkloristische doof, dazu zählen Räucherstäbchen, vor allem die mit Patschuliduft, jede Art von dekorativen Buddha-Figürchen, sowie bunte Schälchen oder handbemalte Döschen. »Du und dein Klimbim«, sagt er immer. Als wir zusammenzogen, flog als Erstes mein bunter Perlenvorhang auf den Sperrmüll. Dabei hätte er so gut in die Tür zum Balkon gepasst und schön im Wind geklimpert. Magnus musste dafür seine Simpsons-Poster einrollen und in den Keller bringen, wo es feucht war und das Papier Stockflecken bekam, sodass er sie schließlich auch wegschmeißen musste. Ich fand das nur gerecht. Früher habe ich mir nicht viel aus Einrichtung gemacht. Wenn wir etwas brauchten, habe ich beim nächsten Heimaturlaub nachgeschaut, was bei meiner Mutter im Keller stand, und es mitgenommen. Magnus machte es bei seinen Eltern genauso und so lebten wir eine Zeit lang mit einem futuristischen Wohnzimmertisch aus Messing und Glas, von dem ich jeden Tag die Fettfingerabdrücke wegpolieren musste, einer monströsen Vitrine mit altertümlichen Schnitzereien im Dracula-Stil und einem Ledersofa zusammen, von dem immer das Kopfteil abknickte, sobald man es auch nur anguckte. Mehr als ein Regal aus Furnierholz oder mal eine Lampe konnten wir uns als junges Paar nicht leisten. Ich war Praktikantin mit Mini-Job-Gehalt. Magnus verdiente zwar schon gutes Geld, aber er musste einen Kredit bei der Bank abstottern, den er aufgenommen hatte, um sein Sabbatical und unseren Asien-Trip zu finanzieren. Er war da immer sehr strikt: erst die Schulden abbezahlen, dann neue Dinge anschaffen. Eine einfache Maxime, die ich nie befolgte. Magnus aber kann das gut: mit Geld umgehen. Erst mit der neuen Wohnung, also der noch größeren, der schicken »Jetzt-werden-wir-eine-Familie«-Wohnung, fingen wir an, nach und nach Möbel anzuschaffen, die uns beiden gefielen. Zum Beispiel das Sofa, ein riesiges Teil mit sandgrauem Wollstoff und niedrigen Lehnen, sodass es im Wohnzimmer nicht mehr wie bei alten Leuten aussah, sondern schön loungemäßig. Das alte Sofa schleppten wir zusammen runter und stellten es vor dem Haus auf den Gehweg und hefteten ein »Zu verschenken«-Schild daran. Erst war ich dagegen, aber Magnus wettete mit mir um fünf Euro, dass es bis zum nächsten Morgen einen neuen Besitzer gefunden haben würde. Ich glaubte ihm nicht und war mir sicher, dass kein Mensch ein Sofa mit kaputter Lehne haben wollte. Und was war? Am nächsten Tag war die Couch tatsächlich weg und ich musste das Geld rausrücken. Magnus bestand darauf:

»Wettschulden sind Ehrenschulden.« Fast alles, was heute in der Wohnung steht, haben wir zusammen gekauft, und es wird schwer werden, das auseinanderzudividieren, eigentlich unmöglich. Ich kann das Sofa ja nicht mit einer Axt in der Mitte durchhacken, ebenso wenig die Pfeffermühle oder die Schränke durchsägen. Was ich auf jeden Fall mitnehmen will, sind die Fotos, die überall auf den Regalen, den Tischen und in der Küche auf der Fensterbank stehen. Es sind meine Fotos von Magnus und es gibt viel mehr Bilder von ihm als von uns beiden, weil ich ihn, egal wo wir waren, dauernd fotografieren wollte, selbst wenn er von meinem ständigen »Dreh dich noch mal um!«, »Halt, das sieht so schön aus« oder »Schatz, jetzt guck doch mal!« oftmals genervt war. Ich hielt fest, wie er zwischen Reisfeldern entlanglief, wie er seine heißgeliebten Nu-Gu – Nudeln mit Gulasch, das einzige Gericht, das ich neben Rühr- und Spiegelei kochen kann – einsaugte und wie er schlief. Kein Mensch schläft so friedlich wie Magnus, so tief und unendlich in seinen Träumen versunken. Mein Lieblingsbild habe ich in einen schnörkeligen Silberrahmen geklemmt. Es ist eins der wenigen Fotos von uns beiden und zeigt uns auf einer klapprigen Strandliege, Arm in Arm unter einem zerschlissenen Sonnenschirm. Es war auf Bali, der letzten Station unserer Reise. Meine Haare waren damals von der Sonne hellrosa geworden. Ich sah nicht mehr aus wie eine Möhre, sondern wie ein Schweinchen. Die einheimischen

Kinder rannten uns nach und wollten sich mit mir fotografieren lassen, weil sie noch nie zuvor einen so weißen Menschen wie mich gesehen hatten, was ich unverschämt fand, denn für meine Verhältnisse war ich knackig braun. Magnus dagegen war wirklich braungebrannt und wenn er eine Sonnenbrille trug, die seine europäischen Augen verdeckte, dann sprachen ihn die Leute auf Bahasa Indonesia an. Es war der letzte Abend, bevor wir nach Monaten des Aus-dem-Rucksack-Lebens und Reis zum Frühstück wieder nach Hause fliegen würden. Wir freuten uns auf eine andere Jahreszeit als Sommer, auf Äpfel und Vollkornbrot mit Butter und Käse. Noch einmal gingen wir runter zum Strand und schauten uns den Sonnenuntergang an, der den Himmel wie einen Campari-Orange aussehen ließ. Wir baten einen Strandverkäufer, dieses letzte Foto von uns zumachen, bevor die Sonne ins Meer fallen und es schlagartig dunkel werden würde. Magnus hatte die ganze Zeit über Sorge, dass der Typ mit der Kamera abhauen könnte, und deshalb einen Fuß im Sand aufgesetzt, die Wadenmuskulatur angespannt, damit er direkt hätte hinterhersprinten können. Auf Bali haben uns alle gefragt, ob wir Flitterwochen machen, und waren enttäuscht, wenn wir verneinten. Ich fühlte mich geschmeichelt. Ich war so verliebt, so stolz auf Magnus als Mann an meiner Seite und fest davon überzeugt, dass sich daran nie etwas ändern würde. Es war wieder dieses Für-immer-Gefühl.

Mit dem Ärmel meines Sweatshirts, in dem ich diese Nacht geschlafen habe, weil das Wetter noch mal richtig kalt geworden ist, wische ich den Staub vom Silberrahmen. Unglaublich, wie jung wir damals waren. Ich stehe vor den Fotos, vor dem Sofa, vor den Regalen, vor unserem gemeinsamen Leben. Es ist unmöglich, die Sachen in »*meine* Saftpresse«, »*deine* Federbettdecke – weil *deine* Eltern sie uns geschenkt haben« – »*meine* Orchidee« und »*deinen* Fernseher« zu sortieren. Aber irgendwo muss ich anfangen. Heute um 8.34 Uhr habe ich den Mietvertrag für die Wohnung in der Kirschallee unterschrieben. Ich bin in Schlafanzughose und Sweatshirt auf dem Rad hingefahren, sonst wäre ich wie gestern zur Arbeit zu spät gekommen. Das klingt vielleicht absurd, aber genauso war es. Erst wollte ich den Termin platzen lassen. Aber um kurz nach acht packte mich die Courage und ich bin gegen den Wind, der seit heute morgen durch die Stadt fegt, doch zur Hausverwaltung gestrampelt. Was habe ich schon zu verlieren? Meine Idee von der großen Liebe und einer Familie ist dahin. Herrn Ziervogel ist gar nicht aufgefallen, dass ich in meiner Schlafanzughose vor ihm stand, zumindest hat er sich nichts anmerken lassen. Aber seine Sekretärin schaute verwundert an mir hoch und runter. Herrn Ziervogel interessierten nur meine Unterlagen, die ich ihm mitbrachte. Er scannte die Blätter innerhalb von wenigen Sekunden mit professionellem Blick auf die wichtigsten Details ab und befand sie mit »gut, gut, sehr schön, sehr schön«. Ich fragte mich, was an meinem Pupsgehalt »gut, gut, sehr schön, sehr schön« sein soll. Ich unterschrieb den Mietvertrag mit seinem Kugelschreiber und verschmierte das Datum mit meinem Handballen. Erst die toten Marienkäfer in den Fenstern, jetzt das mit blauer Tintenpaste beschmutzte Papier – war das wieder ein böses Omen? Aber ich hatte keine Zeit, lange darüber nachzudenken, denn Herr Ziervogel schüttelte mir die Hand und damit war die Sache erledigt. Schon stand ich wieder auf der Straße und war die neue Mieterin eines, wie Herr Ziervogel in seiner höchsten Stimmlage frohlockte, »schnuckeligen Single-Apartments«.

Beginnt das Ende einer Beziehung erst, wenn man wirklich auseinanderzieht, oder schon, wenn der eine Partner das erste Mal nicht nur im Schlaf, sondern geflissentlich furzt? Meine Mutter behauptet, dass Furzen jede Erotik killt. Ich finde Pickelausdrücken viel schlimmer, denn ein Pups kann einem schon mal rausrutschen, da behält man nicht immer die Kontrolle. Aber Pickelausdrücken? Klar kann man das als Zeichen der Verbundenheit werten, aus diesem Grund lausen sich ja auch Affen, aber man würde nie einen Unbekannten an der Bushaltestelle anquatschen, ob der bitte mal gucken kann, was man da auf der Schulter hat, und fragen, ob es sehr groß ist und ob etwas Gelbes rauskommt. Oder ist das Ende einer Beziehung dann erreicht, wenn man froh ist, dass der Partner spät von der

Arbeit nach Hause kommt und man so lange die Wohnung für sich allein hat? Wenn man nur noch vor dem Fernseher zusammen Abendbrot isst, während auf dem Esstisch nebenan die Blumen verwelken und die Kerzen einstauben. Wenn man sich morgens keinen Abschiedskuss mehr gibt und sich vor dem Einschlafen vergisst zu sagen, dass man sich liebt? Oder wenn der Mann nachts eine SMS von einer ominösen Kollegin bekommt und so tut, als wäre das normal? Meiner Meinung nach beginnt das Ende einer Beziehung dann, wenn man nicht mehr sorgsam miteinander umgeht. Ich sage das, weil ich genau diesen Fehler gemacht habe. Für jede Beziehung gibt es ein Beziehungskonto. Wer verliebt ist, zahlt dauernd große Beträge ein: Man kümmert sich um den anderen, verwöhnt ihn und zeigt sich von der absolut allerbesten Seite: »Du musst im Hochsommer deine Wohnung streichen? Kein Problem, ich helfe dir. Dein Fahrrad ist kaputt? Wo steht es, ich repariere es für dich. Du würdest so gerne wieder an die Ostsee? Das Hotelzimmer ist schon gebucht, vergiss deine Zahnbürste nicht!« Man tut alles, denn man möchte ja zurückgeliebt werden. Solange unausgesprochen bleibt, dass aus der Affäre etwas Festes wird, pumpt man all sein Herzblut hinein. Es gibt keine Macken, keine Marotten, nur Liebe, Küsse und Rotwein. Man starrt dauernd aufs Handy und wartet auf eine Nachricht des anderen, auf ein Herzchen oder Smiley. Man braucht keinen Schlaf und findet es normal, nachts in irgendeinen Tümpel im Park zu springen. Man küsst sich an jeder roten Ampel und schiebt in der Schlange an der Supermarktkasse die Finger in den Hosenbund des anderen. Wenn alles gut geht und man also ein Paar wird, freut man sich über das Vermögen, das man auf dem Konto zusammengetragen hat, auch wenn man ziemlich schnell nur noch ab und zu und nach einiger Zeit gar keinen Sex mehr hat. Aber das ist okay, weil man sich liebt. Man fühlt sich sicher und hebt ab und zu mal was von dem Guthaben ab. Die üblichen Streitereien sind nur Kinkerlitzchen. Was Miese macht, sind Beleidigungen, Missachtungen und Enttäuschungen. Es gibt Leute, die es trotzdem immer schaffen, dass ihr Konto im Plus bleibt, denn sie wissen genau, wann sie anfangen müssen, zu sparen. Wie ein Bankkonto kann man auch ein Beziehungskonto mal überziehen, aber es kostet immer Zinsen. Die Zinsen sieht man nicht, man spürt sie nur. Zum Beispiel, wenn der andere anfängt, einem immer wieder dieselben Sachen aufs Brot zu schmieren. Irgendwann merkt man, dass man sich Streitereien nicht mehr leisten kann, weil man pleite ist als Paar. Ich schaue immer weg, wenn mir der Geldautomat meinen Kontostand anzeigt. So war es auch in der Beziehung mit Magnus: Ich habe nicht auf den Kontostand unserer Beziehung geachtet, war nicht sorgsam genug. Zwölf Jahre lang bin ich davon ausgegangen, dass wir über ein Vermögen verfügen, auch weil ich dachte, dass Magnus irgendwie aufpasst. Ich habe mich wegen des Für immer-Gefühls sogar darauf verlassen. Und was ist? Pustekuchen! Ich habe mich zwar dagegen gewehrt, aber Fakt ist: *Ich* war es, die heute Morgen den Vertrag für eine neue Wohnung unterschrieben hat. Kann ich also rückblickend sagen, wann für mich das Ende unserer Beziehung angefangen hat? Ja, kann ich. Es war nicht die SMS von Saskia, aber ein Tag, der das gleiche Gefühl in mir auslöste. Es war der Tag, an dem Magnus zum ersten Mal an meinem Geburtstag in den Urlaub gefahren ist. Vorher hatten wir immer zusammen gefeiert. Morgens beim Aufwachen standen auf dem Wohnzimmertisch kleine Röschen, Geschenke und Erdbeerkuchen. Wenn das Wetter schön war, tranken wir abends auf dem Balkon ein Glas Schampus, weil ich das so schön mondän fand, selbst wenn der Champagner von Aldi kam. Anschließend gingen wir meist in einen Club feiern. Verständlicherweise fühlt sich Geburtstag ohne Freund nicht so großartig an. Andererseits: Eine Tour, bei der ein paar Jungs mit einem alten VW-Bus die Atlantikküste rauf- und runterfahren und hoffen, die vielleicht beste Welle ihres Lebens zu erwischen, und so viel Bordeaux trinken, dass sie wie Kinder die Dünen runterrollen – das muss in jeder Beziehung drin sein. Darum fand ich es im ersten Jahr auch nicht so dramatisch und gab mich großzügig: »Klar, fahr ruhig, alles gut«. Was blieb mir anderes übrig? Den Ruf als Megazicke wollte ich im Freundeskreis nicht haben und dachte, den nächsten Urlaub machen wir wieder zusammen. Als Magnus wiederkam, hatten die Jungs die gleichen Stellplätze schon fürs nächste Jahr gebucht. Der Tag der Abfahrt war dann wieder mein Geburtstag im Mai. Die anderen Jungs fuhren zusätzlich in den Sommerferien mit ihren Kindern und Frauen weg. Für Magnus hingegen avancierte dieser Trip zu den wichtigsten Wochen des Jahres. Es gab nichts, auf das er sich so sehr freute. Männer bräuchten Rituale und Orte, an denen sie Männer sein können, erklärte mir meine Mutter. Es sei im Prinzip das Gleiche, wie am Kneipentresen zu stehen und den Tabellenletzten der Bundesliga zu diskutieren oder zu angeln, ohne mit einen einzigen Fisch nach Hause zu kommen. Das höchste Glück für Männer sei es, so schwadronierte Mami, wenn sie sich in einem Rudel zusammenrotten und gemeinsam der Natur trotzen können, egal ob in Form von wütenden Stieren, hohen Wellen oder einem Schneesturm am Nordpol, denn dann fühlten sie sich vollkommen. Ich wunderte mich, nickte aber und kapierte irgendwann: Solange Magnus in seinem dunkelblauen Anzug über zweihundert Tage im Jahr in der Business Class durch Europa jettet, braucht er kalte Ravioli aus der Dose und keimige Gemeinschaftsduschen auf Campingplätzen als Ausgleich. Schon Wochen vorher begann er sein Gepäck vorzubereiten und Listen darüber zu schreiben, was er alles besorgen und bereitlegen musste: Frisbee, Fußball, Wachs, Gasbrenner, Schlafsack, Thermoskanne, Müllsäcke, Taschenlampe, Müsliriegel. So sehr ich seinen Freiheitsdrang verstehen wollte, so sehr war ich darüber enttäuscht, dass er einen derart tollen Urlaub ohne mich verbrachte. Aber – keine Frauen an Bord – das war ja für ihn gerade der Witz an der Sache. Das Gefühl, das in mir schmorte, war fürchterlich und ich weiß nicht, wieso ich es mir nicht ausreden konnte. Es war Eifersucht. Ich war eifersüchtig darauf, dass Magnus unseren Traum, am Strand zu leben, auch mit anderen teilte und ich außen vor blieb. Mehr noch: Ich zweifelte an mir und glaubte, dass Magnus sich mit mir langweilte. Mein Geburtstag wurde zu einem Tag, an dem ich nun immer allein vor einem Stück Erdbeerkuchen saß. Ich verfiel in Selbstmitleid und stellte jedes Jahr fest, dass ich wieder nicht das erreicht hatte, was ich mir vorgenommen hatte: meine Rolle im Leben zu finden. Es war wie Silvester rückwärts: Anstatt mich auf mein neues Lebensjahr zu freuen, trauerte ich nur der verlorenen Zeit hinterher. Letztes Jahr war meine Laune so mies, dass ich beschloss, wie die Zeugen Jehovas das Geburtstagsfest in Zukunft ganz ausfallen zu lassen. Ich wollte weder feiern noch ans Telefon gehen oder die Post öffnen. Ich blieb im Bett und hörte, wie Magnus in der Küche die Kaffeemaschine mit Wasser füllte. Er ging nie runter zum Kaffeemann, sondern trank lieber Filterkaffee. Er brachte mir eine Tasse mit Milch ans Bett, den Rest füllte er in eine Thermoskanne und stellte sie neben seinen gepackten Rucksack im Flur. Er hatte beste Laune und brachte mir ein Ständchen:

»Heut ist dein Geburtstag, darum feiern wir, alle deine Freunde, freuen sich mit dir …«

»Du musst bald los, oder?«, fragte ich sachlich und stellte die Tasse neben dem Bett auf dem Boden ab, wo ich den Kaffee kalt werden ließ, weil ich von Filterkaffee Herzrasen bekomme und dann erst recht morgens gegen Türrahmen laufe.

»Jetzt gleich. Happy Birthday!«

Am liebsten hätte ich sofort angefangen zu heulen, aber ich wartete damit, bis er weg war. Ich wollte auch nicht als die Freundin gelten, die immer flennt, wenn ihr Freund ohne sie wegfährt. Also putzte ich mir schnell die Zähne, wusch mir den Schlaf aus den Augen, warf mir eine Strickjacke über und half ihm, das Gepäck runter auf die Straße zu schleppen. Die Jungs waren allerbester Laune, füllten die Schränke im Bus mit Suppendosen und Instantkaffeepulver, stapelten die Taschen, Rucksäcke, Schlafsäcke unter den Sitzen und hängten die neonpinke Frisbee von Magnus an den Rückspiegel. Währenddessen stießen sie vorfreudige Jauchzer aus und zwickten sich gegenseitig in die Flanken. Alle trugen schon ihren Urlaubslook: Strickmütze, Kapuzenpullover, Shorts und Badelatschen. Magnus gab mir einen Kuss auf die Wange und zwei auf den Mund, die anderen Jungs klopften mir auf die Schulter. Ich solle nicht so traurig gucken, immerhin hieße ich Sunny und nicht Grummel Griesgram. Dann stiegen sie ein, winkten fröhlich aus dem

Fenster und fuhren ab. Wie eine Mutter rief ich ihnen »Viel Spaß, fahrt vorsichtig und meldet euch, wenn ihr angekommen seid« hinterher, blieb allein vor dem Haus stehen und winkte so lange, bis der gelbe Bus am Ende der Straße noch einmal gehupt und in Richtung der Sonne abgebogen war. Weg waren sie. Ich trottete zurück in die Wohnung und fing noch auf der Treppe an zu schluchzen. Auf dem Tisch standen wie jedes Jahr ein Strauß Röschen, Erdbeertorte mit Vanillecreme und eine Flasche warmer Champagner. Als könnte das einen Menschen ersetzen!

Unter meinem Kopfkissen fand ich eine Karte.

Liebe Sunny,
ich liebe und vermisse dich schon jetzt. Lass dir den Erdbeer-kuchen schmecken!
Kuss, dein Magnus

Die Geburtstagskarten unter dem Kopfkissen wurden zum Ritual, das genauso zu Magnus' Aufbruch gehörte wie die Frisbeescheibe auf dem Rucksack. Nur der Text änderte sich. Im letzten Jahr schrieb er:

Liebe Sunny,
ich wollte noch mal schnell auf diesem Wege auf Wiedersehen sagen. Glaub mir bitte, dass ich es nicht gut finde, wenn du deinen Geburtstag allein feierst – oder sogar gar nicht feiern willst.

Ich wäre wirklich gerne hier bei dir, ist jetzt halt wieder doof gelaufen und ich kann es nicht ändern. Ich liebe dich und vermisse dich schon jetzt. Außerdem finde ich es komisch, surfen zu fahren, ohne dass du dabei bist. Es macht mich traurig, dass wir uns gestern Abend noch gestritten haben. Das war unnötig, aber vielleicht kannst du mich ja auch ein Stück weit verstehen: Dass ich genervt bin, wenn wir uns immer wieder die gleichen Sachen vorwerfen. Auch wenn ich gesagt habe, dass ich die Schnauze voll habe, denke ich nicht, dass getrennte Wohnungen der richtige Weg wären. Ich glaube, dass wir vielleicht einen neutralen Mediator bräuchten. Zumindest sehe ich das so. Und wenn du sagst, dass eine Veränderung her muss, stimme ich dir zu. Schauen wir mal, wie es in zwei Wochen aussieht. Bau bitte keinen Scheiß, solange ich nicht da bin, und bitte hör auf, so viele Klamotten zu kaufen, das finde ich ganz schlimm, okay?! Ich habe die Tüten gefunden, die du unter deinem Tisch versteckt hast.

Noch mal: Ich liebe und vermisse dich.

Dein Magnus

Heute ist zwar nicht mein Geburtstag, aber es fühlt sich genauso an – Magnus ist wieder im Urlaub und ich sitze hier allein. Auf dem Tisch vor mir liegt diesmal kein Stück Erdbeerkuchen, sondern die Kopie des neuen Mietvertrags. Und was war das mit den Tüten? Manchmal, wenn ich wieder etwas Neues gekauft hatte, fühlte ich mich so schuldig, dass ich die Tüte vor der Tür abstellte und erst mal so in die Wohnung ging, Mangus Hallo sagte und irgendwann, wenn er auf die Toilette ging, zur Tür schlich, die Tüte reinholte und sie schnell unter den Schreibtischtisch stopfte. Ich war nicht süchtig nach Einkaufen, sondern süchtig danach, mich schön zu machen. Ich dachte, in einem schönen Kleid oder mit einem Paar toller Schuhe wäre ich für meinen Freund wieder liebenswerter. Aber letztendlich ließ er mich sitzen. Den Champagner von meinem letzten Geburtstag bewahre ich seitdem schön dekorativ im Regal in der Küche auf. Wir wollten ihn eigentlich gemeinsam trinken, wenn es wieder mal einen Anlass gäbe. Hey, eine neue Wohnung – das ist doch ein Anlass, also hoch die Tassen! Ich schnappe mir die Flasche, reiße die goldene Alufolie auf, drösel die Agraffe vom Hals und löse den Korken vorsichtig über dem Spülbecken aus der Flasche. Es macht nur leise »Plopp«, ein bisschen weißer Schaum steigt nach oben. Ich setze die Flasche an lasse und mir die prickelnde Flüssigkeit in den Hals laufen. Die Kohlensäure kitzelt in der Nase. Warm schmeckt Champagner genauso wenig wie Kefir. Trotzdem nehme ich noch einen Schluck.

Gerade als ich mich für die Arbeit fertig machen will, klingelt es Sturm. Ein Bote bringt die Umzugskartons, die ich gestern vorsorglich vom Büro aus bestellt habe. Ich habe keine Lust, mir alte Kartons bei Freunden zusammenzuschnorren und an jeder Tür, an der ich klingele, erzählen zu müssen, warum ich ausziehe. Ein Kerl mit kurz geschorenen Haaren und Zigarette hinterm Ohr steigt mit einem großen Paket brauner Pappen auf dem Rücken die Treppe hoch und wirft das zusammengeschnürte Bündel mit einem lauten Rumms vor meiner Tür ab. In seinem Kinn steckt ein silberner Stachel.

»Und wie soll ich den Packen in die Wohnung bekommen?«, frage ich zickig und übe meine neue Rolle als eine Frau, die sich ab sofort nichts mehr gefallen lässt. Mein Blick fällt durch ein großes Loch, das in seinem Ohrläppchen klafft.

»Wir liefern bis *vor* die Haustür«, säuselt er. Wenn er spricht, wackelt das Piercing in seinem Kinn auf- und ab. Er riecht bis zu mir aus dem Mund nach Rauch und Kaffee.

»Also ist das jetzt *mein* Problem?«

»Eine Unterschrift bitte!«

Ich kritzele mit einem Plastikstäbchen meinen Namen auf das Display seines Gerätes, das er mir unter die Nase hält, und versuche dabei, möglichst genervt zu gucken.

»Stört Sie das Ding in Ihrem Kinn nicht?«, frage ich provozierend.

»Nein, das stört mich überhaupt nicht«, gibt er völlig gelassen zurück.

»Aber Sie haben dann als alter Mann ein Loch im Kinn.«

»Wenn ich alt bin, ist jeder Opa tätowiert und jede Oma hat irgendwo ein Piercing.«

»Da, wo Sie herkommen, ganz bestimmt!«

»Danke für Ihren Auftrag und alles Gute für den Umzug. Tschüßi!«

Weg ist er. Hat ja toll geklappt, mein Versuch, mich durchzusetzen. Ich schiebe die Kartons auf allen Vieren in die Wohnung und schließe die Tür hinter mir ab. Hoffentlich hat mich keiner der Nachbarn gesehen. Aus dem Haus kennen wir eigentlich nur die Familie, die über uns wohnt. Die Frau entschuldigt sich dauernd, dass ihre Kinder so laut seien. Magnus beschwichtigte dann immer: Das würde uns gar nichts ausmachen, wir wären sowieso die meiste Zeit nicht zu Hause. *Ich* höre die Kinder schon oft, denke aber: Es sind Kinder, was soll man da machen? Ihnen verbieten, dass sie um sechs Uhr morgens auf ihrem Bobby Car herumrutschen oder eine Tonne Bauklötze auf dem Holzboden auskippen? Ich treffe die Frau manchmal im Treppenhaus. Sie hat ein freundliches Gesicht und kastanienbraune Locken, die so dicht sind, dass ich mich immer frage, ob man so eine Haarpracht überhaupt kämmen kann. In ihrem grünen oder rostfarbenen Cordrock steht sie unten am Absatz und wartet. Ein paar Stufen höher krabbelt ihr kleiner Sohn mit seinem raschelnden Windelpo die Treppen hoch. Sie ist beladen mit prall gefüllten Einkaufstüten, einer Packung Klopapier, der Post und einem kleinen Laufrad. Die Plastikgriffe schneiden in ihre Hände, die Fingerspitzen sind schon weiß, aber sie wartet trotzdem. Nach jeder geschafften Stufte dreht sich das Kind um und schaut triumphierend zur Mutter. Seit Wochen üben die beiden Treppensteigen. Es ist rührend, einem kleinen Menschen dabei zuzusehen, wie er die Welt der Großen erobert. Bei dem Gedanken daran, dass ich hier in dieser Wohnung mit Magnus eigentlich auch eine Familie gründen wollte, überkommt mich wieder die Wehmut.

Eigentlich müsste ich schon längst auf dem Weg ins Büro sein, trotzdem schreibe ich Magnus noch schnell eine SMS. Ich kann es einfach nicht lassen. Ich will Kontakt und wissen, ob es ihm gut geht. Dass ich gerade den Mietvertrag unterschrieben habe, schreibe ich nicht. »Hey, wie geht es dir? Wo bist du gerade? Bitte melde dich doch mal, wenn du Lust hast! Bitte …« Der Text leuchtet als grüne Sprechblase auf. Ich stelle mir vor, wie die Nachricht aus dem Fenster fliegt, hoch in den Himmel und ins Weltall, dort in einen der Satelliten schlüpft und als megaheller Lichtstrahl zu Magnus geschossen wird. Ich wünschte, ich könnte bei ihm sein.

Mist, schon zehn vor! Heute darf ich unter keinen Umständen wieder zu spät zur Arbeit kommen, sonst reißt mir nicht nur Frau Möser, sondern auch Moni den Kopf ab. Auf dem Weg muss ich noch irgendwo diese Alibi-Fotos von den möglichen Locations für die Pop-up Stores schießen. Ich pelle mich aus meinem Gammel-Look und schlüpfe in meine Büro-Uniform: Blazer, Bluse, Jeans,

Ballerinas. Ich spare Zeit, indem ich auf den Lidstrich verzichte, sodass noch ein kurzer Stopp beim Kaffeemann drin ist. Mein Plan heute Morgen ist folgender: Ich hole mir einen Kaffee und frage, ob ich das Café fotografieren darf, dann hätte ich schon mal ein Bild, das Moni und ich Frau Möser präsentieren können. Der Laden ist wirklich hübsch: Draußen eine große Fensterfront mit einem handschriftlichen Logo, drinnen sorgen Ziegelsteinwände, ein langer Tresen aus Holz und Körbe mit krummen Zucchinis, Möhren und Kürbissen von einem Bauernhof für Flair. »Hip, urban, frisch!«, würde Frau Möser sagen. Wie heißt der Kaffeemann noch mal? Mist, ich habe seinen Namen vergessen. Irgendwas mit B... – oder H...? Ich gehe leise das Alphabet durch. A ... Alexander, Anton? – nein, so heißt er auch nicht. C schließe ich aus. D... – Daniel? David? Nein, auch nicht. Emil war es auch nicht, Ffffff... Sein Name will mir nicht einfallen. Ich habe ihn nur einmal gehört, als er von seiner Kollegin gerufen wurde, und mich darüber gewundert, dass ein junger Mann von höchstens Mitte zwanzig so einen altmodischen Namen hat. Persönlich vorgestellt haben wir uns nie. Warum auch? Ich bin die Nachbarin, er der Kaffeemann. Weiter haben wir nichts miteinander zu tun. Zum Glück ist im Laden keine Schlange, nur eine Frau steht am Tresen und überlegt, was sie frühstücken möchte. Sie ist in meinem Alter, trägt ein graues Sweatshirt, Leggings und weiße knöchelhohe Basketballschuhe.

Ihre dicken Haare sind oben auf dem Kopf zu einem Dutt gezwirbelt, ein paar Strähnen hängen heraus, an denen ein blondes Dickerchen zieht, das auf ihrem Arm sitzt und fast aus seinem Frottee-Strampler platzt. Zwei große blaue Murmel-Augen schauen mich an. Die Mutter hat Schwierigkeiten, sich zwischen einem Sandwich mit Bergkäse und einem Birne-Honig-Muffin zu entscheiden, was ich verstehen kann, weil beides köstlich aussieht. Ich nicke dem Kaffeemann zu, er ruft mir »Einen wunderschönen guten Morgen!« zu. Sein Name fällt mir immer noch nicht ein, auch nicht, als ich ihn anstarre. Er ist ein kräftiger blonder Bursche, so ein Typ schwedischer Holzfäller, der gerne Jeanshemden oder Ringelshirts trägt, die ihm einen Tick zu klein sind. Wie fast alle jungen Männer in dieser Stadt trägt er einen Vollbart. Er ist immer gut drauf, was mir vor allem morgens ziemlich auf den Kranz geht, aber es wirkt nicht aufgesetzt. Ich glaube, er ist wirklich so. Dafür, dass er so jung ist, schmeißt er den Laden echt super, finde ich. Man muss selten lange warten und der Kaffee schmeckt richtig gut. Manchmal kaufe ich mir noch eine Scheibe Bananenbrot, die ich mir in zwei Portionen hintereinander in den Mund schiebe, bevor ich mit dem Kaffee aufs Fahrrad steige, aber heute habe ich keinen Hunger. Außerdem spannt meine Jeans an den Oberschenkeln und am Hintern. Ich habe in den letzten Tagen nicht viel gegessen und trotzdem macht meine Hose beim Laufen Schrabb-Geräusche, weil der Stoff zwischen meinen Schenkeln aneinanderreibt. Andere Leute nehmen bei Stress und Kummer ab, ich dagegen werde fetter. Als würde mein Körper jedes vorhandene Pölsterchen festhalten. Meine Mutter behauptet immer, das sei kein Kummerspeck, sondern »Stillfett«. Mein Körper wolle mir signalisieren, dass ich in meinem Alter endlich mal mit dem Kinderkriegen loslegen solle. Dieses Kinderthema macht mich irre. Echt! Ich muss mich locker machen.

»Was kann ich dir Gutes tun?«, fragt mich der Kaffeemann. Die Frau vor mir überlegt immer noch, also zieht er mich vor. Er weiß ja, dass meine Bestellung unaufwendig ist.

»Wie immer, einen Cappuccino zum Mitnehmen, mit extra heißer Milch, bitte.«

Wir plaudern ein bisschen, während er das Getränk vorbereitet:

Er: »Wie geht's?«

Ich: »Och, müde!«

Er: »Schönes Wetter heute, aber der Wind ist krass!«

Ich: »Hauptsache, es regnet nicht.«

Er: »Hast du viel zu tun?«

Ich: »Ja, immer! Aber man soll sich ja nicht beschweren!«

Gib mir endlich meinen Kaffee!, denke ich. Weiß er überhaupt, was ich beruflich mache? Ich glaube nicht. Er weiß auch nicht, dass ich ihn um seinen Beruf heimlich beneide. Wie Caro *kann* er wirklich etwas. Ich schaue ihm unheimlich gerne dabei zu, wie er dieses Monstrum von Kaffeemaschine bedient oder mit schnellen Handbewegungen die Tomaten oder Gurken für den Salat kleinschneidet. »Die Muffins kommen übrigens frisch aus dem Ofen«, empfiehlt er der Mutter. Ich merke, dass er zwar mit ihr spricht, aber mich anlächelt, und fühle mich ertappt, weil ich gerade das Baby angestarrt und mich gefragt habe, ob es ein Mädchen oder ein Junge ist und wie alt es wohl sein mag. Ich stelle mir vor, wie unser Kind wohl ausgesehen hätte. Das Kind von SunnyundMagnus, das jetzt niemals auf die Welt kommen wird. Weil wir uns getrennt haben. Eine kernige Tochter mit rotblonden Haaren und einem runden Bäuchlein oder ein lebhafter Sohn mit stahlblauen Augen, langen Wimpern und krummen Knien? Und welchen Namen hätten wir unserem Kind gegeben? Josefine, Lilly, Oskar, Paul?

»Okay, dann nehm ich einen von den Muffins und eine Soja-Latte. Und soll der Ferdinand dir einen Becher Milchschaum machen, meine Süße?«, sagt die Mutter erst zum Kaffeemann und dann zu dem Bündel auf ihrem Arm.

»Latte, Muffin und ein Babyccino – sehr gerne.«

Ich wache aus meinen Tagträumen auf. Ferdinand – so heißt er! Und was hat er da gerade für ein Wort gesagt, außer diesem geschleimten »sehr gerne«? – »Babyccino«?! Was soll das denn sein? Ich runzle die Stirn. Offensichtlich spürt er, was ich gerade denke, zuckt mit den Schultern und verfällt dann in ein lautes Mädchenlachen, während er die Bestellung fertig macht. Die Frau schaut mich zickig an – so nach dem Motto: »Ach, du weißt nicht, was ein *Babyccino* ist? Tja, du hast ja auch kein Baby!« –, bezahlt und setzt sich draußen auf die große Holztreppe, die vor dem Café als Tribüne fungiert, auf der die Gäste ihren Kaffee in der Sonne trinken können. Von drinnen sehe ich nur noch den Dutt der Frau, der von dem immer kräftiger werdenden Wind zerpflückt wird.

Der Kaffeemann und ich sind allein im Laden. Wir schauen uns an. Er sagt nichts, ich sage nichts. Mir fällt auf, dass er nicht nur kräftige Oberarme hat – mein Fetisch – sondern auch besonders schöne Lippen, einen richtigen Knutschmund. Der Amorbogen hat einen ausgeprägten Schwung und die Lippen sind prall wie zwei kleine rosa Kissen. Wir gucken uns in die Augen und mit einem Wimpernschlag ist etwas anders zwischen uns. Ich könnte ihm jetzt ein Kompliment machen, stattdessen murmele ich abfällig:

»Babyccino – sehr witzig!«

Ferdinand legt seine Unterarme auf die Theke, lehnt sich mit verschwörerischer Miene zu mir rüber und fragt:

»Was'n mit dir los?«

Er schaut mir in die Augen und es fühlt sich an, als würde er mir direkt in die Seele gucken und längst wissen, was los ist. Wir schauen uns an. Eine Sekunde. Zwei

Sekunden. Drei Sekunden. Ich strecke meinen Hals wie ein Huhn beim Körnerpicken. Seine Augen sind graublau mit bernsteinfarbenen Sprenkeln. Ich stelle mir vor, wie er mich mit seinen starken Armen von hinten umarmt und seine Nase in meine Haare gräbt … – Helena Schulz! Du musst ins Büro! Ohne Tschüss zu sagen, drehe ich mich auf dem Absatz um, verlasse den Laden – ohne Cappuccino in der Hand und ohne Alibi-Foto auf dem Handy – und eile zu meinem Rad.

»Hab ich mir das gerade eingebildet?«, ruft Ferdinand mir hinter her, als er sein Tablett mit Milchkaffee, Muffin und einem Gläschen Milchschaum zu Füßen der jungen Mutter auf der Holztreppe abstellt.

»Was meinst du?«.

»Dass du heute das erste Mal nett zu mir warst.«

»Spinnst du, ich bin immer nett zu dir!« Ich wühle in meiner Tasche und suche nach dem Schlüssel für das schwarze Kettenschloss. Meine Hand zittert und ich will nicht, dass Ferdinand das sieht, also grabe ich sie ganz tief bis zum Boden der Tasche hinein.

»Du weißt noch nicht mal meinen Namen.«

»Klar weiß ich den. Du heißt Ferdinand, was so altmodisch ist, dass man gar nicht anders kann, als es sich zu merken«, rufe ich ihm über die Schulter zu, während ich das Rad aufschließe.

»Okay, aber ansonsten weißt du nichts über mich, obwohl du jeden Morgen eine der Ersten bist. Du fragst mich nie was!«, sagt er und tritt dabei näher an mein Fahrrad.

Ich schaue ihn an, ziehe eine Schnute. »Entschuldigung, Herr Barista! Was sollte ich von dir wissen wollen? Du machst mir meinen Kaffee. Mehr brauche ich doch nicht zu wissen, finde ich!«

»Ich weiß immerhin von dir, dass du dich gerade von deinem Freund getrennt hast. Das munkelt zumindest die Nachbarschaft.«

»Das munkelt die Nachbarschaft?!«

»Susanne, die Frau mit den Pudellocken, hat mir erzählt, dass er vor ein paar Tagen mit Gepäck ins Taxi gestiegen ist und dass du Umzugskartons bestellst.«

Mein Herz bleibt stehen.

»Und sie hat auch eure Streitereien gehört. Es muss ziemlich laut bei euch gewesen sein.«

»Aha«, antworte ich schmallippig, »laut war's bei uns, so so.«

»Brauchst du jemanden, mit dem du reden kannst? Ich hab Erfahrung mit Liebeskummer. Ich wurde auch erst vor Kurzem verlassen.«

»Nein, danke! Such dir doch einfach eine neue Freundin. In deinen Laden kommen doch jeden Tag genügend Bewerberinnen, da wird schon eine dabei sein.«

»Ich würde aber gerne mehr über dich wissen!«

»Ehrlich gesagt, bin ich gerade ziemlich entsetzt darüber, wie viel du schon von mir weißt. Ich dachte, ich lebe in einer anonymen Großstadt, und jetzt weiß die ganze Straße, dass ich Liebeskummer habe.«

»Als Café-Besitzer kann ich dir sagen: Der Klatsch und Tratsch hier ist schlimmer als auf dem Dorf. Zumindest in dieser Straße. Du heißt Sunny, stimmt's?«

»Eigentlich heiße ich Helena …«

»Hallo Helena, ich bin Ferdinand«, unterbricht er mich und reicht mir die Hand. Wir schütteln uns die Hände und ich rede weiter: »… Helena Schulz und arbeite in einer PR-Agentur. Und zu den Gerüchten, die wohl meine nette Nachbarin verbreitet: Wir, also mein Freund Magnus und ich, sind seit zwölf Jahren zusammen. Ja, wir haben gerade eine etwas schwierige Phase, aber das heißt noch lange nicht, dass es ein für allemal aus ist. So, und jetzt lass mich bitte durch. Ich muss echt dringend ins Büro. Ich kann nämlich nicht wie deine Muttis hier den ganzen Tag in der Sonne sitzen und Kaffee trinken.« Den letzten Satz schreie ich fast, sodass die Frau, die ihrem Baby gerade den Milchschaum in den Mund löffelt, empört in meine Richtung schaut.

Ferdinand stellt sich vor mein Rad, klemmt den Vorderreifen zwischen seine Oberschenkel und packt mit beiden Händen meinen Lenker, sodass ich weder vor noch zurück kann.

»Du bist unverschämt, lass mein Fahrrad los!«, keife ich.

»Du kannst ja richtig wütend werden!«, feixt er.

»Ich muss wirklich ins Büro, sonst komm ich in Teufels Küche. Lass los!«

»Du kannst es wieder gutmachen. Gehen wir heute Abend was trinken?« Ferdinand lacht spitzbübisch, seine weißen Zähne blitzen zwischen seinen Knutschlippen.

»Ich habe einen Freund, schon vergessen?«, schnaube ich und rüttele an meinem Lenker in der Hoffnung, dass sich Ferdinands Schraubstockfinger lösen.

»Du hattest!«

»Du musst es ja wissen.«

»Das können wir ja heute Abend klären. Ich mach um zehn den Laden zu. Holst du mich ab?«

»Du spinnst doch!«

»Super, ich freu mich!« Damit dreht er sich um und geht wieder rein ins Café.

»Auf keinen Fall!«, rufe ich ihm noch hinterher und muss über so viel Selbstbewusstsein beinahe schmunzeln.

Ich verstaue meine Handtaschen im Korb vorne am Lenker und will mich gerade aufs Rad schwingen, da kommt Ferdinand wieder raus: mit meinem allmorgendlichen Capuccino in der Hand!

»Bitte sehr, mit extra heißer Milch.«

Ich kann mir ein Grinsen nicht verkneifen.

»Geht aufs Haus. Aber ich hab was gut bei dir …«

»Ich überleg's mir noch mal«, rufe ich ihm zu, als ich mich mit dem Rad zwischen den parkenden Autos hindurch auf die Straße quetsche.

Mein offener Mantel schlägt mir um die Ohren, als ich die Straße runtersause. Hat der mich gerade angemacht? Unten an der roten Ampel muss ich total lachen und es ist mir egal, dass die zwei Typen, die in einem tiefergelegten Golf neben mir stehen, denken könnten, dass ich nicht mehr alle Tassen im Schrank habe. Was war das denn gerade: ein Flirt? Dabei habe ich doch gerade den schlimmsten Liebeskummer meines Lebens. Komisch. Aber nach all den Wochen des Streits, der Tränen und der Verzweiflung spüre ich, dass ich trotz allem noch lebendig bin. Es ist lange her, dass ich mich so gefühlt habe.

Das letzte Mal Sex

»Warte, nicht so schnell.«

»Zieh mal deine Hose aus.«

»Nein, warte! Ein bisschen mehr Leidenschaft.«

»Was ist denn?«

»Nicht so schnell … küss mich erst noch mal.«

»Lass uns doch einfach mal wieder so richtig vögeln!«

»Nein, nein. Halt, so geht das nicht. Runter von mir!«

»Hab ich was falsch gemacht?«

»Ich fühl mich wie vergewaltigt! Ich bin keine Maschine, die man anknipsen kann. Ich muss doch erst mal in Stimmung kommen. Sorry, aber so wird das nichts mit dem ›einfach mal wieder richtig vögeln‹!«

»Okay, ich mach das Licht aus. Gute Nacht.«

Meine Erinnerung ist wiedergekommen: So oder so ähnlich war eines der letzten Male Sex mit Magnus beziehungsweise einer der Versuche dazu. Wann wir zuletzt richtig miteinander geschlafen haben, inklusive Schmatz-, Schlürf- und Flutschgeräusche, daran kann ich mich tatsächlich nicht erinnern. Es muss ein paar Jahre her sein. Mindestens zwei, vielleicht sogar drei. Moni davon zu erzählen, war mir so peinlich, aber gleichzeitig war ich froh, es endlich jemandem zu beichten. Es ist so doof. Ich dachte schon, ich sei krank. Ich habe Lust zu schmusen und zu küssen, aber zu vögeln? Möglicherweise bin ich ein Lebewesen, das auch ohne Sex auskommt. Magnus und ich lagen jeden Abend zusammen im Bett und nach einer bestimmten Uhrzeit waren wir, glaube ich, beide erleichtert, wenn klar war, dass wir auch in dieser Nacht nicht miteinander schlafen würden. Am nächsten Abend dasselbe Spiel. Wir sagten immer »Hey, wir müssen echt mal wieder Sex haben!«, aber es passierte nichts zwischen uns. Erst war es okay, aber mit der Zeit baute sich so ein komischer Druck auf. Nicht nur in Magnus' Unterleib, wovon ich zumindest ausgehe, sondern auch in meiner Psyche. Weil wir es nicht machten und beide meinten, dass es nicht normal sei. Dabei ist es normaler, als man denkt. Aber man ahnt schon irgendwie, dass es irgendwann ein Problem sein wird. Eins, das die Beziehung auf eine Zerreißprobe stellt und die Liebe, egal wie groß und ewig die Bindung auch sein mag, auf einmal wie die Schirmchen einer Pusteblume davonfliegen lässt. Denn Sex ist wie frisches Geld, das man auf das Beziehungskonto einzahlt. Aber ich war all die Zeit wie erstarrt. Die Angst vor einer Trennung machte mich hilflos und unfähig zu handeln.

Ich war Anfang zwanzig, als ich Magnus kennenlernte, und kannte keine geheimen oder exotischen Tricks, mit denen ich meinen Freund oder mich selbst wieder in Stimmung bringen konnte. Irgendwann beschwerte sich Magnus bei mir und zeigte halb scherzhaft, halb ernst gemeint auf seinen Hosenstall: »Los, ran da jetzt!« Aber es klang wie »Wir müssen dringend mal wieder die Fenster putzen!« Wir küssten uns auch nicht mehr viel. Klar, immer wieder mal einen Kuss auf den Mund und auf die Wange, gerne auch mal Knuddelknutscher in den Nacken, aber atemloses Rumbeißen, bei dem einem flau im Magen wird und die Augen nach oben wegrollen? – Fehlanzeige. Dabei liebe ich küssen, auch wenn mein erster Kuss alles andere als epochal war. Mein damaliger Freund hieß Tobias. Wir hörten in meinem Zimmer eine Kassette mit Liedern von U2 und knutschten so lange, bis mir bei *With or without you* die Spucke am Kinn runterlief. Meine Mutter stand unten in der Küche und ging ihrem Lieblingshobby, Hackfleisch-anbraten, nach und passte genau den Moment ab, in dem Tobi seine Hand unter mein T-Shirt schieben wollte, um zu gucken, ob ich schon Busen habe. Mami brüllte von unten »Das Essen ist fertig!«. Das war's. Tobi musste nach Hause gehen. Dabei hatte ich Busen! Mit zwölf wuchsen Knoten unter meinen Brustwarzen und beim Schulsport hauten die Jungs uns Mädchen mit der flachen Hand darauf, um uns zu ärgern. Ich war die Erste, die mit dreizehn ihre Tage bekam. Ich fand es eklig, stopfte die blutige Unterhose in eines meiner Söckchen und gab die Wäsche meiner Mutter, in der Hoffnung, dass sie die Buxe unbemerkt mitwaschen und niemand in meiner Familie etwas mitbekommen würde. Es dauert keine fünf Minuten und meine Mutter stand mit der Socke in der Hand in meinem Zimmer und rief: »Darauf warte ich schon die ganze Zeit!«, als wäre es ein Grund zum Feiern, dass ich eine Frau wurde. Ich schob meinen Zeigefinger in den offenen Mund und deutete damit an, dass ich es zum Kotzen fand. Meine Mutter kaufte mir dünne Binden, damit ich mich langsam daran gewöhnte, die Unterhose einmal im Monat mit Watte auszustopfen, und als »Belohnung« ein weißes Trägertop mit Spitzenrand: mein erstes Bustier. Das Teil trug ich auch bei meinem Knutsch-Date mit Tobi. Darin fühlte ich mich zum ersten Mal nicht mehr wie ein Kind, sondern wie eine kleine Frau. Kurze Zeit danach machte er Schluss, weil sein Vater wollte, dass er nicht mehr meinetwegen das Tennistraining schwänzte. Auch mit den Jungs danach fand ich Küssen viel schöner als Sex. Mein erstes Mal war nicht der Rede wert. Sex war wie Trichtersaufen oder Bongrauchen: Man tat es, ohne zu ahnen, wie es einem danach ging. Bis ich Magnus getroffen habe, war Geschlechtsverkehr für mich etwas, das man seinem Freund zuliebe über sich ergehen ließ. Weder ich noch die Jungs wussten, was mir gefällt, denn ich war viel zu scheu, um Kommandos wie »weiter links, weiter hoch«, »nicht so doll« oder »Das ist gut!« zu geben, oder das Gefummel einfach zu unterbrechen und zu fragen: »Was machst du da eigentlich?« In der Schule waren wir zwar über Verhütung aufgeklärt und vor einer ungewollten Schwangerschaft gewarnt worden, aber niemand hatte uns erklärt, was man anstellen musste, um guten Sex zu haben. Irgendwie muss man es lernen. Ich bekam die Pille verschrieben, denn meine größte Sorge war: Bloß nicht schwanger werden. Ich kann mich nicht genau daran erinnern, mit wie vielen Typen ich schon in der Kiste war, weil ich meist sehr betrunken war. Einige Namen fallen mir nicht mehr ein und ich hätte mir die meisten Abenteuer bis auf ein, zwei Ausnahmen sparen können. Aber das begriff ich natürlich erst Jahre später. Vor Magnus hatte ich nie einen Orgasmus beim Sex gehabt. Ich dachte immer, das geht bei mir nicht. Das erste Mal dauerte es eine Dreiviertelstunde, weil es mich unendlich viel Konzentration kostete, mich fallen zu lassen. Magnus Kopf hing zwischen meinen Beinen und ich hatte die ganze Zeit Sorge, dass ich schlecht riechen, komisch schmecken oder er die Geduld verlieren könnte, und war mir die ganze Zeit nicht sicher, ob ich kommen oder nicht kommen kann. Es war das erste Mal, dass mich ein Mann so berührte, wie es mir gefiel, ohne dass ich etwas sagen musste. Ich wagte kaum zu atmen oder mich zu bewegen, aus Angst, wir könnten dadurch unsere Position ändern und ich aus meinem eigenen Kopfkino fliegen, denn dann wäre Magnus' Gezüngel ganz umsonst gewesen. Meine Beine zitterten wie verrückt. Ein Zucken noch, dann bog sich mein Rücken ins Hohlkreuz, ich packe Magnus Schopf und drückte ihn in meinen Schoß. Ich kam. Und kapierte auf einmal, warum Männer mit »Nichts« antworten, wenn man sie direkt nach dem Sex fragt, was sie denken: Mein Kopf war total leer, als hätte der Wind persönlich von einem ins andere Ohr durchgepustet. Ich lag grinsend im Bett und war vollkommen von Sinnen. Nichts denken – das ist der ultimative Glücksmoment. Nach ein paar Minuten kam ich wieder zu mir, drehte meinen Kopf zu Magnus, der neben mir lag und eine Zigarette rauchte.

»Woher kannst du das?«, fragte ich, nahm ihm die Kippe aus der Hand und nahm einen Zug.

»Woher kann ich was?«

»Das, was du gerade mit deiner Zunge gemacht hast!«

»Wer kann denn das nicht?«

»Na, alle?! Das war mein erster Orgasmus mit einem Mann.«

»Das ist nicht dein Ernst?«

»Doch, du hast mich sozusagen wirklich entjungfert. Das war *wirklich* der beste Sex meines Lebens!«

Erstaunlich, dass trotz dieses Aha-Erlebnisses irgendwann nichts mehr lief zwischen uns. Wir liebten uns, aber wir machten keine Liebe. Die Situation belastete uns beide. Dabei schwiegen wir das Thema gar nicht tot, aber es passierte trotzdem nichts. Meistens lagen wir in unseren Schlafanzügen im Bett, ich las ein Buch, Magnus den Spiegel. Oder ich schlief schon, wenn er spät nachts nach Hause kam, manchmal nur ein bisschen, manchmal schwer angetrunken. Wenn er mich dann anfassen wollte und mich weckte, wurde ich sauer, weil ich ja bald zur Arbeit in die Agentur fahren musste. Kam *ich* hingegen mit einem Schwips heim, kuschelte ich mich an ihn und fing an zu quatschen unddann wurde *er* ungehalten. Morgens sprangen wir dann nackt voreinander über den Flur und jeder für sich in die Dusche. Ich cremte mir vor ihm den Busen, den Hintern und die Beine mit weißer, dickflüssiger Bodylotion ein. Nichts geschah: Selbst wenn wir uns nackt berührten – ich fasste manchmal einfach so an seinen Schwanz, er kniff mich in die Brustwarzen –, landeten wir nicht im Bett. Irgendwann wollte Magnus wohl aus diesem Muster ausbrechen, er packte mich und wollte eine schnelle Nummer schieben: Nicht groß rumlabern, nicht romantisch essen gehen und Kerzen anzünden und auch nicht lecken – einfach nur bumsen. Er legte sich auf mich und küsste mich in die Halsgrube, was sich für mich irgendwie mechanisch anfühlte. Mein ganzer Körper wurde steif. Und dann das: Es ging nicht. Er konnte nicht in mich eindringen, es tat mir weh und ich schubste ihn von mir runter. Magnus war enttäuscht, ich fing an zu heulen und entschuldigte mich zehn Mal bei ihm. Seitdem hatte ich Angst davor, dass Magnus mit mir Sex haben wollte und es wieder nicht klappen würde. Es war paradox, denn für mich war er nach wie vor der schönste, tollste Mann der Welt! Und ich war doch eine junge Frau in ihren besten Jahren und wollte schließlich irgendwann Kinder haben. Ohne mein Problem direkt kundzutun, hörte mich im Freundeskreis um: Alle meine Freundinnen schwärmten von ihren Männern, ihrer Ausstattung und dem Sex, der, je länger die Beziehung dauerte, angeblich immer besser wurde. Ein paar von ihnen gaben an, immer noch mehrmals die Woche Sex zu haben, und das, obwohl sie wie ich seit vielen Jahren in einer Partnerschaft lebten. Eine Freundin berichtete, sie würde jeden Morgen mit ihrem Freund gleich nach dem Wachwerden Sex haben, eine andere gab mir den Tipp, es nicht immer standardmäßig am Abend zu machen, sondern mich zur Abwechslung einfach mal mittags mit Magnus auf eine Nummer zu treffen. Das hätte sie und ihren Mann auch aus dem Trott geholt und seitdem liefe es wieder prima zwischen ihnen. Ich konnte das gar nicht glauben: Sex haben, ohne sich vorher die Zähne zu putzen und zu duschen?! Sex in der Mittagspause?! Unvorstellbar, denn da durfte ich ja noch nicht mal zum Essen vor die Tür gehen. Ich war nach diesem Gespräch verstört und glaubte einmal mehr, dass etwas mit mir nicht in Ordnung war. Magnus und ich waren beste Freunde, Mitbewohner, Sportskameraden, Brüderchen und Schwesterchen. Langsam dämmert es mir: Vielleicht lag der Grund für unsere Sexflaute darin, dass wir uns zu nah waren? Wir waren so eng, vertraut und eingespielt, dass wir das Für immer-Gefühl für selbstverständlich nahmen und nicht merkten, wie sich ein Ungeheuer in der Beziehung einnistete: die Einsamkeit. An diesem Punkt haben wir vielleicht den größten Fehler gemacht. Wir haben uns in der Einsamkeit allein gelassen. Das Gefährliche daran war, zu glauben, dass wir einander auf ewig sicher wären. Wir führten unser Leben quasi täglich als Theaterstück auf. Jeden Tag wurden wir ein bisschen besser darin, eine Fassade aufrechtzuerhalten, bis uns schließlich doch alles um die Ohren flog. Dieser Prozess dauerte Jahre. Rückblickend war es gar nicht so, dass wir dauernd Streit hatten. Im Gegenteil. Wir erlebten immer noch harmonische Tage. Wie zum Beispiel den, als wir auf den Stoppelfeldern neben der Autobahn die Großtrappen sahen. Wir hatten uns an diesem Sonntag endlich mal wieder dazu aufgerafft, rauszufahren. Unser Ziel war ein See, der für sein glasklares Wasser bekannt ist. Am Ufer kann man kleine Bötchen mieten, mittags isst man Fisch, den ein älteres Ehepaar im Garten selbst räuchert. Er wird auf Papptellern mit Plastikbesteck unter einem Partyzelt serviert, einfach pur, ohne Brot oder irgendwelche Soßen, Zitronenscheiben oder Dillzweige. Das schmeckt unglaublich gut, wie fast alles unglaublich gut schmeckt, wenn man sich lange an der frischen Luft rumgetrieben hat. Bis zu diesem Tag wusste ich nicht, was eine Großtrappe ist, und hatte auch noch nie zuvor eine gesehen. Wir fuhren also im Auto an den Windrädern vorbei und ich überlegte, ob ich später lieber ein Stück

Lachs oder lieber Forelle oder beides essen soll, als ich im Augenwinkel zwei riesige Viecher auf den Feldern stehen sah. Magnus bremste ab und fuhr langsamer, damit wir die Wesen studieren konnten.

»Guck mal, Hase – da sind noch mehr Hasen, so wie du!«, rief er.

»So groß? Das sind doch keine Hasen!«, antwortete ich.

»In Finnland gibt's Hasen, die sind so groß wie Menschen.«

»Erzähl doch keinen Quatsch! Aber Rehe sind es auch nicht. Das sind irgendwelche Riesenvögel.«

»Vielleicht Fasane oder Puten?«

»Puten?!«

»Ich meine Puten-Männer!«

»Truthähne? Ja, das könnte hinkommen. Los, ruf mal deine Mutter an und frag sie, ob es vor Berlin wilde Truthähne gibt!«

Wir riefen Magnus' Mutter an, die begeisterte Hobbygärtnerin ist und sich mit Tieren und Pflanzen auskennt. Nach unserer Beschreibung sagte sie skeptisch:

»Braun-weiß gefiederte Riesenvögel? Das müssen Großtrappen sein. Die sind mit den Kranichen verwandt und die schwersten flugfähigen Vögel der Welt. Sie können nur fliegen, wenn sie mit großen Sprüngen gegen den Wind hüpfen. Aber die sind eigentlich ausgerottet.«

Wir gerieten völlig aus dem Häuschen, denn wir fuhren doch gerade an zwei lebenden Exemplaren vorbei! Diese Tiere hatten etwas Urzeitliches, wir fühlten uns wie Forscher, die eine sensationelle Entdeckung gemacht hatten, und wiederholten noch beim Fischessen mit vollem Mund immer wieder das Wort »Großtrappen«.

Manchmal fühle ich mich wie eine Großtrappe: Ich weiß, ich kann fliegen, aber ich bin schwer, also muss ich den richtigen Moment abwarten, losrennen und mich dann mit aller Kraft in den Wind schmeißen, in der Hoffnung, dass er mich tragen wird.

Zwischen Kisten und Kartons

Wenn mich jetzt jemand sehen würde! Ich knie auf dem Boden, in meinem Schlafanzug, ohne BH, an den Füßen die roten Filzpuschen, die Caro mir zu Weihnachten geschenkt hat. Meine fettigen Haare sind zu einer Assi-Palme gebunden, die Zähne habe ich schon wieder noch nicht geputzt. Ich muss mich beeilen. In den letzten Tagen habe ich immer vor und nach der Arbeit versucht, meine Sachen in die Kartons zu packen und so Stück für Stück Abschied von dieser Wohnung zu nehmen. Manchmal will ich mich selbst motivieren und denke: Vielleicht ist ein Neuanfang gar nicht so schlecht, dann kann ich mir auch endlich einen Kelim-Teppich kaufen. Und auf keinen Fall wird es in meiner neuen Wohnung einen Fernseher geben, der mich Lebenszeit und Nerven kostet. Dann breche ich wieder in Tränen aus und kann nicht glauben, was ich hier tue: meine Sachen packen. Ich weine über den Kartons, ich weine, wenn ich mir zwischendurch ein Brot schmiere, ich weine, wenn ich aufs Klo gehe und mein Blick auf die Nasendusche fällt, die Magnus eine Zeit lang exzessiv benutzt hat und an der er einmal fast erstickt wäre, weil er sich mit der Salzmischung vertan hatte und ihm die zu hoch dosierte Nasendusche fast die Scheidewand weggeätzt hätte. Er ist so weit weg, nicht mehr in meinem Leben und doch ein so großer Teil davon. Manchmal fühlt es sich an, als sei er tot, plötzlich gestorben. Ich bin wie in Trauer – ein Gefühl, dem ich nicht entkommen kann. Wo immer ich bin, ist es bei mir und an jedem neuen Morgen ist es sofort wieder da. Seit fast drei Wochen geht das nun schon so und langsam kann ich nicht mehr. Entscheiden, was mir und was ihm gehört, und dann zur Arbeit fahren und meine »maximale Flexibilität« unter Beweis stellen… – ich mache das schon so lange, dass ich mich endlich von irgendetwas frei machen muss. Deshalb habe ich beschlossen, nicht viel mitzunehmen, nur eine Matratze, eine Lampe, ein paar Bücher und meine Klamotten. Trotzdem passt mein Leben nicht in die ganzen Kartons, die ich bestellt habe und von denen ich dachte, sie reichen locker. Seit dem Umzug im letzten Jahr ist noch mehr Zeug dazu gekommen, vor allem Klamotten. Ich ziehe eine der letzten Pappen aus dem Stapel und falte sie zusammen. Ein Stück Nagel an meinem Ringfinger reißt ein, ich knabbere es ab und spucke den harten Fitzel vor mir aus. Dann schleife ich den Karton ins Schlafzimmer. Als Nächstes sind die Sommerkleider dran. Ich packe fünf oder sechs Stück, hebe den Haufen Stoff von der Stange und werfe ihn auf das Bett. Ich reiße die Holzbügel aus den

Kleidern heraus, schmeiße sie auf den Boden. All diese blöden Fummel – das Gelbe, das Türkisfarbene, das mit den Blümchen – sollen weg, weil sie mich an einen Traum erinnern, der nicht wahr geworden ist. Warum mache ich eigentlich nur Magnus für mein Unglück verantwortlich? Ich stopfe die Kleider in einen Karton, dessen Inhalt ich noch vor dem Umzug zu einem dieser Läden für teure Fehlkäufe bringen will. Solche Geschäfte machen jetzt überall in der Stadt auf, was mich beruhigt, denn offenbar geht es anderen Frauen ähnlich wie mir. Vielleicht finden meine Kleider auf diesem Weg eine neue Besitzerin, die wirklich mit ihnen in der Sonne am Strand sitzen kann. Als Nächstes knöpfe ich mir die Winterpullover vor. Ich stelle mich auf den Stuhl und räume die Stapel oben aus der Ablage, teilweise liegen zwei Reihen hintereinander im Schrank. Ich lege die Pullis ebenfalls auf das Bett und zähle durch. 27 Stück. Mein Gott, wann habe ich die alle gekauft? An einigen baumeln noch die Etiketten. Ich ziehe einen schwarzen Mohair-Pullover heraus und hebe ihn an Fingerspitzen vor meine Augen. Ich kann mich weder daran erinnern, wo ich das Teil gekauft habe, noch, dass ich es überhaupt besitze. Ich bin doch allergisch gegen Mohair! Laut Preisschild hat der Pullover eine halbe Monatsmiete gekostet, er stammt von einem angesagten schwedischen Label. Ich kann es nicht fassen – was hat mich geritten, dieses Teil zu kaufen, obwohl ich weiß, dass ich es nie tragen kann? Schon jetzt fangen mein Hals und mein inneres Ohr an zu jucken, gleich mache ich dieses Geräusch im Rachen, eine Mischung aus Nasehochziehen und Fauchen, was immer dazu führt, dass mir meine Mitmenschen vorwurfsvolle, angeekelte Blicke zuwerfen. Ein paar Klamotten haben Magnus und ich uns geteilt, wie dieses hellgraue Sweatshirt, das schon total ausgewaschen, aber gerade deshalb unser beider Liebling ist. Die Farbe erinnert an Kieselsteine am Meer, der Stoff ist superweich und hat einen besonderen Duft. Kein anderer Pullover auf der ganzen Welt riecht so. Er riecht nach SunnyundMagnus. Wir haben das Sweatshirt immer abwechselnd getragen und nur gewaschen, wenn es wirklich sein musste, damit es immer nach einem von uns riecht. Das funktionierte gut, denn Magnus trägt seine Pullover immer auf links gedreht. Den Tick hat er von seiner Oma. Als sie starb, weinte Magnus. Das war in unserer ganzen gemeinsamen Zeit eines der wenigen Male, an denen ich das erlebte. Allerdings sah ich es nicht, sondern hörte ihn nur am Telefon schluchzen. Magnus war mit seinen Eltern zu den Großeltern aufs Land gefahren, um sich zu verabschieden, als klar war, dass Omas Herz nicht mehr lange schlagen würde. Ich hatte nicht mitkommen können, weil ich wie immer arbeiten musste. Magnus war erst eine Viertelstunde angekommen und saß an ihrem Bett, als sie für immer einschlief. Es war spooky, so als hätte sie auf ihn gewartet, aber auch nicht verwunderlich, denn diese Frau war eine Bilderbuchoma, die ihren

Enkeln zuliebe alles tat. Sogar ihren Tod hinauszögerte. Wenn wir zu Besuch kamen, stand sie gewöhnlich vor dem Haus, in ihrem blauen Kittel und den karierten Pantoffeln, und winkte mit einem gehäkelten Topflappen. Sie drückte jedem von einen nassen Kuss auf die Wange und eilte dann stets zurück in die Küche, wo sie Schweinekoteletts und Kartoffeln zum Mittagessen zubereitete. Dazu gab es Kopfsalat aus dem Garten und zum Nachtisch eingeweckte Pfirsiche mit einer Kelle voll Schlagsahne. Kaum war der Abwasch erledigt, kochte Oma eine Kanne Kaffee und zog ein Blech Kirschstreusel aus dem Ofen. Die Kirschen hatte sie oft erst ein paar Stunden zuvor mit ihren knorrigen Händen vom Baum geholt und entkernt. Der Kuchen schmeckte immer fantastisch, der süße Saft der Kirschen zerlief in meinem Mund und ich aß immer noch ein Stück und noch eins. Wenn wir dann wieder nach Hause fuhren, steckte Oma uns selbst gestrickte Socken, Äpfel und Geld in die Taschen. Von ihr stammt auch der Brauch, Unterhemden auf links gedreht zu tragen. Sie meinte, dass sei ein Abwehrzauber, um sich vor dem bösen Blick und Hexen zu schützen. Magnus trägt nie Unterhemden, aber der Aberglaube seiner Großmutter hat auf ihn abgefärbt. Also trägt er seine Pullover auf links. Die Leute denken immer, Magnus mache das aus Versehen oder weil er es cool findet, als eine Art Statement, aber nein, er macht das einfach im Gedenken an seine Oma. Ich habe sie geliebt, sie war irgendwie auch meine Oma. Im Nachhinein finde ich es krass, dass ich in all den Jahren, immerhin zwölf, nur von zwei Malen weiß, an denen Magnus geweint hat. Ich dagegen bringe es locker auf fünfhundert Mal, wenn nicht mehr. Hat er je wegen mir geweint? Habe ich es nur nie gesehen, weil ich immer zu sehr mit meinen eigenen Problemen beschäftigt war? Ich glaube immer mehr, dass ich mich nicht nur von den Dingen frei machen muss, die nicht in die Kisten passen, sondern noch von viel mehr. Wenn ich den Umzug hinter mir habe, will ich darüber nachdenken, ob ich mir endlich einen neuen Job suche. Vielleicht mache ich was Eigenes.

Ein Blick auf die Uhr. In zwei Stunden fängt die Arbeit an. Ich habe heute Nacht wieder nur ganz wenig geschlafen und bin hundemüde. Mich jeden Tag erst zum Packen, dann zur Arbeit und abends wieder zum Packen aufzuraffen – das Programm halte ich nicht mehr lange durch. Ich muss jetzt gut überlegen, wie ich die Kartons aufteile, sonst werde ich mit dem Inhalt meiner Schränke nie fertig. Für meine weißen Blusen brauche ich einen ganzen Karton, denn es sind mindestens so viele wie Kleider: weiße Hemden fürs Büro, Spitzenblusen für abends und ebenfalls ungetragene Seidenfähnchen für heiße Sommernächte. Fehlen noch die Jeans, Jacken und Mäntel, Taschen und Schuhe, meine Lieblingsbücher, Uni-Sachen, Steuerordner und all die Unterlagen, die meine Existenz bezeugen, wie mein Pass oder die Meldebescheinigung. Wo ist das ganze Zeug eigentlich? Keine Ahnung, das muss ich Magnus fragen, wenn er wieder da ist. Papierkram, Internet und Werkzeug – um all so was hat er sich gekümmert. Ich kann einen Nagel in die Wand schlagen und weiß, was ein Bowdenzug ist, aber ein WLAN einrichten oder einen Schlagbohrer halten, das kann ich nicht. Ich stand immer mit dem Staubsaugerrohr neben Magnus und habe den Mörtel, der aus dem mit Bleistift markierten Loch aus der Wand rieselte, aufgefangen oder die Bedienungsanleitung der Telekom vorgelesen und musste mir anhören, dass ich mich blöd anstelle. In Zukunft werde ich, was das anbelangt, total aufgeschmissen sein. Alles, was ich weiß, ist, dass man sich innerhalb von zwei Wochen nach einem Umzug beim Amt ummelden muss. Dann habe ich eine andere Adresse als Magnus. Das wird besonders hart, denn dann ist die Trennung offiziell. Aber auch wenn ich so traurig bin, spüre ich langsam auch eine Erleichterung darüber, dass dieses Leben, wie wir es zuletzt geführt haben, vorbei ist. Immerhin werden wir nie wieder wütend ins Bett gehen und am nächsten Tag wütend wieder aufstehen. Das sagt mein Kopf. Mein Herz sagt natürlich etwas anderes. Wenn es eine Stimme hätte, würde es jetzt brüllen: »Spinnst du?! Wie kannst du nur so was denken, du dummer Kopf!«.

Was nehme ich noch mit, was mich nicht den Rest meines Lebens täglich an Magnus und unsere gemeinsame

Zeit erinnert? Meine Lieblingsvase schlage ich in altes Zeitungspapier ein. Ebenso die Hälfte der Teller, ein paar Messer und Gabeln, ein Nudelsieb und ein Brettchen. Ich schlafe gleich im Stehen ein. Bevor ich mich dusche und anziehe, brauche ich dringend einen Kaffee vom Kaffeemann. Schnell Zähne putzen, Gesicht waschen und ein bisschen Creme. Ich ziehe das Gummi aus meinen Haaren, schüttele den Kopf und binde mir eine neue Assi-Palme. Die Haare sind so fettig, dass man stellenweise die Kopfhaut sieht. Ein Spritzer Deo unter die Achseln, denn ich stinke nach Schweiß. Kaum habe ich keinen Mann mehr, verwahrlose ich. Ich werfe meinen Trenchcoat über meinen Schlafanzug und schlüpfe barfuß in ein Paar Turnschuhe. Ferdinand steht wie jeden Morgen in seinem Laden und erfreut sich einer ekelhaft guten Laune. Unser »Date« Anfang der Woche habe ich einfach platzen lassen, indem ich nicht mehr im Laden vorbeigekommen bin, sondern mit meinem Fahrrad immer schnell im Hausflur verschwunden bin und mir den Kaffee in den Tagen danach verkniffen habe.

»Hey«, sagt er, als ich reinkomme. Er lächelt, als er mich sieht.

»Hey«, antworte ich und schließe vorsichtig die Tür hinter mir. Jetzt ist es mir doch ein bisschen peinlich.

»Du hast mich versetzt und bist heimlich ins Haus geschlichen. Ich hab dich genau gesehen!«

Ich zucke mit den Schultern und kratze mich am Kopf. Die ungewaschenen Haare jucken. Ferdinand scheint zu merken, dass ich mich nicht wohlfühle.

»Und, wie geht's dir heute?«, fragt er.

»Blendend!«, lüge ich. Ich erwähne nicht, dass mich mein Freund wirklich verlassen hat und ich am liebsten auch noch meinen Job hinschmeißen würde und mit dem Gedanken spiele, eine Boutique zu eröffnen, in der man nur weiße Blusen kaufen kann, oder auszuwandern, mich an einen Strand zu setzen und Freundschaftsarmbänder zu klöppeln, die ich dann an Touristen verkaufe. »Einen Cappuccino mit extra heißer Milch zum Mitnehmen«, feuere ich meine Bestellung ab. Ich will schnell wieder hoch und vor der Arbeit noch einen Karton packen, außerdem muss ich noch einen Schwung Wäsche waschen und mir überlegen, an welchem Tag ich eigentlich den Umzug machen will. Viel Zeit bleibt nicht mehr, bis Magnus zurückkommt, und bis dahin muss alles erledigt sein, denn er macht bislang keinerlei Anstalten sich zu melden oder mich zurückzuerobern.

Ferdinand lehnt sich über den Tresen und schaut an mir herunter. Ich gehe einen Schritt zurück, damit er nicht riechen kann, dass ich muffele.

»Hast du noch deinen Schlafanzug an?«

Meine pinke Schlafanzughose mit den weißen Herzen guckt unter meinem Trenchcoat raus. Ich zucke mit den Schultern.

»Geschminkt bin ich auch nicht!«

»Musst du heute denn nicht arbeiten?«

»Doch, doch. Gleich.«

»Und was machst du dann im Schlafanzug auf der Straße?«

»Ich hab den ganzen Morgen gepackt.«

»Deinen Urlaubskoffer?«

»Nein, du Ei. Kartons.«

»Wieso bin ich ein Ei?«

Ich starre auf seinen Mund.

»Das sagt man so, da, wo ich her komme.«

»Wo ist das?«

»Im Rheinland. ›Du Ei‹ ist da eine durchaus übliche Anrede.«

»Ah!« Ferdinand schüttelt den Kopf und lacht, aber ich glaube, er versteht gar nichts von dem, was ich ihm gerade versuche zu erklären.

»Und die Kartons sind für was?«

»Sommerkleider mit Preisschildern, Winterpullover, gegen die ich allergisch bin … Ich ziehe aus, die Nachbarin hatte Recht. So, und jetzt könnt ihr euch weiter über mich das Maul zerreißen!«

Ferdinand lässt das Gefäß mit der Milch sinken und guckt bedröppelt.

»Scheiße. Das tut mir jetzt echt leid.«

»Ja, mir tut es auch leid. Wir waren zwölf Jahre zusammen und für mich sind wir es irgendwie immer noch. Trotzdem muss ich jetzt ausziehen, während er am Palmenstrand Ferien macht und sich die Sonne auf den Bauch scheinen lässt«, ätze ich.

»Schade. Dass heißt auch, dass wir uns nicht mehr so oft sehen.«

»Immerhin hab ich fast jeden Morgen zwei Euro fünfzig bei dir gelassen! Mal fünf genommen sind das zwölf fünfzig die Woche und fünzig Euro im Monat, die dir in Zukunft in der Kasse fehlen.«

Ferdinand schüttelt den Kopf und klackert an einem Hebel, der frisch gemahlenen Kaffee in das Sieb rieseln lässt.

»Ich meine nicht das Geld, du Ei!«

Ich muss lachen: Schlagfertig ist er ja. Ferdinand hält die silberne Milchkanne unter eine kleine Düse, die Maschine röchelt. Dann lässt er erst den Kaffee und dann die aufgeschäumte Milch sachte in einen Pappbecher fließen, sodass aus dem braunen Kaffee und weißen Milchschaum ein Herz-Muster entsteht und schiebt den Becher zu mir über den Tresen. Es duftet herrlich, meine Sinne werden wach.

»Und wo ziehst du hin?«

»In die Kirschallee.«

»Oh, das ist aber eine fiese Ecke!«

»Im Vergleich zu hier auf jeden Fall. Aber meine Hoffnung ist, dass immer mehr junge Leute in die Gegend ziehen und es irgendwann ein schönes Café gibt, wo ich einen Cappuccino bekomme.«

»Brauchst du noch Kartons für deinen Umzug?«

»Mmmh, oben sind noch zwei Stück übrig, aber die Schränke sind noch lange nicht leer. Ich muss auch noch all die Sachen aus dem Bad einpacken ... Also wenn du noch welche hast, dann gerne!« Jetzt leihe ich mir doch Kartons und das ausgerechnet beim Kaffeemann.

»Die Kartons sind unten im Lager. Komm, wir gehen schnell zusammen runter und holen sie dir hoch!«

Ferdinand schnappt sich einen großen Schlüsselbund und winkt mich hinter den Tresen. Durch die Küche gehen wir in den Flur und über eine Steintreppe in den Keller, wo die Mieter des Hauses ihre Besitztümer – Fahrräder, Schränke, Matratzen, Inlineskates – hinter kleinen Holzverschlägen einstauben lassen. An der niedrigen Decke zittern Spinnenweben im Luftstoß, der mit uns hereinweht. Es riecht nach Moder und Waschmittel. Das Lebensmittel- und Getränkelager des Cafés befindet sich am Ende eines Ganges in einem alten Gewölbe. Dort war ich noch nie, weil Im-Keller-Sein eine Urangst in mir auslöst, denn mein Vater ist damals in unserem Keller gestorben. Ferdinand schließt das Schloss der großen Holztür auf, wuselt herum und sucht die Kartons, die er mir versprochen hat. Ich bleibe vor dem Verschlag stehen, trinke meinen Kaffee und staune über die großen Kühltruhen, Regale voller Konserven, Limonade-, Essig- und Ölflaschen, Kekstüten, Milchpackungen und Servietten. Es sieht aus wie in einem Supermarkt unter Tage.

»Wie bist du eigentlich auf die Idee gekommen, ein Café zu eröffnen?«, frage ich Ferdinand, nicht nur weil ich mich zu Smalltalk gezwungen sehe, sondern weil ich plötzlich mehr über ihn wissen will.

»Eigentlich wollte ich Kindergärtner werden«, antwortet er und wühlt in einer Box.

»Haha, wie Prinzessin Diana?!«, lache ich ihn aus und denke im nächsten Moment: Da gibt es nichts zu lachen, weil auch das ein Beruf ist, der total sinnvoll ist.

»Ich hab meinen Zivi in einer Kita gemacht, gar nicht weit weg von hier. Es hat mir gut gefallen, aber letztlich wollte ich einen Beruf, mit dem ich mich selbst verwirklichen kann und auf lange Sicht Erfolg habe. Dann hab ich eine Kochlehre gemacht, ein paar Jahre in verschiedenen Restaurants und Cafés gearbeitet, mir Geld von meinen Eltern geliehen und – Tadaaa! – meinen eigenen Laden aufgemacht«, sagt er und zeigt wie ein Zirkusdirektor in der Manege um sich herum.

»Wie alt bist du eigentlich?«

»26.«

»26?«

»26!«

»Erst 26 … Wow, Hut ab! Du hast schon 'ne Menge erreicht. Was habe ich damals gemacht? Ein unbezahltes Praktikum. Und du bist dein eigener Chef. Glückwunsch!«

»Na, jetzt tu mal nicht so. Du hast bestimmt auch schon eine Menge gemacht. Wie alt bist du denn, wenn ich fragen darf?

»Fast 36!«

»Ach, du siehst viel jünger aus! Aber in den letzten Tagen hab ich mir echt Sorgen um dich gemacht. Du wirktest wirklich traurig aus und damit meine ich nicht deine allmorgendliche schlecht Laune. Ich weiß, dass du ein ganz lieber Mensch bist und ich kann echt nicht verstehen, warum dein Typ eine so tolle Frau sitzen lässt.«

»Tolle Frau, ja genau …« Ein Kompliment anzunehmen ist für Sunny Schulz ähnlich schwierig wie einen Weberknecht mit der bloßen Hand von der Wand zu pflücken und auf dem Fensterbrett auszusetzen. Ich schlage Spinnen und alles, was so aussieht, sofort tot. Und wann habe ich mich überhaupt das letzte Mal als »tolle Frau« Magnus gegenüber präsentiert? Die Sunny mit Assi-Palme und Schlafanzughose auf dem Sofa wird es nicht gewesen sein.

»Du hast erzählt, dass du Experte in Sachen Liebeskummer wärst und deine Freundin dich verlassen hat. Was ist passiert?«, lenke ich schnell von mir ab.

»Man kann sagen: Das Café ist passiert. Wir hatten wenig Zeit füreinander und irgendwie andere Vorstellungen vom Leben.«

»Wie lange wart ihr denn zusammen?«

»Och, so drei Jahre.«

»Habt ihr zusammen gewohnt?«

»Nein, wir wohnen beide in einer WG …«

»Süß. Also war es nicht so richtig ernst mit euch? Ich meine, sonst zieht man doch zusammen! «

»Doch, doch. Es war schon ernst. Also für mich zumindest. Aber hey, wir sind beide Mitte zwanzig und wollen irgendwie auch noch was erleben.«

»War sie nicht deine große Liebe?«

»Ich würde sagen, sie war *eine* große Liebe. Die Trennung ist schon ein paar Monate her und es wird jeden Tag besser. Das ist übrigens auch der einzige Tipp, den ich dir geben kann. Egal wie lange und ernsthaft du mit deinem Freund zusammen warst. Dieses ganze Gefasel von wegen ›Alles ist eine Lektion‹ – bla, bla, bla. Trennen tut immer weh und es gibt nichts, keinen Song, keinen Drink, keinen Sex, was es besser macht. Das Einzige, was hilft, ist, dass die Zeit vergeht.«

»Unvorstellbar, dass es leichter werden könnte«, antworte ich. »Ich tue manchmal so, als wenn es nicht passiert wäre, und hoffe, dass wir uns wieder versöhnen.«

»Wieso ist dein Freund überhaupt weggefahren? Das macht man doch eher *nach* einer Trennung, aber so mittendrin?«

»Er ist unglücklich mit seinem Leben und ich mit meinem Leben, aber keiner von uns kann nachvollziehen, warum der andere unglücklich ist. Ich beschwere mich über meine Lage und Magnus ärgert sich darüber, dass ich immer nur unzufrieden bin und nichts ändere. Und das verletzt mich wiederum und dann verletze ich ihn zurück, indem ich ihm die Schuld für mein Unglück gebe. Irgendwie ist es …«

»… ein Teufelskreis«, beendet Ferdinand meinen Satz und in dem Moment fühlt es sich an, als wäre er der einzige Mensch auf der Welt, der mich versteht.

»… und jetzt stehe ich hier im Schlafanzug und leihe mir Kartons von dir.«

»In ein paar Monaten sehen die Dinge anders aus, glaub mir.«

»Genau das macht mir ja solche Angst: Ich hab nicht mehr das Gefühl, dass ich noch so viel Zeit hätte. Fast alle unsere Freunde haben Kinder, bei manchen ist gerade schon das zweite unterwegs. Und ich? Ich kaufe Sommerkleider! Früher war ich gelassener, weil ich dachte, jede Tür dieser Welt stünde mir offen. Aber das ist nicht mehr so. Wenn ich in den Spiegel gucke, sehe ich nur, dass ich älter werde, aber ich sehe nicht *mich*. Wenn ich heute sterbe, hinterlasse ich der Welt nur einen Haufen Kisten mit Klamotten.« Ich schlucke einmal. »Ich glaube, ich würde meine Zukunft gerne selbst gestalten, nicht immer nur darauf reagieren, was andere machen. Das macht mich wahnsinnig. Und meinen Frust darüber hab ich bei meinem Freund abgeladen. O Gott!«

»Was ist ›O Gott‹?« Ferdinand dreht sich um, als würde gerade eine Monsterratte hinter ihm Männchen machen.

»Ich meine ›O Gott, ich kenn mich nicht aus‹, aber das klingt, als wenn ich so eine bescheuerte Midlife Crisis hätte.«

»Piffpaff, das ist ganz normaler Lebenskummer, den hat jeder. Was du mir gerade erzählst, deine Sorgen, Zweifel und Beziehungsprobleme, davon erzählen mir auch alle anderen. Jeden Tag. Und zwar von morgens bis abends.«

»Was, machst du Witze?«, frage ich und wiederhole leise das Wort »Lebenskummer«.

»Jedes Stück Kuchen, das ich verkaufe, muss irgendwas gutmachen, jeder Kaffee eine Nacht ausgleichen, in der man sich Sorgen gemacht hat«, erklärt er und zieht hinter einem Turm aus XXL-Dosen mit eingelegten Artischockenherzen die Umzugskartons hervor.

»Und was sagst du den Leuten dann?«

»Wenn ich ihnen ansehe, dass sie traurig sind, sage ich: ›Hier, bitteschön dein Kuchen. Wünsch dir was.‹«

»Wie – ›wünsch dir was‹?«

»Ich sage Ihnen, dass sie sich was wünschen sollen. Manche wünschen sich einen Kaffee, den sie dann umsonst bekommen. Andere gehen ganz still zu ihrem Platz und überlegen wirklich, was sie sich wünschen. Wenn der Kuchen verdrückt ist, gehen sie mit einem Lächeln aus dem Laden.«

»Was wünschst du dir?«, frage ich ihn.

Ferdinand stellt die Kartons vor meine Füße. Er schaut mich an, nicht in die Augen, sondern auf meinen Mund. Ich runzele die Stirn und ziehe den Trenchcoat vor der Brust zusammen, als wenn mir kalt wäre.

»Ähh …«, stammele ich.

Ferdinand lehnt den Packen Kartons an die Wand, macht einen Schritt auf mich zu und beugt sich zu mir. Ich frage mich, ob er mich küssen will, aber seine Nase geht an meinem Mund vorbei und er schnuppert nur an meinen Haaren.

»Was machst du da?«, frage ich entsetzt.

»Ich wollte nur mal gucken, ob ich dich wirklich gut riechen kann, oder ob ich dich nur mag, weil man sich so nett mit dir unterhalten kann.«

Ich pruste aus mir heraus und finde mich selbst total albern. Ferdinand, 26, flirtet mit mir und ich, fast 36, reagiere wie ein Backfisch.

»Du spinnst. Ich hab heute noch nicht mal geduscht!«

»Dann will ich lieber gar nicht wissen, wie gut du riechst, wenn du geduscht hast.«

»Okay, jetzt reicht's, ich gehe!« Meine Wangen sind ganz warm.

»Was machst du heute Abend?«, fragt er.

»Um eins klar zu stellen: Ich liebe meinen Freund. Obwohl wir uns gerade trennen. Also mach dir keine Hoffnung!«

»Ich wollte einfach nur mit dir ein Bier trinken, wenn du zur Abwechslung mal eine Verabredungen einhalten würdest, und nicht gleich mit dir ins Bett steigen!«

Ich merke, wie mein Gesicht knallrot anläuft. Solange ich mit Magnus zusammen war, habe ich niemals einen anderen Typ angeguckt, geschweige denn mir vorgestellt, mit ihm ins Bett zu gehen. Das heißt, mit keinem Typen, den ich in echt kenne. Sex mit Ryan Gosling? Klar! Ich träume davon, dass er mich irgendwo in der Menge sieht und sich unsterblich in mich, ein Mädchen aus dem Volk, verliebt. Und weil wir unsere Beziehung wegen der Paparazzi geheim halten müssten, zögen wir nach Südfrankreich, wo wir dann ein Weingut betreiben und Ziegenkäse machen würden. Aber Sex mit dem Kaffeemann von nebenan? Nie im Leben!

»Das geht echt nicht«, sage ich.

»Nie oder nur heute nicht?« Ferdinand macht mich kirre. Ich nehme ihm die Kartons ab und sehe zu, dass ich schnell aus dem Keller komme. Erst rutschen zwei der Kartons aus meiner Umarmung und bleiben auf dem Boden liegen, dann fällt mir der ganze Packen hin. Ferdinand hilft mir. Dabei berühren sich kurz unsere Hände und mir steigt der Geruch in die Nase, der aus seinem T-Shirt-Ausschnitt strömt. Er riecht wie ein Muffin.

»Sind wir Freunde?«, fragt Ferdinand.

»Klar«, antworte ich.

»Dann können wir doch einfach mal ein Bier zusammen trinken. Also ich halte fest: Wir sind für irgendwann verabredet. Siehst du: Mein Wunsch für heute ist in Erfüllung gegangen!«

Ich schüttele den Kopf und trage die Kartons aus dem Keller. Kurz vor der Treppe lege ich eine Vollbremsung hin. Vorne rechts in dem Gang ist unser Verschlag. Dahinter stehen Magnus' Mountainbike, das Fondue-Set, der Raclette-Ofen und eine lange Papprolle mit Deckel. Ich fasse es nicht! Magnus hat die Simpsons-Poster heimlich wieder aus dem Müll geholt.

Ich bedanke mich bei Ferdinand – man könnte auch sagen, ich ergreife die Flucht vor diesem aufdringlichen Typen und seiner »Wünsch dir was«-Philosophie –, bringe die Kartons schnell hoch in die Wohnung, dusche mich und hetze zur Arbeit. Ich werde wieder zu spät kommen, ein paar Minuten nur, aber es stresst mich trotzdem. Moni hat heute ihren Termin bei Frau Möser und wenn ich Glück habe, sind beide so sehr in ihr Gespräch vertieft, dass keiner mitbekommt, wie ich in die Agentur schleiche. Trotzdem werde ich zur Sicherheit wieder eine Ausrede erfinden wie »Der Schornsteinfeger musste ins Haus«, »Mein Fahrradreifen war platt« oder »Ich war Unfallzeuge und musste eine Aussage machen«. Lügen kann ich seit meiner Kindheit, als ich immer danach gefragt wurde, was mit meinem Vater ist, und nicht sagen wollte, dass er tot ist, geschweige denn, dass er sich das Leben genommen hat. Als ich auf meinem Fahrrad die Straße runterdüse, kommt wieder dieser Gedanke, der mir inzwischen nicht mehr nur hin und wieder durch den Kopf geht, sondern der wie ein Amokläufer um sich schießt und schreit: »Ich packe das nicht mehr!«

Die große Liebe

Mein Zustand an diesem Morgen verschlimmert sich, als ich im Büro ankomme. Als ich wieder diesen Flur entlanggehe und das lilafarbene Logo sehe, wird mir schlecht und es macht immer lauter »Piiiep« in meinem Ohr. Am Schreibtisch fängt meine Hand so stark an zu zittern, dass ich das Wasserglas nicht hochheben kann, obwohl meine Zunge an meinem Gaumen klebt. Ich balle meine Hand zur Faust, sodass sich die Fingernägel in die Haut graben. Eigentlich müsste ich dringend mal auf die Toilette, aber ich bleibe mit voller Blase am Platz und verbeiße mich in einen Text für eine Pressemitteilung. Es geht wieder um diesen Pop-up-Store während der Fashion Week, für den ich bis heute keine Location-Fotos nachgereicht habe, was Frau Möser zum Glück längst vergessen hat, weil die ganze Chose jetzt in einer neuen Shoppingmall im Westen stattfindet. Aber Moni hat es nicht vergessen, deshalb muss ich mir jetzt bei dem Text besonders viel Mühe geben. Ich muss so dringend aufs Klo, dass es schon weh tut, und presse deshalb die Oberschenkel ganz fest zusammen. Etwas stimmt nicht mit mir: Ich atme ganz flach, als wenn ich lebendig begraben wäre. Als mir das bewusst wird, muss ich sofort an meinen Vater denken. Meine Mutter hat uns erzählt, dass er ihr damals das Gefühl, das er hatte, als er so krank wurde, als einen Fassriemen beschrieben hat, der sich um seine Brust legte. Dieses Gefühl der Enge hatte ich schon mal und es ging erst weg, als ich wie eine gesengte Sau mit dem Fahrrad nach Hause gefahren bin, so schnell, dass mein Puls raste, sich mein Brustkorb ein Stück weitete und es leise »Knack« hinter dem Herzen machte.

Durch die Glasscheibe sehe ich Moni in Frau Mösers Büro sitzen. Es wirkt, als würden die beiden ein ernstes Gespräch führen, denn Moni bewegt sich gar nicht in ihrem Stuhl und Frau Möser massiert mit den Fingerspitzen ihre Schläfen. Heute trägt sie lilafarbene Pumps mit Keilabsätzen, die wie Kaminholz aussehen, und ich frage mich, welches Geschäft derart hässliche Schuhe verkauft und ob sie diese Dinger vielleicht sogar selbst entworfen hat. Ich bin gespannt, was Moni nach dem Gespräch erzählen wird. Ob sie mir mehr über die »personellen Veränderungen« verraten kann? Vielleicht will mich Frau Möser rausschmeißen? Die Vorstellung finde ich auf einmal gar nicht mehr so schlimm. Selbst wenn ich kein Arbeitslosengeld bekomme, weil ich noch nie festangestellt war. Aber erst mal habe ich andere Sorgen. Auch wenn ich es so lange wie möglich verdrängt und hinausgezögert habe – jetzt ist Endspurt in Sachen Umzug angesagt, ob ich will oder nicht. Schon für nächste Woche ist in meinem Kalender »Magnus zurück« und »Umzug«

eingetragen. Und ich habe noch nicht mal ein Transport-unternehmen bestellt. Ich verlasse mich einfach darauf, dass Herr Schmitt Zeit hat. Herr Schmitt ist ein älterer Mann von kleiner Statur, mit lustigen lebensfrohen Augen und grauen Haaren, die ihm wie der Flaum eines Vogelkükens vom Kopf abstehen. Während andere in ihrer Freizeit an Autos her-umschrauben oder Modellflugzeuge zusammenbauen, orga-nisiert Herr Schmitt leidenschaftlich gerne Umzüge und verdient sich so noch etwas zu seiner Rente dazu, die nach seinen eigenen Angaben trotz lebenslanger Schufterei als LKW-Fahrer für einen Getränkehandel »tragisch« ausfällt. Unseren letzten Umzug, den von der ersten Wohnung in die »Jetzt-werden-wir-eine-Familie«-Wohnung, hat er auch gemacht. Er selbst ist zu alt, um all die Kisten zu schlep-pen, deshalb rückt er immer mit seinen Kumpels an, die nicht nur schwere Sachen tragen, sondern mit Hilfe eines Akkubohrers auch jedes Möbelstück zerlegen und wieder aufbauen können, selbst die billigen Regale aus Furnier-holz, die meistens schon beim Aufbau splittern. Außerdem baut er Schränke und Betten auf und schließt Lampen und Waschmaschinen an. Wenn man ihn darum bittet, spach-telt er auch noch die Löcher in den Wänden zu, streicht die Bude und fegt einmal durch, sodass man gleich die Hausverwaltung anrufen und einen Übergabetermin aus-machen kann. Herr Schmitt behauptet, er wisse genau, auf was »diese Gauner« achten. Selbst wenn man ihn kurzfristig anruft, versucht »unser Goldstück« – wie Sophie ihn nennt – alles möglich zu machen. Ich glaube, er mochte mich, und hoffe, dass der Umzug kein Problem sein wird. Ich schreibe »Schmitt anrufen!!!« auf einen gelben Klebezettel und pappe ihn an meinen Rechner.

Moni sitzt noch bei Frau Möser im Glaskasten. Es sieht so aus, als würde sie etwas verlangen, denn sie zeigt mit dem Finger immer wieder auf den Tisch. Frau Möser schüttelt erst den Kopf. Moni zeigt wieder auf den Tisch. Frau Möser zuckt mit den Schultern, dann nickt sie. Moni steht auf und verlässt das Büro. Als sie sich umdreht, sehe ich, dass sie rote Flecken am Hals hat. Das passiert immer, wenn Moni sich aufregt oder etwas nicht so läuft, wie sie es sich vorgestellt hat. Nancy sitzt am Empfang vor ihrem Bildschirm und lächelt genüsslich vor sich hin. Wahrscheinlich postet sie gerade wieder Selfies mit Schmollmund auf ihrer Facebook-Pinnwand. Sie kommt ja gerade aus den Flitterwochen zurück und fühlt sich immer noch wie die Schönste: *Ihr* hat Frau Möser zwei Wochen am Stück freigeben, eine absolute Ausnahme und ein Beweis dafür, dass sie unter den Angestellten Lieblinge hat, die sie bevorzugt behandelt. Während Nancy weg war, hat sie den ganzen Tag neue Fotos von sich und ihrem Mann gepostet, der von Beruf »Personal Trainer« ist. Sie trägt darauf ein ausladendes Hochzeitskleid aus Tüll und bläulich schimmerndem Satin mit einer paillettenbestickten Korsage, die ihre Brüste beinahe bis unters

Kinn hochschiebt und wie einen Korb Sonntagsbrötchen aussehen lässt. Die Haare trägt sie wie Sissy geflochten, mit einem Krönchen und einem über den Boden schleifenden Schleier. Das Menü? Exquisit: Thunfisch-Carpaccio, Rinderfilet, Schoko-Soufflé. Die Torte? Vierstöckig, in Herzform mit Wiener Böden, Himbeeren und Champagnermousse. Die Flitterwochen? Seychellen, Traumwetter, Traumhotel, ein weißer Bikini für die Braut. Glück pur. »Jetzt fehlt nur noch ein Baby!« steht unter einem der Fotos als Kommentar. Nancy sollte Dia-Vorträge halten und Eintritt dafür verlangen. Wie diese Leute, die mit Hurtigruten die Küste Norwegens entlangschippern oder mit dem Fahrrad zum Mount Everest hochstrampeln.

Als Moni mich sieht, dreht sie plötzlich in die Küche ab und geht von da aus auf den Balkon. Ich renne endlich zur Toilette. Meine Blase fühlt sich wie ein prall gefüllter Gartenschlauch an, der mit einem Knick im Gras liegt. Es dauert ewig, bis ich fertig bin. Auf dem Rückweg folge ich Moni auf den Balkon. Sie lehnt über dem Geländer, hält eine ihrer selbst gedrehten Kippe in der Hand und pustet den Rauch mit einem kräftigen Stoß aus den Lungen. Ich stelle mich neben sie und stupse mit der Schulter gegen ihre Schulter.

»Was wollte die Möser von dir?«, frage ich.

Moni schließt die Augen, lässt den Kopf fallen und seufzt:

»Ich wurde gerade befördert. Ich bin jetzt Teamleiterin.«

»Wie bitte? Das ist doch super!«, rufe ich. »Glückwunsch, meine Liebe!«

Moni sieht aus, als hätte man ihr die Säuberung der Weltmeere anvertraut, und macht wieder ihren »Irks«-Laut und zieht ihren rechten Mundwinkel nach unten.

»Freust du dich denn gar nicht?«

»Doch, schon. Aber es bedeutet noch mehr Arbeit, noch mehr Verantwortung. Und nur ein bisschen mehr Gehalt.«

»Verantwortung für was denn?«, frage ich neugierig in der Hoffnung, dass Moni und ich bald einen anderen Kunden als diesen dusseligen Onlineshop betreuen dürfen.

»Für Personalfragen«, sagt Moni und ihre Stimme klingt niedergeschlagen. Sehr niedergeschlagen.

»Meine erste Aufgabe wird es sein, die Abteilung umzustrukturieren.«

»Scheiße«, sage ich. Ich fliege wirklich raus!

»Nö. Gar nicht scheiße. Ich hab der Möser'schen gesagt, dass ich den Job nur mache, wenn du einen festen Vertrag bekommst. Und zwar direkt als Senior-Beraterin.« Jetzt lächelt sie.

»Von der Projekt-Assistentin zur Senior-Beraterin – das ist nicht dein Ernst?!«

»Das hat die Möser'sche auch zuerst gesagt. Aber dann hab ich das Gespräch so umgelenkt, dass sie am Ende geglaubt hat, es wäre von Anfang an ihre Idee gewesen. Sie hat dich immerhin damals eingestellt. Mit deiner Beförderung schafft sie eine Motivation für die anderen Mitarbeiter – nach dem Motto ›Wenn Helena Schulz so einen Karrieresprung schafft, können Sie das auch‹. Dann strengen sich alle wieder mehr an.«

»Moni, das ist ja der Wahnsinn. Du siehst mich sprachlos …« Eine Festanstellung! Ich bin meinem Ziel so nah wie noch nie zuvor und das ausgerechnet zu einer Zeit, in der ich mehr ans Wegrennen und Aufgeben als ans Weitermachen denke.

»Wie wäre es mit: Danke, dass du an mich glaubst. Das tue ich nämlich, Helena Schulz. Ich weiß, dass du im Moment Megastress hast, und ich bewundere dich, wie du jeden Tag wieder am Schreibtisch sitzt und versuchst, trotzdem einen guten Job zu machen. Du schuldest mir übrigens noch die Fotos, die habe ich nicht vergessen.«

»Ach Moni …«, antworte ich und mir ist zum Heulen zumute, weil ich ahne, dass ich meine Kollegin enttäuschen werde.

»Mein Deal mit der Möser'schen hat nur einen Haken: Dein Vertrag beginnt sofort. Du hast sechs Monate Probezeit und sechs Monate Urlaubssperre. Eigentlich wollte ich dir vorschlagen, dass du dir nach deinem Umzug ein paar Tage freinimmst und wieder zu Kräften kommst, aber wegen der Fashion Week ist das unmöglich. Ich könnte dich wegen dieser Pop-up-Geschichte noch nicht mal einen Tag entbehren.«

Ich schlucke einen trockenen Kloß runter, der in den letzten zwei Minuten in meinem Hals gewachsen ist.

»Du weißt, dass ich dir das jetzt sagen musste? Ich will dich nicht auch noch unter Druck setzen, aber denk drüber nach. Bis Ende der Woche will ich deine Antwort. Ich muss wissen, ob ich mit dir rechnen kann. Okay, Schulz?«

»Ja, ist gut«, sage ich wie in Trance. Das Piepen ist weg, aber in meinen Ohren fängt es an zu rauschen. Das Rauschen wird immer lauter. Moni geht rein, ich bleibe allein auf dem Balkon stehen und verspüre große Lust, eine Zigarette zu rauchen.

Den Abend verbringe ich damit, meine Sachen weiter zu sortieren und das Zeug in die von Ferdinand geliehenen Kartons zu packen. Ich überlege hin und her. Soll ich diesen Job zusagen und endlich Karriere machen oder soll ich alles hinschmeißen und einfach schauen, wo mich mein Schicksal hinführt? Immerhin muss ich mal eben so ein neues Lebenskonzept aus dem Hut zaubern. Magnus schaut mich von dem Foto auf der Strandliege aus an. Ich habe noch immer nichts von ihm gehört, dabei bräuchte ich jetzt so sehr seinen Rat. Keine E-Mail, keine Nachricht, kein Nix. Es ist nicht zum Aushalten. Ich schreibe ihm wieder:

Hallo Magnus, ich hoffe, es geht dir gut. Warum meldest du dich nicht? Ich versuche, meine Sachen zu packen und zu begreifen, was mit uns passiert ist. Ich frage mich, ob das alles wirklich richtig ist, was wir hier machen. Außerdem habe ich eine Festanstellung angeboten bekommen. Ich weiß gerade echt nicht weiter. Du fehlst mir. Kuss Sunny

Ich lege das Handy neben das Bett auf den Fußboden und schalte das Licht aus. Ich schlage seine Seite des Bettes immer mit auf, als würde Magnus gleich aus dem Bad kommen und sich neben mich legen. Ich schaue an die Decke und an unsere Sterne. Sie leuchten nicht mehr so hell wie am Anfang, aber sie leuchten. Ich mache das Licht wieder an und kontrolliere, ob das Handy aus Versehen auf lautlos gestellt ist und ob der Akku noch geladen ist. Ja, aber kein Lebenszeichen von Magnus. 1.55 Uhr – keine neuen Nachrichten. Drei Uhr – nichts. Um vier Uhr traue ich mich erst gar nicht mehr, aufs Handy zu schauen, weil ich weiß, dass da ohnehin keine Nachricht ist. Aber natürlich gucke ich schließlich doch drauf. Und was ist? Nichts Neues. Ich mache das Handy einmal ganz aus, vielleicht war meine Nachricht zu lang und ist irgendwie im Netz hängen geblieben oder seine Antwort kommt nicht an, weil mein Empfang durch den starken Wind in den letzten Tagen spinnt. Neustart. Ich starre auf den schwarzen Bildschirm. Immer noch keine Nachricht von ihm.

Ich kann nicht schlafen, wälze mich hin und her. Die anstehende Entscheidung über den Vertrag hält mich wach und ich suche die Fotoalben, die noch aus der Zeit stammen, in der wir Erinnerungen nicht mit unseren Handys, sondern noch mit einer Kamera mit Film festgehalten haben. Das Ding war schweineteuer und Magnus hat immer so getan, als würde ich es kaputt machen, sobald ich es auch nur in die Hand nahm und einen der Knöpfe berührte. Die Alben stehen im Wohnzimmerregal zwischen den DVDs und den schweren Bildbänden, von denen ich ein paar in Kartons gepackt und dann wieder rausgeholt habe, weil sie viel zu schwer sind und zu viel Platz wegnehmen. Ich ziehe ein schmales Büchlein aus dem Regal, setze mich im Schneidersitz aufs Sofa und blättere in unseren Erinnerungen. Was mache ich damit: einpacken oder hierlassen? Die Hülle des Albums ist mit Sonnenblumen auf blauem Grund bemalt. In den Folientaschen ist ein »Best of« der großen Asien-Reise archiviert. Ich streiche über das erste Foto, schließe die Augen, lasse meinen Kopf nach hinten kippen und mich von dem Bild in die Vergangenheit tragen.

Wir liegen am Strand, beide lang ausgestreckt auf einer Liege unter einem Sonnenschirm aus weißem Stoff. Magnus schläft tief und fest, sein Mund steht offen und wenn ich mich zu ihm hinüberlehne, dann höre ich, wie er leise schnarcht. Es ist kein richtiges Schnarchen, sondern so ein erschöpftes Röcheln wegen der Hitze und der Flasche Bier, die wir jeder getrunken haben. Ein Spuckefaden hängt zwischen Ober- und Unterlippe und zittert, wenn Magnus ein- und ausatmet. Ich schieße ein Foto von ihm. Mein

Kopf ist schwer und ich würde gerne weiterschlafen, aber die Sonne steht inzwischen so tief, dass sie den Anfang meiner Liege erreicht hat und meine Zehen anfangen zu brutzeln. Obwohl es schon spät am Nachmittag ist, brennt die Sonne noch so stark, dass ich einen Sonnenbrand bekommen könnte. Bei meiner hellen Haut passiert das schnell. Selbst wenn der Himmel bewölkt ist, verbrennt mein Scheitel. Sonnenbrand auf dem Fußrücken ist besonders fies, es tut weh und juckt fürchterlich. Ich könnte dann keine Sandalen mehr anziehen, was ich im Urlaub nun wirklich nicht gebrauchen kann. Aber ich bin zu schwach, um aufzustehen. Ich verstehe gar nicht, wie man nach einem Bier so betrunken sein kann. Vielleicht bin ich einfach nur glückstrunken. Nach dem Surfkurs haben wir uns zur Feier des Tages ein kaltes Bier die Kehle runtergestürzt und sind nach ein paar Minuten prompt auf unseren Liegen eingepennt. Tagsüber ein Nickerchen machen, ohne dabei ein schlechtes Gewissen zu haben – so fühlt sich Urlaub an! Hinter mir liegen anstrengende Wochen. Wochen, in denen ich nicht nur mein Studium abgeschlossen habe, sondern auch versucht habe zu begreifen, was mir und meiner Familie passiert ist, als ich fünf Jahre alt war. Damals hat sich mein Vater an einem heißen Tag im Sommer das Leben genommen. Er war 38 Jahre alt, manisch-depressiv und hat sich im Keller erstochen. Meine Mutter, meine Geschwister und ich, wir alle haben uns nie davon erholt. Deshalb bin ich hier. Lange Zeit wollte ich nichts von meinem Vater hören und war der Meinung, dass er uns im Stich gelassen hat. Ich habe nicht verstanden, dass er krank war. Bis ich Magnus kennenlernte und kurze Zeit später sein Freund Thorsten aus dem 19. Stock eines Hochhauses gesprungen ist. Dieses Erlebnis hat aus unserer frischen Beziehung sofort eine feste Bindung gemacht. Dieser Tag veränderte nicht nur Magnus' Welt – weil er einen Freund verlor und sich schwere Vorwürfe machte – sondern auch meine. Plötzlich wollte ich die Antwort auf das »Warum?« finden. Aber ich fand keine. Es gibt so viele Gründe, warum jemand sterben will. Mein Vater war krank. Alles, was ich jetzt machen kann, ist zu versuchen, mehr und mehr die Wut loszulassen. Jahrelang habe ich mich daran festgehalten, weil ich dachte, sie wäre das Einzige, was mir von meinem Vater geblieben ist. Ich konnte nicht ahnen, wie gut sich dieses Loslassen anfühlt – befreiend und schön. Ohne Magnus wäre ich jetzt nicht hier an diesem Ort, ohne ihn würde ich nicht in den Himmel und ins Meer schauen und begreifen, dass mein Vater überall um mich herum ist. Wäre ich jetzt nicht hier, wäre ich vielleicht mein ganzes Leben lang wütend geblieben. Ohne meinen Freund, der mir diese Reise ermöglicht hat – indem er sich eine Auszeit bei seinem Job genommen, einen Kredit aufgenommen und die Flugtickets gebucht hat –, hätte ich nie gespürt, dass ich meinen Vater nicht hasse, sondern im Gegenteil: dass ich ihn vermisse und liebe. Und zwar jeden Tag. Magnus versteht das. Er »sieht« mich und mein großes Lebens-Puzzle, das nie fertig wird, weil mir ein so wichtiges Stück fehlt. Neben Caro ist Magnus der einzige Mensch, mit dem ich so sein kann, wie ich bin. Es gibt keinen Zweifel: Magnus gehört zu mir und ich zu ihm. Und zu mir gehört das Meer, weil die Asche meines Vaters darin verstreut ist. Deshalb wollen wir uns gemeinsam diesen Wunsch erfüllen: Surfen lernen. Mir ist klar, dass ich nie eine von diesen braungebrannten Strandschönheiten sein werde, die spärlich bekleidet ins Wasser steigen und dann die Welle hinunterjagen, während das Bikini-Oberteil immer an der richtigen Stelle sitzt. Selbst wenn ich »die Deutsche mit dem Sonnenbrand« bin – ich will es trotzdem versuchen. Magnus ist nach der ersten Stunde schon viel besser als ich. »Beim Wellenreiten geht es nicht ums Bessersein«, erklärt Marcy, unser Lehrer und spricht das Wort »besser« voller Abscheu aus. Man müsse jeden Tag üben, immer wieder dieselben Abläufe trainieren, bis sich das Hirn ausschaltet und unser Körper sie automatisch macht. Irgendwann stelle sich der Erfolg von allein ein, behauptet er, wenn man beim Surfen überhaupt von so etwas wie »Erfolg« sprechen könne. Besser wäre es, Demut gegenüber einer Naturgewalt zu lernen. Wir sollten dranbleiben und akzeptieren, dass wir auch schlechte Tage erleben, an denen nichts klappt, wie wir es uns vorgestellt haben. Andere würden dafür wieder besser. Unser neuer Guru ist Neuseeländer.

Ein Mann von kleiner Statur, aber mit einer Ausstrahlung wie ein Atomkraftwerk, denn Marcy ist ein Mann, der seinen Traum lebt. Er hat tiefgebräunte Haut, von Salz und Sonne ausgeblichene Haare – oben weizenblond, darunter dunkelblond – und hellblaue Augen. Er ist über fünfzig, trägt Shorts und einen wasserfesten Sonnenhut – mit breiter Krempe und Kordelzug unter dem Kinn – und nennt alle Frauen »Liebling« oder »meine Teuerste«. Die Kurse bei Marcy sind immer ausgebucht. Wegen seiner Erfahrung und Strenge gilt er als der beste Lehrer der südlichen Hemisphäre. In mir wächst die Hoffnung, dass vielleicht doch ein Surftalent in mir schlummert und er es entdecken könnte. Dass Marcy etwas ganz anderes an mir entdecken würde, konnte ich nicht ahnen.

Am nächsten Morgen zwingt er uns zu Trockenübungen am Strand. Wir liegen bäuchlings unter einem schattenspendenden Baum im Sand, die Hände neben den Rippenbögen aufgestellt, und sollen aus dem Liegestütz in die Hocke springen. Später sollen wir die gleiche Übung im Wasser machen – wenn es uns gelingt, können wir surfen. Immer wieder lässt uns Marcy diese Übung machen und wie Frösche auf und ab hüpfen. Gott sei Dank sind noch nicht so viele Leute unterwegs, sonst wäre mir diese Gymnastikstunde peinlich. Nur ein paar Rentner machen ihren morgendlichen Spaziergang, andere Leute führen ihre Hunde Gassi, ein junges Paar – ich wette es sind Amerikaner – joggt in blendend weißen Turnschuhen den Strand entlang. Ich bin noch behäbig, weil es sieben Uhr in der Früh ist, aber wenn die Tide um halb acht kommt, will unser Lehrer mit uns im Wasser sein. Die Sonne kriecht über die Berge am östlichen Horizont und taucht die Umgebung in ein blassrosa Licht. Gleich wird sie dafür sorgen, dass der blauschwarze Sand trocknet und später gegen Mittag so heiß sein wird, dass man nur in großen Sprüngen zum Wasser gelangen kann. Und selbst dann fühlt es sich an, als bekäme man beim Laufen die Fußsohlen gebügelt. Im Gegensatz zu mir ist Magnus bei der Turnübung im Sand voll dabei. Er murrt und knurrt nicht und verflucht auch nicht wie ich den Tag, an dem wir uns zu diesem Kurs angemeldet haben, im Gegenteil: Es macht ihm Spaß, sich mit Sand zu panieren. Ich sehe es an seinem aufmerksamen, ja beinahe kämpferischen Blick und dem eigenartigen Lächeln auf seinem Gesicht. Er hängt an Marcys Lippen und kann es kaum erwarten, wieder mit seinem Brett durch das Wasser zu waten, über die einlaufenden Wellen zu springen, sich dann auf sein Brett zu legen, eine Kurve zu paddeln und zu versuchen, den richtigen Wasserberg abzupassen, der ihn ein paar Meter in Richtung Strand schiebt. Er macht immer und immer wieder diese anstrengenden Liegestütze, übt und übt, als könne man Erfolg vorab mit Fleiß bezahlen. Ich dagegen habe schon Mühe, die Kraft in meinem Armen für meinen dritten Strecksprung an diesem Morgen zu finden. Stattdessen denke ich an den Toast vom Früh-stücks-Buffet, eine Minute von beiden Seiten geröstet, dick mit Butter und Papaya-Marmelade bestrichen.

»Hey du!«, brüllt Marcy plötzlich und zeigt mit dem Finger auf mich.

Er stellt sich vor mich, die gerade aufgehende Sonne ver-schwindet hinter seinem breiten Kreuz. Seine Füße stehen genau vor meiner Nasenspitze. Die Nägel sind kurz und teilweise schief geschnitten, die Ecken wachsen in die Haut und der kleine Zehennagel ist nur eine Ecke am Ende eines verkümmerten Zehs.

»Was ist mit deinen Augen?«, fragt er mich und stemmt die Hände in die Hüften.

»Meine Augen sind okay«, antworte ich auf Englisch. Ich blinzle zu meinen Lehrer hoch. Vor mir steht der Schat-ten eines Zwerges in Shorts und brüllt mich wieder an:

»Los, hoch mit dir!«

Ich schaue fragend zu Magnus. Er aber konzentriert sich darauf, ein weiteres Mal so geschmeidig wie ein Klappmes-ser auf seine Füße zu springen. Es scheint ihn gar nicht zu kümmern, dass ich einen Anschiss bekomme. Ich liege am Boden und versuche meinen müden Körper hochzustem-men. Marcys strenge Art schüchtert mich ein. Andererseits finde ich sie unverschämt – immerhin haben wir Geld für diesen Kurs bezahlt. Ich wuchte mich wie einen Sandsack hoch, halte die Arme ausgestreckt im Neunzig-Grad-Winkel, gehe wie beim Pinkeln tief in die Knie und versuche, alles brav vorzuführen, wie Marcy es uns gezeigt hat. Das ist die »Surfer-Haltung«, so sollen wir später auf unserem Brett im Wasser stehen. Marcy kommt ganz nah an mein Gesicht ran und zischt:

»Das, meine Teuerste, habe ich ja noch nie erlebt.«

»Was denn?«, winsele ich, ziehe den Kopf ein und die Schultern hoch.

»Hey, alle anderen Schüler! Schaut euch an, was dieses Mädchen aus Deutschland macht, und dann sagt mir, was daran falsch ist.«

Erniedrigender kann es nicht mehr werden: Ich soll mich tatsächlich wieder hinlegen und vor allen anderen diese bescheuerte Übung machen.

»Was macht sie falsch, hm?«, fragt er in die Runde.

»Sie ist zu langsam!«, ruft ein Typ aus London, der ebenfalls mit seiner Freundin den Anfängerkurs belegt hat und schon deshalb kein Experte sein kann.

»Ja, noch! Aber das meine ich nicht«, bestätigt Marcy und lässt mich weiter in der Hocke verharren.

»Die Knie sind nicht tief genug!«, ergänzt ein anderes Mädchen mit dem Gesicht einer Spitzmaus und einem geflochtenen Zopf, der ihr bis zur Taille reicht. Na schön, ich gehe tiefer in die Knie.

»Sehr gut, und was fällt euch noch auf?«, fragt Marcy in die Runde. »Sie macht es gerade wieder, ich fasse es nicht!«

»Sie schaut nach unten auf ihre Füße!«, ruft Magnus.

Ich schaue Magnus entgeistert an, dann wieder auf meine Füße. Alle Blicke sind auf mich gerichtet.

»Aber das muss ich doch, sonst falle ich hin!«, quieke ich zu meiner Verteidigung.

»Liebling, nein. Solange du auf deine Füße schaust, wirst du hinfallen, immer und immer wieder!«, erklärt Marcy.

»Und was soll ich stattdessen machen?«, frage ich kleinlaut.

Marcy reißt sich den Hut vom Kopf und rauft sich die Haare.

»Na, was wohl? In die Richtung schauen, in die du fahren willst, Miss Germany! So wie beim Auto- oder Radfahren. Du musst die Lage im Blick behalten, sonst knallt es irgendwann. Also los, noch mal runter. Die anderen auch!«

Seine Beobachtung verwirrt mich. Ich schaue Hilfe suchend zu Magnus, diesmal nickt er und tippt mit seinem Finger gegen sein Ohr und gibt mir so ein Zeichen, dass ich gut zuhören soll. Ich fühle mich wie der letzte Depp. Alle anderen sind hier, um surfen zu lernen und ich muss vorher erst mal lernen, richtig zu gucken, oder was?! Meine Lust, weiter an diesem Kurs teilzunehmen, geht gen null. Ich lege mich wieder in den Sand, mache Paddelbewegungen, stemme mich hoch, lande auf beiden Füßen im Sand und tatsächlich: Ich gucke nach unten! Eigentlich schaue ich immer auf den Boden, auch beim Laufen. So finde ich manchmal sogar Geld auf der Straße. Einmal habe ich auf dem Grund einer Pfütze einen Fünfzig-Euro-Schein gefunden, ihn herausgefischt, auf der Heizung getrocknet und Magnus davon zum Essen eingeladen. Das hätte ich nicht gekonnt, wenn ich nicht auf den Boden geschaut hätte.

Marcy steht wieder vor mir und hilft mir beim letzten Mal hoch, weil er einsieht, dass meine Arme viel zu schwach sind.

»Liebling, daran müssen wir arbeiten …«, schnurrt er »… aber dein Freund kann dir dabei nicht helfen. Das musst du allein schaffen. Und vergiss das mit ›richtig und falsch‹. Nennen wir es ›geschickt und ungeschickt‹. Nach unten schauen ist ungeschickt, nach vorne schauen ist geschickt. Verstanden?«

»Okay«, antworte ich schüchtern. Wieder blicke ich zu Magnus. Der fummelt sich schon den Klettverschluss seiner Leash um das rechte Fußgelenk und ist startklar. Ich will zu ihm gehen, aber Marcy legt seine Hand auf meine Schulter und gibt mir zu verstehen, dass ich auf ihn warten soll, anstatt meinem »Boyfriend« hinterherzudackeln. Wir hieven die Gummibretter aus dem Sand und watscheln wie eine Entenfamilie ins Wasser. Dieser Strand macht mir Angst. Am Ufer steht ein großer schwarzer Fels, den die Einheimischen anbeten, weil hier ein Dämon leben soll, der einmal im Jahr einen Schwimmer oder Surfer zu sich in die Tiefe holt. Darum herum zischt und spritzt die Gischt in hohen Fontänen und es soll lebensgefährlich sein, den Fels bei Flut zu besteigen, weil dann die Seeschlangen aus ihren Löchern kriechen. »Ein Biss und man ist tot«, hatte Marcy uns gewarnt. Deshalb gehen wir mit großem Abstand zum Fels ins Wasser und bald kann ich den Grund nicht mehr sehen, weil er wegen des Vulkangesteins schwarz ist. Marcy bleibt die ganze Zeit neben mir, was mich noch nervöser macht, denn er kontrolliert mich und gibt ständig Kommandos. Wir lernen, im Weißwasser das Gleichgewicht auf dem Brett zu halten, zu paddeln und die Wellen zu »lesen«, wobei sich bei mir anstelle Talent eine Art Surf-Legasthenie herausstellt, denn ich suche mir immer die falschen Wellen aus, die entweder zu früh oder gar nicht brechen. Marcy löst die Leine von seinem Knöchel und rutscht von seinem Brett runter. Die nächste Welle nimmt es mit in Richtung Strand. Selbst wenn er nicht darauf steht, behält er die Kontrolle. Er watet zu mir, greift mit der Hand nach der Spitze meines Brettes und zieht mich durch das Wasser. Er schwimmt mit mir über die Wellen, sie werden immer größer und das Wasser unter mir wird immer tiefer. Die Welle bricht über uns, rauscht mit Wucht über meinen Kopf und ich verliere den Halt. »Du musst da durch wollen«, sagt Marcy mit tropfendem Hut und meint die Welle. Er greift in das Fleisch meiner Pobacke und schiebt mich wieder auf das Brett. Jetzt hat er mich gebrochen, es gibt wenige Momente, in denen ich mich so geschämt habe. In mir wächst plötzlich der Ehrgeiz, ihm zu zeigen, dass mehr in mir steckt. Marcy schwimmt ein Stück weiter und positioniert mich – so, wie man einen Schweinebraten ins Ofenrohr schiebt – direkt vor einer brechenden Welle. Ich rutschte vor Angst schon wieder vom Brett runter und will angesichts der auf mich zu kommenden Wasserwand Reißaus nehmen, aber Marcy hält mich am Fuß fest.

»Ich kann das nicht, ich werde sterben!«, keife ich.

Die nächste Welle überspült uns, Marcy und ich krallen uns beide an meinem Brett fest. Er spuckt Wasser aus und lacht. Wir sind jetzt noch weiter draußen als vorher.

»Was hast du denn, dir kann nichts passieren! Du hast ein bisschen nasse Haare, na und? Also komm jetzt, Miss Germany!«

Was für ein Arsch! Ich öffne die Augen und spucke das Salzwasser aus, mache noch ein paar Paddelschläge und setze mich auf mein Brett. Ich bin so was von fertig! Vor mir liegt das Grauen: brechende Wellen. Marcy schwimmt ganz relaxt auf dem Rücken neben mir im Wasser und macht ein paar Schläge mit den Armen. Mir wird bewusst, dass ich, um auf meine schöne sichere Strandliege zu gelangen, entweder eine dieser Wellen reiten oder mich von ihnen »waschen lassen« muss. Die letzte Welle des Sets überschlägt sich, wir sitzen dahinter in einem salzigen Regenschauer. Marcy stößt Jubelschreie aus. »Woohooo! Ist das nicht schön? Gleich kommt die nächste Welle! Vergiss nicht,

deine Position zu checken, Liebling!« Meine Augen suchen
die beiden Punkte am Ufer, die er mir zur Orientierung
genannt hat: Das Dach der Beach Bar und – etwa hun-
dertfünfzig Meter davon entfernt – die Krone des Baumes,
unter dem wir vorhin unsere Trockenübungen gemacht
haben. Dazwischen soll ich auf das nächste Set warten. Aus
dem Augenwinkel sehe ich am Horizont einen Berg anrol-
len und falle in eine Schockstarre. Aber die Monsterwelle
bricht nicht, sondern rollt gemütlich unter mir durch. Ich
wippe mit meinem Brett wie ein Papierschiffchen darüber
hinweg. Marcy liegt auf dem Rücken und lacht, macht
einen Schwimmzug, lässt dabei aber niemals den Horizont
außer Acht. Dann stellt er sich ins Wasser, spuckt einen
langen Strahl Meerwasser aus, schaut zu mir, schaut wieder
zum Horizont und ruft: »Paddel!« Ich drehe meinen Kopf
zur Seite und sehe die nächste Welle auf uns zukommen.
Sie ist kleiner, aber sie wird genau da brechen, wo ich auf
meinem Brett liege. Mein Herz pocht so doll, dass mein
Brustkorb auf dem Brett auf- und abhüpft. »Du musst es
wollen!«, grölt Marcy. Ich bin inzwischen fest davon überzeugt, dass er in der Vergangenheit eine große Nummer
beim Militär gewesen sein muss, so unerbittlich ist jetzt sein
Ton, und ich schlage zwei Mal mit meinen Gummi-Armen
ins Wasser, nur um zu zeigen, dass ich es ja gerne versuchen will, aber mein Körper zu schwach ist. »Mehr, mehr!«,
brüllt Marcy. Ich schaufele weiter mit den Händen durch

das Wasser, mein Herz schlägt immer schneller, ich kann nicht mehr gleichzeitig paddeln und atmen und halte die Luft an. »Spring!!!«, brüllt Marcy und zwar in einer Stimmlage, die ich bis jetzt selbst von ihm noch nicht gehört habe, nämlich so laut, dass ihm die Augen aus den Höhlen treten: »Guck nach vorne!!!« Ich erinnere mich daran, dass ich als Kind, wenn ich traurig war oder Sorgen hatte, oft in den Himmel geschaut und gehofft habe, dass mein Vater mir ein Zeichen gibt. Dabei ist seine Asche ja im Meer verstreut und ich habe für mich beschlossen, dass er nicht *hinter* dem Blau, sondern *im* Blau ist. Ich denke an meinen Vater, ich bitte ihn, mich hier und jetzt zu beschützen. Ich spüre, dass er da ist, und verlasse mich darauf, dass er auf mich aufpasst. Also tue ich das, was Marcy sagt: Ich springe und schaue nach vorne, nicht auf meine Füße. Es geschieht etwas, mit dem ich nicht gerechnet hätte, denn ich dachte bis gerade eben noch, dass ich heute ertrinken oder zumindest an meinem Muskelkater in den Oberarmen sterben würde. Jetzt aber stehe ich und fahre stattdessen auf meinem Brett an allen anderen Schülern, die auf ihren Brettern liegen oder gerade von meiner Welle überspült werden, vorbei! Auch an Magnus. Er sitzt ein bisschen abseits der Gruppe auf seinem Brett. Als er mich sieht – stehend auf einer Welle! –, streckt er seine Faust zum Himmel und schreit »Yes!«. Die Welle trägt mich weiter und weiter, instinktiv verlagere ich das Gewicht und fahre noch ein Stückchen. In dem Moment, im dem mir der Gedanke »Ich habe Talent!« kommt, bleibt das Brett abrupt im Wasser stehen. Ich kippe nach hinten über und plumpse ins Wasser. Das war meine erste Welle. Ich habe es geschafft, weil ich nicht auf meine Füße geschaut habe, sondern in die Richtung, in die ich fahren wollte. Erst war es so schwer und dann war es so einfach! Das war einer dieser Momente, der Magnus und mich noch einmal mehr zusammenschweißte.

Ich betrachte das Album. Es kommt mir beinahe antik vor. Dieser Urlaub ist schon sehr lange her und dass Magnus und ich das letzte Mal zusammen surfen waren, liegt auch schon eine ganze Weile zurück. Wir haben irgendwann aufgehört, uns gemeinsame Erinnerungen zu schaffen. Ich konnte wegen meiner Jobs nicht wegfahren oder zumindest nicht lange und wenn, dann stand ich regelmäßig mit meinem Handy in irgendeinem Gebüsch oder auf dem Parkplatz, hielt es gen Himmel und versuchte, einen Balken mehr für den Empfang zu bekommen. Entweder, ich war »die Neue« und hatte Urlaubssperre, oder ich konnte nicht weg, weil ein wichtiges Event oder eine Messe anstand. Und da wundere ich mich noch, dass Magnus allein in den Urlaub fährt? Ich klappe das Album zu. Ich werde es nicht mitnehmen, denn das sind *unsere* Erinnerungen, die ich weder mir noch Magnus wegnehmen will. Wir sollten einen Tempel für unsere Beziehung bauen, den wir, wenn uns danach ist, beide besuchen können, um an unsere gemeinsame Zeit zu denken. Und auch daran, wie alles anfing, so verdammt schiefzulaufen. Denn es war nicht so, dass unsere Krise keine Symptome gezeigt und es für die bevorstehende Trennung keine Anzeichen gegeben hätte.

Ein Psychologe hätte meinen Putzfimmel auf alle Fälle als Zeichen meiner wachsenden Unzufriedenheit gedeutet. Je weiter Magnus und ich uns voneinander entfernten, je anstrengender ich meinen Job empfand, desto mehr räumte ich auf. Als wollte ich den Anschein meines Lebens nach außen makellos halten. Jede Art von Unordnung machte mich nervös. Ich sah jeden Krümel, jedes Haar und jede Wollmaus. Die Gewürze im Holzregal in der Küche mussten in Reih und Glied stehen, ebenso die Cremes im Bad und die Schuhe im Flur. Ein voller Wäschekorb beunruhigte mich, ebenso die Zahnpastareste im Spülbecken. Ich sammelte Magnus' Pullover und Socken von den Stuhllehnen und aus den Ecken ein und alles, wofür ich keinen Platz fand, wanderte in den Wäschekorb. Egal ob nur ein- oder zweimal getragen. Meine Mutter nannte mich schon früher »meine kleine chinesische Wäscherin«, weil ich so gerne Wäsche wusch. Es entspannte mich. Und so warf ich jeden Tag vor oder nach der Arbeit eine Maschine an. Die Spülmaschine lief meistens parallel, auch wenn nur ein paar Gläser und drei Gabeln schmutzig waren. Die Fugen in der Dusche und die Kalkränder um die Armaturen bearbeitete ich mit einer Zahnbürste, und selbst wenn ich morgens schon spät dran war, konnte ich es nicht lassen, alles mit dem dicken Schaum des Badreinigers einzusprühen und zu wienern. Ich erklärte dem Rollsplit, der das Parkett zerkratzt, den Fruchtfliegen und Motten mit dem Staubsauger den Krieg und empfand es als beruhigend, den Boden zu wischen, weil danach alles blitze und glänzte: Wenigstens das hatte ich im Griff.

Ganz neue Töne

Die Ringe unter meinen Augen werden langsam schwarz, so dunkel sind sie. Ich stehe vor dem Spiegel im Badezimmer und putze mir mit schlaffen Handbewegungen die Zähne. Mein Blick fällt auf die Nagellackflaschen im Regal, die Haarspülungen und -kuren, die verschiedenen Bodylotions, Pinsel und Puder. Daneben steht der Wäschekorb, der mittlerweile überquillt, weil ich noch so viele Sachen waschen will: Schließlich weiß ich nicht, wann ich sie wieder aus den Kartons holen werde, weil ich in der neuen Wohnung noch keinen Schrank habe oder sich das Auspacken gar nicht lohnt, falls ich doch schon bald wieder nach Hause komme. Ich schäme mich, dass ich so viel Zeug habe. Ich habe keinen Pfennig auf der hohen Kante, aber Berge von Klamotten. Ich stehe inmitten dieses Krempels und alles erscheint mir wertlos. Wenn Magnus nach Hause kommt, wird jeder Raum schön aufgeräumt sein, das Bad und die Küche werden auf Hochglanz poliert sein, im Kühlschrank wird er sein Lieblingsessen finden und auf dem Esstisch ein bunter Tulpenstrauß stehen. Magnus soll sich erst wohlfühlen und später, wenn er in die leeren Schränke guckt, soll ihn die Einsamkeit packen, so wie sie mich jede

Nacht packt, seitdem er weg ist: eine große, schwarze Klaue, die sich geräuschlos aus den Tiefen des Bettes schiebt, sich um meinen Brustkorb legt und mir die Luft zum Atmen nimmt. In den paar Minuten, in denen ich heute Nacht eingenickt bin, hatte ich einen seltsamen Traum, einen Albtraum: eine dunkle Straße, die Gegend sieht so ähnlich aus wie die, in der wir leben. Im Hintergrund sind Cafés und Restaurants. Plötzlich taucht Magnus auf. Ich renne vor ihm und er hinter mir her, dann ändert sich die Szene und ich bin hinter ihm. Er rennt vorneweg, die Hände in seine dunkelblaue Cabanjacke geschoben, weiße Kopfhörer in die Ohren gestöpselt. Wir gehen in dieselbe Richtung, haben dasselbe Ziel. Ich rufe ihn, aber er hört mich nicht oder will mich nicht hören. Er ist unerreichbar für mich.

Vielleicht begreift er erst, wenn er wieder hier ist, was ich gerade begreife: Zuhause, das ist nicht nur eine Wohnung, in der Bett und Fernseher stehen. Zuhause ist dort, wo man die Dinge findet, an denen man hängt, und die Menschen, die man liebt. Das alles auseinanderzupflücken und daraus »Meins« und »Deins« zu machen, tut unglaublich weh. Ich kann die Leute verstehen, die nach einer Trennung sagen: »Nimm du alles mit, ich will es nicht.« Wenn man wirklich geliebt hat, will man all die Möbel nicht haben, weil sie einen jeden Tag an das erinnern, was man verloren hat.

Trotzdem stapeln sich im Flur die Kartons, die ich in den letzten Tagen und Nächten gepackt habe. Heute ist

Montag und das Allermeiste ist verstaut, es fehlen nur noch meine Schuhe. Im Gegensatz zu der Sneaker-Sammlung von Magnus ist meine Kollektion bescheiden. Ich habe nicht gerade wenige Schuhe, aber auch nicht so viele wie er. Sneaker sind sein Spleen und ich war immer froh, wenn er mit einem neuen Paar nach Hause kam, weil ich mich dann wegen meiner eigenen Einkäufe nicht mehr so schuldig fühlte. Alle seine Schuhe stammen von einer Marke und stehen nach Modellen und Farben sortiert in einem großen Regal im Flur, wie ein Kunstwerk hinter einem Vorhang verwahrt. Seine Lieblingsschuhe sind eigentlich Fußballschuhe, das Modell, das einmal ein berühmter Stürmer getragen hat, ich glaube der hieß Gerd Müller und trug die Schuhe bei der Weltmeisterschaft 1974. Magnus besitzt sie in drei verschiedenen Ausführungen, ein Paar sogar doppelt, als Ersatz für den Fall, dass bei einem die Sohle irgendwann mal durchgelaufen ist. Wenn er sie anzieht, dann leuchten seine Augen wie bei einem kleinen Kind. Würde er mich heute fragen, was ich an ihm liebe, dann würde ich ihm genau das antworten: das Leuchten in seinen Augen, wenn er diese Schuhe trägt. Meine Schuhe sind dagegen alle schwarz. Wie bei den Sommerkleidern gibt es darunter Modelle, die ich noch nie oder nur einmal getragen habe: hohe Sandaletten, Peep Toes oder Pumps, die vorne so spitz zu laufen, dass die Haut meines Fußrückens darüberquillt wie ein Hefezopf.

Ich musste sie unbedingt haben. Es ist noch nicht lange her, da habe ich, anstatt Magnus darin zu verführen, den linken spitzen schwarzen Pumps nach ihm geworfen. Dieser Streit war einer der Vorboten unserer Trennung. Schuhewerfen ist die Steigerung von Türenknallen. Ich weiß nicht mehr, warum ich an diesem Abend so sauer wurde. Es war eine Mischung aus Hunger und Frust. Ich hatte mal wieder einen Scheißtag im Büro gehabt, und zwar von der schlimmsten Sorte. Ein wichtiger Kunde hatte am Morgen den Vertrag mit der Agentur gekündigt. Das kann schon mal passieren. Die Marken, für die wir arbeiten, wollen immer nur von den besten und angesagten Agenturen vertreten werden und nach ein paar Jahren orientiert sich so manches Unternehmen komplett neu. Das weiß jeder. Aber Frau Möser machte natürlich ein Riesending aus der Sache und gab dem Team die Schuld an der Kündigung. Sie rief uns in den Meetingraum – wo für Konferenzen immer eine Keksmischung auf dem Tisch steht, die wir aber nicht essen dürfen, sondern nur die Kunden –, erklärte uns für dumm und unfähig und seufzte wehleidig, dass sie wie immer alles allein machen müsse. Dabei biss sie in ein Ochsenauge, einen dieser Kekse mit roter Marmelade in der Mitte. Die Krümel, die auf den Tisch fielen, tippte sie einzeln mit dem Finger auf. »Leute, mal ganz ehrlich: Was denkt ihr eigentlich? Um eure teuren Gehälter zu zahlen, brauchen wir Kunden. Also lasst euch etwas einfallen. Entweder ihr schafft neue Kunden ran, oder ein paar von euch können sich jetzt schon mal nach einem anderen Job umsehen«, drohte sie. Es ist frustrierend, für diese Frau zu arbeiten. An jenem Tag kroch ich wieder einmal erst nach neun Uhr abends aus dem Büro. Ich hatte den ganzen Tag über nichts Gescheites gegessen und noch nicht einmal einen Kaffee getrunken. Für meinen Stress im Büro konnte Magnus nichts und doch war er der Mensch, der am meisten darunter leiden musste. Er selbst hatte auch keinen guten Tag gehabt. Sein Flug war gestrichen worden, er hatte mir von unterwegs eine SMS geschrieben, dass er am Flughafen hocke und drei Stunden auf das nächste Flugzeug warten müsse. Entsprechend froh war er, endlich zu Hause zu sein. Wahrscheinlich hatte er gehofft, dass er ein bisschen Zeit für sich haben würde, aber ich war wenig später auch angekommen und knallte zur Begrüßung die Haustür hinter mir zu, was mir gleich schon wieder leid tat, aber es rutsche mir so raus. Wir gaben uns keinen Kuss zur Begrüßung, sondern schlichen wie zwei Tiger in einem zu engen Käfig umeinander herum, beide gefangen in unserem jeweiligen »Ich hatte einen Scheißtag«-Modus und nur darauf wartend, dass der andere einen Vorwand zum Ausrasten lieferte. Diesmal war ich es, die nicht widerstehen konnte, Magnus zu provozieren. Eigentlich war es nur ein Killefitz, etwas, über das wir andauernd stritten: Für mein Empfinden schaute er zu laut Fernsehen. Es war mindestens

Lautstärke acht, dabei reicht fünf. Eine Reportage über Rommels Afrikafeldzug. Magnus sah mit Vorliebe solche Geschichtssendungen über die Befreiung Deutschlands durch die Alliierten oder über den Bau der ersten Atombombe. Ich dagegen sehnte mich nach einem Salat, einem Glas Rosé und Kuscheln auf dem Sofa. Vielleicht könnten wir einen Urlaub planen oder sonst irgendwie versuchen, mich vor dem Einschlafen auf andere Gedanken zu bringen. Aber nein, Magnus guckte Krieg! Erst war ich enttäuscht, dass er mich wieder mal links liegen ließ und noch nicht mal aufschaute, wenn ich den Raum betrat. Aber die Stimmen von Adolf Hitler und Joseph Goebbels und das dauernde Geballer, nachdem ich schon den ganzen Tag zuvor von Frau Möser angebrüllt worden war, und zwischendurch die noch lautere Werbung für die neue Fanta Blaubeere in der PET-Flasche, das macht mich aggressiv. Noch hielt ich mich im Zaum, ich wollte keinen Streit und versuchte mich abzulenken: Ich zog meine Büroklamotten aus und schlüpfte von Blazer und Bluse in Sweatshirt und Schlafanzughose. Ich belud eine neue Waschmaschine, wischte ein bisschen Staub auf den Regalen und räumte die Klamotten in den Schrank, die überall in der Wohnung auf den Stuhllehnen hingen. Dann wurde ich wütend darüber, dass Magnus sich überhaupt nicht um mich kümmerte – immerhin räumte ich auch seine Sachen auf! Ich ließ eine Schranktür absichtlich zuknallen.

»Alles okay bei dir?«, rief Magnus vom Sofa, eigentlich noch ganz freundlich, aber seine eigentliche Frage war: Was ist jetzt schon wieder das Problem?!

»Mmmh«, brummte ich, ging rüber in die Küche und suchte in den Hängeschränken über der Spüle und dem Herd nach etwas Essbarem, fand aber nichts außer einer Dose Mais. Der Kühlschrank war bis auf eine Packung Margarine und einer angebrochenen Tube Tomatenmark auch leer.

»Haben wir gar nichts mehr zu essen?«, maulte ich so laut, dass Magnus es im Wohnzimmer hätte hören müssen, aber der Fernseher übertönte alles, was ich sagte.

Panzer rollen über steinige Hügel. Ein Maschinengewehr feuert. Doomdoomdooom.

Ich ging rüber ins Wohnzimmer, lehnte mich in den Türrahmen und verschränkte die Arme vor der Brust.

Rauch- und Staubwolken steigen auf, Trümmer fliegen durch die Luft. Dresden und Berlin liegen in Schutt und Asche.

»Ich dachte, du kümmerst dich zur Abwechslung mal um was zu essen?«, fragte ich Magnus vorwurfsvoll.

Eigentlich galt die Regel, dass immer der, der als Erstes zu Hause ist, das Abendessen oder wenigstens ein Brot mitbringt, von dem guten Bäcker, der noch mit der Hand knetet und die Brote mit Mehl einstäubt, dass sie so schön rustikal aussehen. Aber meistens war ich es, die etwas Warmes mitbrachte. Wenn es nach Magnus gegangen wäre, hätten wir auch Erdnüsse mit Schokoladenüberzug zum Abendbrot essen können.

»Entschuldigung, dass ich heute drei Stunden meiner Lebenszeit in Heathrow vergeudet habe, wo ich kein Bargeld mehr auf Tasche hatte, meine Kreditkarte nicht funktionierte und ich noch nicht mal ein Wasser kaufen konnte, sondern aus dem Hahn im Männerklo trinken musste! Entschuldigung, dass ich danach nicht mehr in den Supermarkt gerannt bin und Madame Kirschtomaten gekauft oder beim Thailänder ein Tofu-Curry ohne Zwiebeln bestellt habe, weil sie sonst Blähungen bekommt! Außerdem wusste ich ja nicht, wann du aus deiner tollen Agentur nach Hause kommst, in der du dich von morgens bis abends mit ach so wichtigen Dingen beschäftigst! Aber – Überraschung! – jetzt bist du schon da und hast wie immer eine Bombenlaune. Den Abend habe ich mir echt anders vorgestellt. Danke!«, schnauzte Magnus und richtete seine Aufmerksamkeit wieder stur auf den Fernseher, bevor er noch ein verzweifelt klingendes »Kann ich nicht einmal ein paar Minuten für mich sein, ohne dass du gleich wieder meckerst?« hinterherschob.

Ich war sprachlos über so wenig Respekt gegenüber meiner Person und dem, was ich tat. Und dieses doofe »Danke«, das er so komisch betonte! Mein Blick fiel auf das große Holzbrett, das vor ihm auf dem Wohnzimmertisch lag. Darauf Brotkrumen und ein mit Fett beschmiertes Messer.

Magnus hatte die letzte Scheibe Brot gegessen. Ich rannte in die Küche und hob den Mülleimerdeckel hoch: Oben auf dem Müllberg lag eine leere Packung Käse.

»Super, die letzte Scheibe Käse hast du auch gegessen«, jammerte ich und stampfte wie ein kleines Kind mit dem Fuß auf. Bis zu diesem Zeitpunkt hatte es kein Schnittchen gegeben, das wir nicht geteilt hätten.

»Willst du dich jetzt wegen einer Scheibe Käse mit mir streiten?«, brülle Magnus in einem Ton, den ich noch nie von ihm gehört hatte. Er war vom Sofa aufgesprungen und hinter mir hergekommen, wohl wissend, was ich im Müll entdecken würde.

Noch mehr Maschinengewehrgeballer.

Er stand vor mir, die Schlagader an seinem Hals pochte. Ich starrte auf diese dicke blaue Nudel und stellte mir all die Wut vor, die gerade durch sie hindurchfloss.

»Ich bekomme Angst vor dir«, sagte ich und legte den Deckel wieder ganz sachte auf dem Mülleimer ab, denn mir schwante, was gleich passieren würde.

»Wieso bekommst du *Angst* vor mir?«, fragte Magnus. Sein Hemd hing aus seiner Anzughose, er roch nach Schweiß, den Resten seines After Shaves und Rauch. Man sah ihm an, dass er einen langen Tag gehabt hatte. Früher konnte ich nicht genug von seinem Körpergeruch bekommen, auf einmal stach er mir in der Nase.

»Du bist richtig böse zu mir!«, flennte ich und dachte: Nimm mich einfach in den Arm, mach schon!

»Das bildest du dir ein. Ich bin ganz normal zu dir.«

»Ich habe das Gefühl, dass dir langsam alles scheißegal ist, was zwischen uns läuft. Allein wie du mit mir redest! – das geht nicht!« Ich atmete laut aus.

»Was zwischen uns läuft? Das ist ein Witz, oder? Da läuft eben gar nichts. Aber glaube mir: Es ist mir *nicht* scheißegal und das weißt du auch.«

»Kannst du mich bitte einfach in den Arm nehmen?«

»Nein, nicht jetzt.«

Gibt es eine wirksamere Methode, jemandem wirklich wehzutun, als Liebesentzug? Ich kenne keine. Klar, im Mittelalter wurden Fußnägel gezogen oder man steckte die Leute in eine Eiserne Jungfrau. Aber innerhalb einer Beziehung ist Liebesentzug das Perfideste. Meine Mutter hat mich immer in den Arm genommen. Sie wusste, dass ich eine Umarmung dann am allernötigsten hatte, wenn ich sie am meisten provozierte, wenn ich mit allen Hebeln und Reglern spielte, um sie zu ärgern, weil ich selbst nicht wusste, wohin mit der Wut, die manchmal in mir hochkochte. Sie verstand mich. Meine Geschwister und mich hat sie regelrecht dazu gezwungen, dass wir uns mitten in einem Streit wieder versöhnen. Sie hat uns quasi erpresst, denn wenn wir uns nicht in den Arm nahmen, warf sich

Mami zwischen uns, fing selbst an zu heulen und machte uns allen ein elendig schlechtes Gewissen. Nicht erwiderte Liebe ist ein Gefühl, das ich überhaupt nicht gut wegstecken kann. Es tut mir körperlich weh, mein Herz zieht sich zusammen, mein Bauch krampft. In diesem Moment hätte Magnus alles wieder gut machen können, wenn er mich einfach nur festgehalten hätte. Ich hätte mich wieder beruhigt und für jede Zickerei entschuldigt, denn ich meinte das ja alles gar nicht so böse, wie ich es gesagt hatte. Er hätte diesen saublöden Streit wegen einer Scheibe Käse einfach beenden können, indem er einfach mal klüger und erwachsener als ich reagiert hätte. Aber weder er noch ich bekamen in unserem kindischen Verhalten die Kurve. Unser Beziehungskonto war zu diesem Zeitpunkt schon überzogen und anstatt es mit Aufmerksamkeit und Verständnis füreinander wieder auszugleichen, verbissen wir uns wie zwei Köter ineinander und gaben uns gegenseitig die Schuld daran, dass wir mit unserem Leben unglücklich waren. Ich fühlte mich von Magnus betrogen. Als seine Freundin stand mir seine Liebe schließlich zu, oder nicht?

»Warum kannst du mich nicht einfach in den Arm nehmen?«

»Weil ich jetzt nicht möchte.«

»Oh, okay … weil du nicht *möchtest*! Fein. Was läuft eigentlich zwischen dir und dieser Saskia?«

»Wie kommst du denn jetzt darauf?«

»Immerhin schickt sie dir nachts SMS mit Zwinker-smileys.«

»Bist du jetzt die Stasi? Saskia ist meine Kollegin! Wir sind in einem Team. So wie du und deine Moni. Mehr ist da nicht. Und ob und was für SMS sie mir schreibt, geht dich nichts an.«

»Aha.«

»Was denn, ›aha‹?«

»›Aha, jetzt geht mich das schon nichts mehr an, wenn andere Frauen dir nachts SMS schreiben‹.«

»Du bist krank im Kopf. Du solltest dich echt behandeln lassen. Ich meine auch deine Shoppingsucht und dass wir keinen Sex haben, weil es dir immer wehtut. Das ist doch nicht normal.«

»… ???«

Darauf konnte ich nichts mehr sagen. Verletzt ging ich wieder ins Badezimmer, klaubte die Wäsche aus der Waschmaschine und fing an, die Socken, Unterhosen und T-Shirts nebenan im Schlafzimmer auf den Ständer zu hängen. Ich atmete tief ein und wieder aus und hoffte, dass Magnus, gerade weil er mich gerade so gemein beleidigt hatte, auf die Idee kommen würde, sich bei mir zu entschuldigen und mich endlich in den Arm zu nehmen. Egal, was er gerade gesagt hatte, meine Sehnsucht nach seiner Zuwendung war größer als mein Stolz. Aber Magnus schaute weiter Krieg.

In den Werbepausen ging er auf dem Balkon eine Zigarette rauchen, die Glotze dröhnte dann noch lauter.

»Mach jetzt bitte endlich den *Scheiß*-Fernseher leiser!«, schnauzte ich über den Flur und fing vor Wut an zu weinen. Keine Reaktion. Ich ging wieder rüber ins Wohnzimmer, in der Hand ein paar von Magnus' nassen schwarzen Socken, die ich an diesem Abend mit leerem Magen noch aufhängen musste, damit er am nächsten Morgen welche fürs Büro hatte.

Magnus saß wieder auf dem Sofa und stierte nach vorne, aber an seiner Mimik – die Lippen ganz schmal aufeinandergepresst, die Zornesfalte zwischen den Augenbrauen gerunzelt – und dem ungeduldig wippenden Fuß sah ich, dass meine Beschwerde gleich wie ein Bumerang zu mir zurückfliegen würde. Dabei weiß Magnus, dass es zwei Dinge gibt, die mich richtig fuchsig werden lassen: Hunger und ein dröhnender Fernseher. Warum tat er mir das an?! Offenbar wollte er mich absichtlich quälen, es machte ihm sogar Spaß!

»Hallo?!«, rief ich mit gebrochener Stimme und stellte mich direkt neben ihn, die Hände in die Hüften gestemmt.

Magnus sprang wieder auf, machte den Fernseher aus, schmiss die Fernbedienung auf den Couchtisch, sodass die kleine Batterieklappe hinten aus dem Gehäuse rausfiel, und fauchte:

»Du versaust einem alles! Echt, alles!«

Er marschierte in den Flur und fummelte an der Garderobe herum, seine Jacke hing an einem der Arme fest. Ich rannte hinter ihm her. Der Liebesentzug wirkte: Ich bettelte um Liebe, von der ich überzeugt war, dass sie mir zustand.

»Bitte geh jetzt nicht weg.«

»Du kommst jeden Abend mit schlechter Laune nach Hause und erwartest, dass ich für dich den Pausenclown mache! Dass ich einen Wein gekauft und kaltgestellt habe, etwas koche, von dem du satt, aber nicht dick wirst, dich anschließend frage, wie dein Tag war, und dir sage, dass du für mich die schönste und tollste Frau der Welt bist. Und dass du dir bitte – endlich! – einen anderen Job suchen sollst, in dem du nicht mehr für Idioten arbeitest und glücklicher wirst. Aber wie *mein* Tag war und ob er vielleicht ähnlich anstrengend wie deiner war, danach fragst du nie! Nie!!!«

»Was soll an deinem Tag denn bitte anstrengend sein? Überhaupt an deinem Job und deinem Leben?! Du kannst machen, was du willst, dein Chef küsst den Boden, über den du läufst, und du bekommst einen Haufen Kohle dafür! Ich dagegen muss mich als ›dumm‹ beschimpfen lassen, sehe kaum die Sonne und bekomme am Ende des Monats zum Dank ein paar mickrige Kröten auf mein Konto überwiesen. Und dann gibt es zu Hause nichts zu essen und mein Freund schreibt hinter meinem Rücken seiner Kollegin SMS! Entschuldige bitte, dass ich mich darüber aufrege!«

»Ach, hör auf damit. Deine Eifersucht ist lächerlich. Du raffst es nicht, dass dieser Job, den ich mache, nichts mit Geld zu tun hat. Ich langweile mich zu Tode, aber das begreifst du ja einfach nicht. Du bist wirklich der am wenigsten empathische Mensch, den ich je getroffen habe!«

»Der am wenigsten empa … – *was* für ein Mensch bin ich?«

»Die Frage ist: Was bist du *nicht*? Feinfühlig und verständnisvoll! Es geht immer nur um dich! Deine Sorgen vor dem Einschlafen, deinen toten Vater, deine einsame Mutter und dass sie eines Tages auch sterben wird und du dann ein armes Waisenkind bist, deine bescheuerte Chefin, deine Sorgen um Geld und die Angst davor, was morgen sein wird. Es kotzt mich an, ich habe so was von die Schnauze voll! Ohne Scheiß, ich muss weg von dir.«

»Magnus, ich …«

»Siehst du, immer sagst du ›ich‹!«

Empathisch – allein dass Magnus dieses Fremdwort verwendete, ließ mich zu dem Schluss kommen, dass er mit jemandem über mich beziehungsweise uns geredet haben musste. Saskia! Jetzt besprach er seinen Kummer also schon mit einer anderen Frau und nicht mit der, die seine Unterhosen wäscht!

»Weg von mir?«, fragte ich kleinlaut, in der Hoffnung, dass ich die Wogen irgendwie wieder glätten könnte. Magnus kennt mich doch, er weiß doch, wie ich das alles meine, dachte ich. Ich raste kurz aus, lasse meinen Frust ab und danach ist alles wieder gut. Laut Frauenzeitschriften eine typische Charaktereigenschaft für mein Sternzeichen Stier. Magnus dagegen ist ein nachtragender, rachsüchtiger Widder, der lange Kämpfe durchhält und erst recht nicht aufgibt, wenn er den Schwachpunkt seines Gegenübers erkannt hat. Im Gegenteil: Da rammt er mit seinen Hörnern noch mal richtig rein.

»Warte nicht auf mich!«, sagte Magnus und hatte endlich seinen Blouson von der Garderobe befreit. Er zwängte die Arme nacheinander in die Ärmel, die Naht am Rücken machte »Ratsch« und es klaffte ein Loch. Er fluchte, stopfte sein Portemonnaie und den Schlüssel in die Taschen und ging mit großen, unaufhaltsamen Schritten zur Tür. Ich rannte hinter ihm her.

»Bitte hau jetzt nicht ab!«, flehte ich ihn an und hielt seinen Ellenbogen fest.

»Jetzt siehst du mal, wie es ist, wenn einer immer abhaut!«, rief Magnus und schüttelte mich ab.

»Du kannst nicht gehen, deine Jacke ist kaputt!« Ich hielt ihn am Arm zurück.

»Das ist mir egal, ich muss hier raus!«, sagte er und machte eine ruckartige Drehung, sodass ich ihn nicht mehr halten konnte.

»Wo willst du denn jetzt noch hin?«

»Ein Bier trinken!«

»Mit deiner Saskia oder was?«

»Pah!«, spottet Magnus und blies die Luft zwischen seinen Lippen aus. Er hatte schon die Türklinke in der Hand, drehte sich noch einmal zu mir um und fauchte:

»Vielleicht passiert mir ja auch was und ich komme nie wieder, dann brauchst du dich nicht mehr aufzuregen, dass ich deinen Käse esse und Fernsehen gucke!«

In diesem Moment stand plötzlich ein anderer Mensch in der Tür. Das war nicht mehr Magnus! Der Magnus, den ich kannte, würde nie so etwas zu mir sagen. Er würde es nicht wagen, so mit meinen Gefühlen zu spielen. Schließlich weiß er, dass ich als kleines Mädchen meinen Vater verloren habe und es meine größte Angst ist, auch ihn zu verlieren. Ich ging ein paar Schritte zurück, meine linke Hand griff nach dem Pumps in dem Schuhregal, ich holte weit aus und der Schuh flog wie ein Geschoss durch die Luft, exakt auf Magnus' Kopf zu. Er duckte sich und versuchte, sich mit den Händen zu schützen. Der Schuh knallte gegen eine gerahmte Kopie von Henri Rousseaus *Der Traum*, die statt des Bart-Simpson-Posters im Eingangsbereich der Wohnung hing. Der Schuh und das Bild fielen krachend zu Boden, die Glasscheibe zerklirrte in drei große Scherben, von denen eine mit der scharfen Spitze direkt auf Magnus zeigte. Er kam aus der Hocke hoch, schüttelt den Kopf und verließ ohne ein weiteres Wort die Wohnung. Natürlich nicht, ohne die Tür mit Schmackes hinter sich zuzuknallen.

Ich stand auf dem Flur, eine nasse schwarze Socke in der Hand, vor mir auf dem Boden ein Haufen Scherben, *Der Traum* und mein Schuh.

Magnus kam gegen vier Uhr nachts nach Hause. Er stank noch mehr nach Schweiß als am Abend, nach Zigarettenrauch und Alkohol. Als er sich ins Bett legte, nahm ich meine Bettdecke und zog aufs Sofa im Wohnzimmer. Und da, ganz leise, aber hörbar, sprach der Widder:

»Bye, bye.«

Wir hätten es nicht so schlimm werden lassen dürfen. Vielleicht hätte ich schon früher ausziehen und nicht immer nur damit drohen sollen. Aber ich konnte mich nicht trennen, ich konnte mir noch nicht einmal eine Beziehungspause vorstellen. Auf einmal macht es ganz leise, fast unhörbar Klirr. Das Geräusch kommt aus dem Schlafzimmer. Ich gehe hin, schaue mich um, kann aber nichts Ungewöhnliches entdecken. Gerade, als ich mich umdrehe und wieder rausgehen will, trete ich auf etwas, das unter meinem Fuß liegt. Der Aldebaran! Mein Stern liegt am Boden. Ich hebe ihn auf, drehe und wende ihn hin und her, schaue an die Stelle, von der das Herz des Stiers aus dem Himmel gefallen ist. »Das nehme ich auf jeden Fall mit«, beschließe ich und schiebe den Leuchtstern in die linke Po-Tasche meiner Jeans, die auf dem Stuhl neben dem Bett liegt. Ich könnte schon wieder anfangen zu heulen, aber ich muss noch so viele Dinge erledigen, dass mir keine Zeit dafür bleibt. Außerdem muss ich Moni Bescheid sagen, ob ich den Vertrag unterschreibe oder nicht. Und bevor ich mir einen Kaffee hole – weil ich sonst im Stehen einpenne – und ins Büro fahre, muss ich unbedingt noch Herrn Schmitt anrufen. Es ist mir total peinlich, ihn wieder zu bitten, aber er ist wirklich der einzige Umzugshelfer, den ich kenne. Ich bete, dass er so kurzfristig einen Umzug für mich organisieren kann, der mich nicht in den Ruin treibt. Immerhin muss ich jetzt auf meine Kohle achten und kann nicht mehr dauernd Magnus anpumpen, wenn es am Monatsende eng wird. Ich wähle die Nummer. Es klingelt dreimal, viermal. Bitte, Schmitt – geh dran!

»Ja, bitte?«, meldet sich endlich eine heisere Männerstimme am anderen Ende der Leitung.

»Hallo, Herr Schmitt. Hier spricht Sunny Schulz!«

»Wer?«

»Sunny Schulz.«

»Der Name sagt mir leider nichts.«

»Sie haben vor ein paar Monaten einen Umzug für uns von der Anklamer- in die Münzstraße gemacht.«

»Ah, jetzt klingelt da was. Junges Paar, ohne Kinder, dafür allerhand Sportgeräte. Richtig?«

»Richtig. Herr Schmitt, ich bräuchte bitte wieder ihre Dienste. Allerdings ist es diesmal relativ kurzfristig …«

»Och, Sie ziehen schon wieder um? War doch 'ne hübsche Wohnung, die Sie da mit ihrem Mann hatten. Gut, ich würde nie in den dritten oder vierten Stock ziehen, aber jetzt schon wieder umziehen?! Wo soll's denn hingehen?«

»In die Kirschallee.«

»Uoh.«

»So schön ist es da nicht, aber es lässt sich leider nicht ändern …«

»Und wann soll der Umzug stattfinden?«

»Wie gesagt, bin ich leider ein bisschen spät dran, was die Organisation anbelangt. Der Umzug müsste schon dieses Wochenende stattfinden.« Schweigen am anderen Ende der Leitung.

»*Dieses* Wochenende?!«, fragt Herr Schmitt entsetzt.

»Es sind nicht so viele Möbel wie beim letzten Mal. Das große Sofa bleibt zum Beispiel hier, die meisten Schränke und der Esstisch auch …«, versuche ich ihn zu überzeugen.

»Na! Also! Sie haben wirklich großes Glück, dass gestern jemand für Samstag abgesagt hat und ich meine Jungs noch nicht zurückgepfiffen habe.«

»Ich, Glück? Neehee …«

»Das kriegen wir schon hin.«

»Heißt das, Sie machen meinen Umzug?«

»Jawoll. Aber tun Sie mir einen Gefallen und wickeln Sie die Surfbretter diesmal schön dick in Papier ein, letztes Mal hatte ich die ganze Zeit Muffensausen, dass uns die Dinger hinten im Wagen kaputtgehen.«

»Keine Sorge, Herr Schmitt. Die Surfbretter bleiben bei meinem Freund. Also Ex-Freund. Nur ich ziehe aus.«

»Das tut mir leid zu hören.«

»Also sagen wir Samstag?«

»Samstag um zehn Uhr fangen wir an. Sagen Sie mir die Hausnummer bitte noch mal sicherheitshalber, ja?«

»48.«

»48«, wiederholt Herr Schmitt. »Dann bis Samstag!«

»Ach du Scheiße!« fluche ich, als ich aufgelegt habe. Ich starre auf das Display meines Telefons und kann es nicht fassen. Jetzt geht es wirklich los.

Ferdinand guckt wie eine Klofrau, der man kein Kleingeld auf den Teller gelegt hat, als ich ins Café reinkomme.

»Alles klar?«, frage ich ihn und suche Augenkontakt.

»Du hast mich schon wieder versetzt«, antwortet er maulig. Er meint es anscheinend wirklich ernst mit dem Date. Ich verdrehe die Augen, denn das, was ich jetzt *nicht* brauche, ist ein nerviger Nachbar.

»Wann waren wir denn noch mal verabredet?«, frage ich scheinheilig.

»Können wir uns mal kurz unterhalten?«, fragt er plötzlich sehr ernst.

»Okay, aber ich muss gleich zur Arbeit …«, stammele ich.

Ferdinand macht mit dem Kopf eine Bewegung, die mir signalisiert, dass ich wieder hinter den Tresen kommen soll. Er führt mich runter in den Keller und zeigt auf eine Kiste mit Apfelschorle. Ich hocke mich hin, schlinge meine Arme um meine Knie, er zieht einen Kasten Rhabarberschorle heran und setzt sich neben mich.

»Was ist los?«, frage ich zuerst.

»Ich weiß, dass es ein schlechter Zeitpunkt ist, aber ich muss es dir sagen, weil ich sonst keinen Tag länger in meinem Laden stehen kann und dir einen Kaffee machen kann.«

Ich schlucke. Was kommt jetzt?

»Ein schlechter Zeitpunkt für was …?«, hake ich nach.

»Dir zu sagen, dass ich dich mag. Sehr sogar. Auch wenn du immer so grantig bist und mich jetzt schon zum zweiten Mal versetzt hast.«

»Wir waren nie verabredet!«

»Doch, waren wir!«

Ich springe auf meine Füße.

»Es reicht mir jetzt, Ferdinand. Wirklich! Ich kann nicht fassen, dass du mir in meiner Lage so einen Mist erzählst. Ich habe gerade den Umzugswagen bestellt und ziehe von zu Hause aus. Verstehst du, was das für mich bedeutet? Und was soll das überhaupt heißen: ›Ich mag dich‹? Ich mag auch viele Sachen gern, zum Beispiel weiße Blusen, grüne Erbsen und den Eiffelturm, weil ich ihn so hübsch als Motiv auf Postkarten finde. Ich mag es, den Regen zu hören, und ich mag den Knubbel an meinem Mittelfinger, den ich vom Schreiben mit einem Stift bekomme – aber ich stell mich nicht davor und sage ›Ich mag dich‹.«

»Grüne Erbsen, Knubbel am Finger, von was redest du da? Ich meine es so, wie ich es gesagt habe: Ich mag *dich*.«

»Und was denkst du, passiert jetzt, nur weil du das gesagt hast?«

Ferdinand guckt mich ganz erschrocken mit großen Augen an. Er hockt immer noch auf dem Getränkekasten und hebt als Zeichen, dass er sich freiwillig ergibt, die Hände hoch.

»Hallo, hallo! Ich wollte dir, bevor du wegziehst und wir uns vielleicht nie wieder sehen, sagen, dass ich dich mag und dass ich gern ein Bier mit dir getrunken hätte und ein wenig enttäuscht darüber bin, dass es nicht geklappt hat. Nicht mehr und nicht weniger. Klar?«

»Tut mir leid, ich wollte dich nicht so anfahren«, rudere ich zurück und kratze mich am Kopf.

Ferdinand erhebt sich, er wirkt auf einmal so groß und stark auf mich.

»Komm doch mal her.«

»Wohin?«

»Komm her«, sagt er mit seinen Knutschlippen und breitet wie ein Adler seine Arme aus.

Ich bewege mich keinen Zentimeter, stehe da wie eine Erstklässlerin bei der Einschulung, nur ohne Schultüte. Ferdinand macht einen Schritt auf mich zu, mein Blick fällt auf seine Brusthaare, die aus seinem T-Shirt rausgucken. Ich mache einen Schritt von ihm weg und knalle mit dem Kopf gegen die Wand.

»Huch! – autsch!« Hektisch drehe ich mich um, aus Angst, ich könnte ein Spinnennetz im Haar hängen haben.

»Hey …«, sagt Ferdinand liebevoll und streckte seine Hand nach mir aus, als würde er versuchen, ein wildes Pony zähmen. Ich reibe die Stelle an meinem Kopf, an der ich mich gestoßen habe mehr als nötig.

»Zeig mal die Beule …«

Er stellt sich neben mich, kämmt mit seinen Fingern durch meine Haare und pustet mir den Schmerz weg, so wie man es bei kleinen Kindern macht. Dann umarmt er mich einfach. Ich stehe kerzengerade. Die Nähe, so sehr ich mich eigentlich danach sehne, ist in diesem Moment kaum auszuhalten. Eigentlich wünschte ich mir ja die Nähe eines anderen, aber es sind Ferdinands Arme, die auf meinen Schultern liegen, und es ist seine rechte Hand, die über mein Schulterblatt streichelt. Es wirkt, wie ich immer gesagt habe: eine Umarmung und mein Ärger verpufft. Ich lasse mich von Ferdinand drücken und streicheln, über unseren Köpfen rauscht das Wasser der Klospülung durch die Leitung. Nach all dieser bitteren Einsamkeit, in der Magnus und ich uns haben schmoren lassen, fühle ich mich in diesem Moment im Keller unter unserem Haus inmitten von Kekstüten, Dosentomaten und Limonadeflaschen geborgen. Ich rieche einmal kurz an seinem Hals, er duftet nicht nach Parfum, sondern nach warmer, junger Männerhaut. Mein schlechtes Gewissen meldet sich auf der Stelle: Mit dem Kaffeemann im Keller schmusen … – das kannst du nicht machen! Ich schubse Ferdinand weg. Er schaut mir für einen kurzen Moment in die Augen und legt den Kopf zur Seite, als würde er überlegen, will sie wirklich nicht, oder ziert sie sich nur?, dann drückt er mich an den Schultern nach hinten gegen die Wand, sein linker Arm schlingt sich um meine Taille, die rechte Hand packt meine Haare und zieht meinen Kopf in den Nacken. Wir sagen nichts, wir atmen nicht. Dann fällt Ferdinand über mich her und presst seinen Mund auf meinen. Ich versuche, mich aus seiner Umarmung zu lösen, bekomme keine Luft. Ferdinand hält mich fest, presst weiter seine Lippen auf meine, unheimlich fest. Dann öffnet er seinen Mund, zieht tief die Luft in die Lunge, lässt mich auch einmal einatmen, bevor er mich wieder küsst, diesmal mit vielen schnellen, schnaufenden Schmatzern. Ich habe das Gefühl, meinen Körper zu verlassen und über allem, was hier gerade passiert, zu schweben.

Ich kann mich überhaupt nicht bewegen. Ferdinand küsst mich wieder, schiebt seine Zungenspitze in meinen Mund und fängt an, meine Brüste mit beiden Händen zu kneten. Etwas regt sich in mir und ich kann auch genau sagen, wo: in meinem Bauch. Langsam gehe ich mit, aber ich habe Angst, etwas falsch zu machen. Immerhin habe ich seit Jahren nicht mehr mit jemandem rumgemacht. Ferdinand mag jünger sein als ich, aber ich glaube, er hat viel mehr Erfahrungen. Denn was er da macht, macht er gut, nur ... – Ich habe das Gefühl, dass ich total eingerostet bin. Nur zögerlich öffne ich meinen Mund, lege meine Hände an seine Hüften und ziehe Ferdinand näher zu mir heran, sodass ich ihn richtig spüren kann. Es ist, als würde ich einen großen Durst stillen. Ich kann gar nicht mehr aufhören, seine Küsse zu trinken. Ich denke an Magnus, stelle mir vor, dass *er* es ist, der mich gerade so küsst. Es klingt gewissenlos, aber ich küsse Magnus durch Ferdinand. Ich weiß, dass es nicht fair ist, aber ich brauche das jetzt. Ich halte Ferdinand so fest, wie ich eigentlich Magnus im Arm halten will, wenn er mich nur nicht immer so abgewehrt hätte. Ich lege all mein Gefühl in diesen Kuss. Ich liebe ihn immer noch. Was denn sonst? Ferdinands Bart knistert, so doll knutschen wir rum und ich muss zwischendurch lachen. Meine Finger fahren in seinen Nacken und graben in seinen Haaren, ich packe sein T-Shirt am Ausschnitt und ziehe ihn immer näher an mich heran. Seine Küsse werden noch wilder. Himmel, was ist mit diesem Jungen los? Ich mache zwischendurch die Augen auf und beobachte, wie er sich verliert und die Pupillen nach oben dreht. Ich erinnere mich an eine Kusstechnik, ich weiß nicht, ob ich das in der Bravo oder so gelesen habe: Zwischen den Küssen soll man als Mädchen immer bis vier zählen, bevor man den Typen wieder ranlässt, und ihn so extra scharf machen. Also, einen Kuss auf die Lippen, dann ein Stück mit dem Kopf zurückgehen, bis vier zählen, den Jungen wieder küssen, den Mund diesmal ein bisschen mehr aufmachen und so weiter. Ich beiße Ferdinand aus Versehen in die Lippe. Aber er bekommt das gar nicht mit, er küsst mich, als hätten wir noch fünf Minuten zu leben, bevor die Welt untergeht. Den Weltuntergang stellen sich die Wissenschaftler übrigens so vor, dass es entweder kein Erdöl mehr gibt, die Erdatmosphäre durch den Klimawandel zerstört wird, ein Nuklearkrieg oder Nanobots die Menschheit auslöschen oder dass der Supervulkan im Yellowstone Nationalpark ausbricht, ein Gammablitz, ein Komet oder ein Asteroid auf der Erde einschlägt oder die Erde aus irgendwelchen Gründen in die Nähe von einem Schwarzen Loch rutscht. Apropos Gammablitz: Ferdinand schiebt seine Hände unter meine Bluse und versucht, mit den Fingern unter meinen BH zu gelangen. Er berührt meine Brustwarze. Ich stoße ihn weg, schaue ihn ernst an und schüttele wortlos den Kopf: Das ist mir zu viel.

»Oh Mann, was machen wir hier? Ich muss doch eigentlich längst auf dem Weg zur Arbeit sein …«

»Entschuldigung, ich konnte mich einfach nicht mehr beherrschen.« Er lächelt, streicht sich die Haare aus dem Gesicht hinter die Ohren und richtet seine Hose, sodass man nicht sieht, dass ihm gleich der Reißverschluss platzt.

»Das ist alles nicht richtig …« Ich habe einen dicken Kloß im Hals, vielleicht ist es mein Herz, das gleich aus meinem Körper springt, weil es glaubt, dass der Rest von Sunny Schulz verrückt geworden ist. Ich kann mir nicht erklären, warum ich im Moment meines größten Liebeskummers mit einem anderen Mann rummache.

Aber es gibt ja immer wieder Geschichten und Leuten, die gerade getrennt sind und sofort etwas Neues angefangen haben. Als Außenstehender wundert man sich und reagiert mit Abscheu, so hätte ich das auch gemacht. Aber ich brauche jemanden, der mich anfasst, damit ich mich selbst wieder spüre.

»Doch, das ist richtig und ich sage noch mal, was ich vorhin gesagt habe, auch wenn du dich wieder darüber aufregst: Ich mag dich.«

Wir stehen voreinander, ich mit verschränkten Armen, Ferdinand strahlend. Keiner bewegt sich, keiner will gehen.

»Darf ich deinen Busen noch mal anfassen?«

»Wie bitte?«, lache ich laut, denn mit dieser Frage hätte ich nun wirklich nicht gerechnet.

»Ich hatte Angst vor deinem Körper, aber deine Haut fühlt sich toll an. So weich! Also, darf ich noch mal?«

»Du tickst doch nicht mehr ganz sauber, oder? Du hattest *Angst* vor meinem Körper? Warum das denn?«

»Na, weil du älter bist!«

»Und alle Frauen über dreißig haben Hängebusen, oder was?«

»Du nicht.«

Ich lache schrill und schlage mir mit der Hand auf den Schenkel. Es ist wieder total peinlich, wie ich mich verhalte. Ferdinand bekommt so einen komischen Stierblick. Er zieht mich zu sich, wir fallen wie zwei gefällte Bäume ineinander und küssen uns wieder. Er nimmt mich hoch, ich sitze auf seinem Arm und wir beißen einander wie zwei ausgehungerte Vampire. Dann lässt er mich runter, dreht mich um, presst mich an die Wand und fährt mit seiner Hand vorne in meine Hose.

Fehlende Nähe

Seit dem Schuh-Streit kam Magnus immer öfter spät nach Hause. Er entglitt mir wie ein Aal, der aus einem Eimer flutscht und durch das Gras zum Wasser kriecht, um an einen Ort zu flüchten, an den ich ihm nicht folgen kann. Ich wusste nicht, in welche Läden er ging, ich kannte die Leute nicht, mit denen er unterwegs war, ich wusste nicht, wann er wiederkommt und was er die ganze Nacht trieb. Ich glaube, er war viel in dieser Bar, in die ich nicht mehr gerne ging, weil ich das Gefühl hatte, dass die Barkeeperin Magnus anmachte. Sie plauderten über dies und das, als wäre ich gar nicht da. Tatsächlich aber war es Magnus, der abwesend war. Körperlich war er zwar da, er saß ja auf dem Stuhl neben mir, aber innerlich war er woanders. Keine Ahnung wo.

Diese Abwesenheit wurde immer mehr zum Normalzustand. Ich wünschte, ich hätte seine Gedanken lesen können, nur ein einziges Mal. Aber ich drang einfach nicht mehr zu ihm durch. Abends im Bett hörte er mit seinem ipod Musik und las Zeitung, er studierte jeden einzelnen Artikel, auch beim Essen oder wenn wir uns am Wochenende in den Park in die Sonne legten. Es war so, als hätte er ein großes »Bitte nicht stören«-Schild um den Hals hängen. Jedes Mal, wenn ich seine Nähe suchte, wimmelte er mich mit einem Wuschel durch meine Haare ab, wie man es mit einem Hund macht, der ständig gestreichelt werden will.

»Gib mir ein Küsschen«, bettelte ich.

»Ich möchte einfach mal nur sein«, sagte er.

Ich fühlte mich abgelehnt und beschimpfte ihn als Autisten. Ich wollte für ihn das Wichtigste auf der Welt sein und auch so behandelt werden. Nicht wie ein lästiges Haustier. War das zu viel verlangt? Manchmal fand ich mich selbst fade wie Haferschleim und dachte, es sei kein Wunder, dass Magnus sich so zurückzog. Immer, wenn ich im Fernsehen ältere Leute sehe, die in einer Reportage über den Krieg sprechen, über ihre Flucht und wie sie damals wieder einen Fuß auf die Erde bekommen haben, wundere ich mich darüber, wie genau sie die Jahreszahlen im Kopf haben. Auch Ida, Magnus' Großmutter, wusste immer genau, wo sie wann war – zum Beispiel am 4. April 1945 – und was sie an diesem Tag gemacht hatte, wer dabei war und wie diese Person mit Vor- und Zunamen hieß. Ich dagegen kann mich noch nicht mal daran erinnern, wo ich letzte Woche Donnerstag war. Die Jahre zwischen meinem zwanzigsten und dem 36. Lebensjahr – wo sind sie geblieben? Ich weiß es nicht und das liegt daran, dass meine Tage und Wochen immer gleich sind. Früher, als Magnus und ich noch glücklich waren, war das natürlich nicht so. Da haben wir uns aufeinander gefreut, wenn wir nach Hause kamen, und an den Abenden und Wochenenden Sachen unternommen, die wie bunte Lampions waren in unserem Alltag. Ich kann nicht genau sagen, wann die bunten Lichter eines nach dem anderen ausgegangen sind und keine gemeinsame Zukunft, sondern eine Trennung vor uns lag, aber als keins mehr brannte, hörten wir plötzlich auf, ein Paar zu sein und wurden eine WG, in der sich die Mitbewohner höflich aus dem Weg gehen. Einige Zeit klappte das sogar ganz gut, der Zustand störte uns zunächst nicht, weil die Streitereien scheinbar weniger wurden. Wir schliefen in einem Bett, hatten aber keinen Sex. Wir gingen zusammen einkaufen, aßen aber nicht zusammen. Wir gingen manchmal noch gemeinsam mit Freunden in eine Bar, kamen aber getrennt nach Hause, weil Magnus noch weiterfeiern wollte. Ich ließ ihn feiern, auch wenn ich immer wieder enttäuscht war. Man kann sagen, dass wir nebeneinanderher lebten, und ich glaube, das war uns beiden irgendwann auch bewusst. Aber ich begreife nicht, warum wir, statt uns dazwischen zu werfen und aus Leibeskräften »Halt, Stopp!« zu brüllen, daneben standen und zusahen, wie unsere Beziehung wie bei einem Crashtest frontal gegen die Wand fuhr. Meine große Liebe ging vor meinen Augen kaputt und ich ließ es geschehen. Einfach so. Wir drohten uns immer gegenseitig damit, uns zu trennen, aber wirklich durchziehen konnte es keiner. Trotz Dauerkrise war unsere

Beziehung wie Beton. Ich hätte nie gedacht, dass sie irgendwann wie ein altes Mäuerchen zerbröseln und dass Magnus
einfach darüber hinwegspringen könnte, während ich auf
den Trümmern sitzen bleibe, Stein um Stein wende und
versuche, darunter noch etwas zu finden, das schon lange
verloren gegangen war: die Sorgfalt im Umgang miteinander, den Respekt vor dem Partner, die Zuwendung und die
Achtsamkeit gegenüber den Gefühlen des anderen.

Der Kummer mit Magnus und der Stress im Büro nagten
mehr und mehr an mir. An einem Tag war es so schlimm,
dass ich mich bei der Arbeit mit der Ausrede, dringend
Kopfschmerztabletten kaufen zu müssen, kurz vor die Tür
entschuldigte. Ich wollte einfach nur ein Stück laufen. Also
rannte ich um den Block. Ich hoffte, dass ich dadurch den
Kopf wieder freikriegen würde und meine Wut über Frau
Möser – die meine Texte für eine neue Broschüre gerade zum
dritten Mal über den Haufen geworfen und geschrien hatte:
»Sie schreiben wie eine kleine dumme Schülerin!« – beiseite
schieben könnte. Ich ging ganz neue Wege und bog in Straßen ab, in denen ich vorher noch nie gewesen war. Und da sah
ich sie: Magnus und eine Frau. Erst traute ich meinen Augen
nicht. Was machte er in dieser Ecke der Stadt? Sein Büro liegt
doch im Westen. Zuerst wollte ich schon hinrennen und ihn
einfach fragen, aber dann hielt ich mich zurück wegen der
anderen Frau. Ich ging davon aus, dass sie diese Saskia war.

Sie standen an einer Ampel auf der gegenüberliegenden Seite und konnten mich nicht sehen, weil ich gerade hinter einem Bushaltestellenhäuschen stand. Beide hielten eine Zigarette in der Hand und lachten über irgendetwas. Sie bogen sich richtig, weil sie irgendetwas lustig fanden. Da stand ein ganz anderer Magnus als der, der abends nach Hause kam und sich aufs Sofa setzte. Er wirkte ausgelassen, entspannt und schien Witze zu machen, die Saskia zum Lachen brachten. Wie sie da so die Straße runterschlenderten, kamen sie mir verliebt vor. Ich drehte mich mit dem Rücken zur Wand des Bushaltestellenhäuschens und wartete so lange, bis die Ampel grün wurde und die beiden in der nächsten Straße verschwanden. Dann rannte ich ihnen nach. Saskia trug ein halblanges Polka-Dot-Kleid mit Schößchen und einer passenden Jacke. Die dicken, brünetten Haare musste sie morgens über einen Lockenstab gezogen haben, denn die Enden wellten sich sanft über ihre Schultern. Während die beiden liefen, streifte sie auf einmal ihre Jacke ab und von hinten sah ich, dass sie einen beneidenswerten Körper hatte, vor allem einen runden Hintern, der beim Gehen auf hohen Schuhen hin- und herschwang. Saskia war Monica Bellucci, wiedergeboren als Juristin! Ich stolperte heimlich hinter den beiden her durch das Büroviertel und traute meinen Augen nicht. Hatte er mir am Morgen nicht gesagt, dass er den ganzen Tag in Meetings hocken würde und erst spät nach Hause käme? An der nächsten Ecke rannte Magnus plötzlich los und winkte ein Taxi heran. Er riss die hintere Tür auf, ließ Saskia zuerst hineinschlüpfen und stieg dann hinterher. Das Taxi fuhr los, die beiden waren weg. Ich nahm mein Handy aus der Tasche und wählte seine Nummer. Mein Hals brannte, aber ich riss mich zusammen. Magnus ging sofort dran. »Hey, ich bin gerade auf dem Weg zur nächsten Besprechung. Ich ruf dich in zwei Stunden zurück, okay?«

»Okay«, sagte ich. Da stand ich mit knallrotem Kopf auf der Straße und bildete mir in all meinem Kummer ein, gerade betrogen zu werden.

Noch ein Mal schlafen

Ich trage ein weißes Kleid und tanze barfuß den sandigen Waldweg entlang, drehe mich immer wieder im Kreis und summe mir selbst ein Liedchen. Die Tannen stehen dicht an dicht und wachsen hoch bis in den Himmel, nur der Weg ist hell. Plötzlich knackt es im Unterholz und der Hirsch steht mir gegenüber, sein graues Fell dampft und das Geweih hängt voller Moos. Er versperrt mir den Weg, nicht böswillig, aber so, dass ich nicht mehr tanzen kann. Ich blicke zurück, erkenne den Weg nicht mehr und weiß, dass ich mich verlaufen habe.

Als ich heute Morgen mit diesem Traum aufgewacht bin, war mein erster Gedanke: Nein. Nein, ich mache es doch nicht. Ich kann es gar nicht machen, sonst werde ich noch bekloppter. Ich unterschreibe den Vertrag als Senior-Beraterin also doch nicht. Pop-up Stores, Fashion Week oder der Lila-Tick von Frau Möser – all das ist nicht wichtig. Ich muss mein Leben regeln und mir darüber klar werden, was ich will und was ich nicht will. Vielleicht ist das ein Anfang. Gestern habe ich im Keller mit Ferdinand rumgemacht und bin dann vollkommen kopflos, aber mit diesem bescheuerten Grinsen im Gesicht ins Büro gefahren.

Moni hat mich angeguckt und gefragt, ob ich mich entschieden hätte, und ich habe überschwänglich gesagt: »Ja. Ich mach's.« Es war mein Sicherheitsdenken, das da sprach und versuchte, mich in diesem Chaos wenigstens an einer Seite anzuschnallen. Die Perspektive auf ein regelmäßiges Einkommen, vom Arbeitgeber gezahlte Krankenkasse und Sozialleistungen und endlich ein Ende dieser jahrelangen Jagd nach einer festen Anstellung ... – das ist doch nicht schlecht, oder? Aber seitdem ich Moni zugesagt habe, tut mein Bauch weh, ich habe Krämpfe und spüre so einen komischen Druck unter den Rippen.

Als ich im Büro ankomme, steht auf meinem Tisch eine weiße Schachtel frisch gedruckter Visitenkarten. Darauf steht »Helena Schulz, Senior-Beraterin«. Daneben liegt in doppelter Ausführung ein Jahresvertrag, bereits mit lila Tinte von Frau Möser unterschrieben und mit einem Post-it versehen, auf dem »Glückwunsch ...« steht. Diese drei Pünktchen stehen für: »Sie haben nur Glück gehabt.« Ich überfliege die Details: Ein Gehalt, das nur minimal höher als das in der Branche übliche Einsteigergehalt ist, sechs Monate Probezeit und sechs Monate Urlaubssperre. Aber es ist eine feste Anstellung, also das, was ich immer wollte. Damit wäre ich der von meiner Mutter stets gepredigten »finanziellen Unabhängigkeit« ein großes Stück näher. Es ist absurd: In dem Moment, in dem alles vor mir auf dem Tisch liegt, ich nur noch unterschreiben und ein bisschen durchhalten muss, bis ich mich von dieser Stelle aus auf einen anderen Job bewerben könnte, will ich das alles nicht mehr. Seit heute früh ist mir klar, dass ich nur *dachte*, ich will unbedingt eine feste Anstellung. Aber das stimmt gar nicht. Ich habe mich längst daran gewöhnt »frei« zu sein und die Möglichkeit, jederzeit gehen zu können, war der Airbag, auf den ich mich an schlechten Tagen fallen ließ. Nur so konnte ich den Stress überhaupt aushalten. Als Festangestellte von Frau Möser würde ich meine Seele an eine Frau verkaufen, die ich weder mag, noch respektiere. Warum also sollte ich das tun? Ich finde schon was anderes, ansonsten gehe ich kellnern oder putzen. Alles ist besser als das hier! Die Perspektive, die dieser Befreiungsschlag mir eröffnet – nie wieder eine dieser Konferenzen mit den Keksen auf dem Tisch, nie wieder »Möhre« oder »Frau Dingsbums« genannt zu werden –, stimmt mich euphorisch. Okay, in manchen Monaten wird sicher das Geld knapp werden, aber wenn ich aufhöre, so viel Krempel zu kaufen? – eigentlich weiß ich ganz genau, was ich zum Leben brauche. Irgendwie schaffe ich es schon. Nur, wie erkläre ich Moni, dass ich es mir doch anders überlegt habe? Ich möchte sie nicht enttäuschen. Meine Mutter wird auch nicht begeistert sein. Aber ich kann den Vertrag nicht Mami zuliebe unterschreiben. Das, was hier entscheidet, ist einzig und allein mein Bauchgefühl – endlich! Kein Böser Wille oder so. Ich weiß, dass es stressig für Moni wird, wenn ich jetzt hinschmeiße, aber ich hoffe, dass sie meine Entscheidung verstehen wird. Ich lege meine Tasche auf dem Drehstuhl ab und mache etwas für Helena „Sunny" Schulz bislang Unvorstellbares: Ich marschiere schnurstracks in das Büro von Frau Möser, ohne vorher mit Moni zu sprechen, die heute wegen eines Zahnarzttermins später kommt. Frau Möser schaut irritiert zu Nancy, als sie sieht, dass ich ohne Termin oder Ansage auf ihr Büro zusteuere.

»Danke für den Vertrag und die Notiz, aber ich unterschreibe ihn nicht«, sage ich noch in der Tür. Ich will mich nicht auf den Melkschemel setzen. Das, was ich zu sagen habe, will ich mit kerzengeradem Rücken aussprechen, auch wenn mir die Knie schlottern. Frau Möser schaut mich ratlos an. Ich glaube, sie denkt, dass ich mir einen Scherz erlaube. Dann sieht sie offenbar die Tränen in meinen Augen, wird für einen Moment auch ganz hektisch und lotst mich um die Ecke ins Konferenzzimmer. Am liebsten würde ich kehrtmachen und die Flucht ergreifen, aber ich muss jetzt meinen Standpunkt verteidigen. Ich trete hier und heute für mich und meine Interessen ein und darf mich nicht von Frau Möser bequatschen lassen. Mir muss es egal sein, wenn sie sauer auf mich ist. Was kann schon Schlimmes passieren? Noch ein Anschiss, der letzte – das war's. Frau Möser schließt die Tür hinter uns und bietet mir wortlos den Stuhl am Kopfende des Tisches an, wo sonst sie sitzt und überhaupt keinen Spaß versteht, was diese Regel anbelangt.

»Frau Schulz, Sie wissen schon, wie sehr sich Frau Rogacki für Sie eingesetzt hat?«

Ich denke, »Sieh an, sie weiß doch meinen Namen!«, dann antworte ich mit fester Stimme: »Dessen bin ich mir bewusst. Und ich habe auch gehört, dass Sie anfangs nicht davon überzeugt waren, mich zu befördern. Deshalb weiß ich das Angebot zu schätzen. Trotzdem muss ich absagen.«

Frau Möser zieht ihren Stuhl näher an den Tisch heran, schiebt mir die Schale mit den Konferenzkeksen zu und nickt, was mir signalisieren soll, dass ich mich bedienen darf. Alles, was ich jetzt nicht will, ist eines ihrer klebrigen Marmeladenplätzchen.

»Würden Sie mir bitte den Grund für Ihren spontanen Sinneswandel verraten? Nach dieser Stelle lecken sich Ihre Kollegen die Finger und Sie sagen von einem auf den anderen Tag, dass Sie gar nicht mehr kommen wollen. Das geht nicht.«

»Es ist einfach zu viel im Moment. Ich habe private Probleme. Mir wächst alles über den Kopf.«

»Also bitte, Frau Schulz! Ich habe gehört, dass ihr Freund sie verlassen hat. Aber wissen Sie was: Krisen und Trennungen gehören zum Leben. Was meinen Sie, wie oft *mir* das passiert ist? Von *so was* dürfen Sie sich doch nicht bei Ihrer Karriereplanung ablenken lassen. Es ist eine Ehre, für diese Agentur zu arbeiten, und Sie wären töricht, wenn Sie die Chance für einen so großen Karrieresprung, die sich Ihnen hier gerade einmalig bietet, nicht nutzen. Also seien Sie nicht so dünnhäutig. Unterschreiben Sie den Vertrag und geben Sie in nächster Zeit Vollgas – die Arbeit wird Sie ablenken, Sie finden einen neuen Freund und die Welt ist wieder in Ordnung. Und wer weiß, nächstes Jahr gibt es vielleicht sogar eine Gehaltserhöhung?«

Ich atme tief ein und aus. »Danke, aber ich bleibe bei meiner Entscheidung: Ich unterschreibe den Vertrag nicht. Heute ist mein letzter Tag.«

Es kostet mich so viel Kraft diesen Satz zu sagen und nicht klein beizugeben, denn Frau Möser rückt noch näher an mich heran und funkelt mich mit ihren tückischen Augen an. Ich versuche, cool zu bleiben und ihrem Blick standzuhalten. Von innen beiße ich auf meine zitternden Lippen, meine Handflächen sind nass, aber ich schaffe es, ich halte diesen Moment zwischen beruflichem Scheitern und persönlicher Genugtuung viel besser aus, als ich dachte. Plötzlich schlägt Frau Möser mit der flachen Hand auf den Tisch, vor Schreck verschlucke ich mich und fange an zu husten.

»Dann ist Ihnen nicht zu helfen.« Sie steht auf, geht und lässt die Tür offen stehen. Ich kann dann wohl auch gehen. Mit weichen Knien wandere ich zu meinem Platz zurück, rücke ein paar Dinge auf dem Tisch zurecht und stecke den lila Tacker als Andenken in meine Tasche. Die Kollegen wuseln um mich herum, sie laufen hin und her, alle müssen plötzlich zum Fax neben dem Konferenzraum und tun so, als wären sie schwer beschäftigt. Dabei wollen sie alle nur wissen, was gerade passiert ist. Ich höre, wie sie anfangen zu tuscheln und Nancy einer anderen Kollegin mit Flüsterstimme verrät, dass ich wohl gerade einen Nervenzusammenbruch erlitten hätte. Keiner fragt mich, ob alles in Ordnung ist. Ich lasse ich mir nichts anmerken und gehe schnurstracks in Richtung Tür. Meine Bauchschmerzen sind plötzlich weg und ich bin total klar. Bis zu dem Moment, als die Tür nach außen aufschwingt und Moni vor mir steht, ein blaues Kühlpack gegen die Wange gepresst. Sie hat eine dicke Backe, die Lippe scheint noch betäubt zu sein, denn ihr rechter Mundwinkel hängt nach unten, sodass ein bisschen Spucke heraustrieft. Moni macht »*Fff*« und zieht die Spucke zurück. An meinem Blick ahnt sie, dass etwas nicht stimmt.

»Wo willst du denn hin?«, fragt sie mich.

»Ich gehe«, sage ich.

»*Fff.* Und wohin?«

»Nach Hause.«

»*Fff.* Geht es dir nicht gut?«

»Nein, Moni. Ich gehe und komme nicht wieder.«

»Was soll das heißen – *fff* – du kommst nicht wieder?«

»Dass ich es nicht mache. Ich habe Frau Möser schon Bescheid gesagt, dass ich den Vertrag nicht unterschreibe. Es tut mir leid. Ich wünschte, ich hätte deine Erwartungen in mich erfüllen können. Aber es fühlt sich einfach nicht richtig an. Die Senior Beraterin – das bin ich nicht.«

Moni guckt mich an wie eine Kuh, wenn es donnert. Ich versuche, möglichst betroffen zu schauen, aber eigentlich sollte ich mir selbst mehr leidtun und aufhören, immer ein schlechtes Gewissen zu haben. Ich hatte jahrelang ein schlechtes Gewissen, weil ich immer dachte, ich tue nicht genug oder ich kann die Kollegen nicht hängen lassen, mit dem Ergebnis, dass nun alle ihre Pläne in trockene Tücher gebracht haben, außer mir. Moni und Frau Möser finden bestimmt schnell jemand neues. Ich habe es so oft gesehen: Am Freitag wurde jemand gefeuert – Frau Möser liebte es, jemandem kurz vor dem Wochenende den Boden unter den Füßen wegzuziehen – und am Dienstagmorgen saß schon jemand neues auf dem Platz. Moni zieht sich einen blutigen Wattepfropf aus dem Mund.

»Was in aller Welt ist zwischen gestern und heute passiert, dass du mich jetzt hier sitzen lässt?«

»Es hat nichts mit dir zu tun. Es ist einfach zu viel«, sage ich und streichele ihren Arm. Dann schiebe ich mich an ihr vorbei durch die Tür, die sich langsam schließt.

»Es ist alles zu viel?«, ruft Moni und ich höre an ihrer Stimme, dass sie nicht kapiert, was ich ihr gerade mitgeteilt habe. Wie soll sie es auch nachvollziehen können, sie kennt ja nur die Hälfte der Geschichte. Die Tür fällt hinter mir zu, ich gehe den Flur entlang und kann nicht glauben, was ich gerade getan habe. Ich habe gekündigt! *Sunny Schulz, bist du wahnsinnig? – Lieber wahnsinnig als weiterhin so unglücklich!* Ich drückte auf den Aufzugsknopf, fahre nach unten und bin, zwanzig Minuten nach Betreten des Büros, wieder auf die Straße. Als freier Mensch. Ich stehe unter Schock, steige wie angeheitert nach einem Glas Sekt zum Frühstück auf mein Rad und fahre in Schlangenlinien los. Die Sonne scheint mir ins Gesicht, ich trete in die Pedale und hinter meinem Herzen macht es „Knack". An der nächsten Ecke steigen mir die Tränen in die Augen, weil ich gar nicht weiß, wie ich in Zukunft Miete, Krankenversicherung, Altersvorsorge und meinen Kaffee bezahlen soll. Wo auch immer ich ihn trinke werde. Was zwischen gestern und heute passiert ist, hat Moni gefragt: Etwas, das selbst meine ewige Existenzangst überstrahlt. Ich habe begriffen, dass ich Teil des Problems bin: *Wenn du weiter diesen Job machst, wenn du dich weiter schlecht behandeln lässt und erwartest, dass deine Mitmenschen deinen Frust aushalten, dann ändert sich gar nichts. Es kann sich gar nichts ändern. Du musst es selbst ändern.*

Das Wetter ist zu schön. Ich fahre nicht nach Hause sondern an den Fluss, zu der Bank mit der Blauregen-Balustrade, unter der Moni und ich zusammen Mittag gegessen haben und wo ich ihr erzählt habe, was bei mir zu Hause los ist. Ich setze mich auf die Bank, lehne meinen Kopf zurück an einen der Holzpfeiler und mache etwas, das ich mir ewig nicht gegönnt habe: ein Nickerchen am helllichten Tag. Als ich aufwache, blicke ich auf den Fluss, wie er schwarz und dunkel vorbeiläuft: mit kleinen Strudeln zwischendurch oder Wellen, wenn die Schiffe das Wasser vor ihrem Bug herschieben, aber immer unbeirrbar in eine Richtung. Die Sonne scheint, das Wasser fängt an zu glitzern. Auf der Brücke steht ein Mann und spielt Leierkasten. Eine Freundin von mir hatte mal einen Unfall und erzählte danach, dass nach diesem einschneidenden Erlebnis das Bewusstsein und der Wunsch, ihr Leben zum Positiven zu ändern, fast ins Unermessliche stieg. Die Kündigung war auch so ein Erlebnis und der Wunsch, mein Leben jetzt zum Positiven zu wenden, ist so groß, dass ich schon bei dem Gedanken daran, was jetzt alles wieder möglich ist, vor Glück platzen könnte. Ich bin noch jung. Ich will eine neue Chance.

Heute ist die letzte Nacht in der Wohnung. Meine letzte Nacht zu Hause. Morgen ist Samstag, Herr Schmitt kommt und Magnus kommt zurück. Es hat es ein paarmal an der Tür geklingelt. Ich glaube, es war Ferdinand. Vorhin sind sogar Steinchen ans Fenster geflogen. Wie ein Teenager habe ich alle Lichter ausgemacht und mich im Badezimmer eingeschlossen. Als könnte er hier reinkommen. Das letzte Mal habe ich mich so verhalten, als mir ein Junge einen Maibaum aufgestellt hatte: Am Ende des Monats kam er ihn dann wieder abholen und wollte einen Kasten Bier für seine Mühe und die öffentliche Zurschaustellung seiner Liebe haben, das war alles so peinlich! Ich hatte ihn nie zuvor gesehen, es war ein Junge, der ein paar Klassen über mir war. Meine Brüder haben sich totgelacht.

Jetzt traue ich mich nicht mehr vor die Tür, aus Angst, dass ich Ferdinand in die Arme laufe und mich erklären muss: was jetzt mit uns ist und so weiter. Warum habe ich mich in diese bescheuerte Situation gebracht? Und dann auch noch mit meinem Nachbarn – na ja, Noch-Nachbarn – statt mit einem x-beliebigen Hansel, den ich nie wiedersehe! Ich mache laut »Argh!«, weil ich mich so über mich selbst ärgere. Ich wundere mich über mich selbst. Es war schön und immerhin weiß ich jetzt, dass ich nicht krank bin und dass auch andere Männer außer Magnus gut im Bett sind. Wobei wir nicht im *Bett* waren, sondern auf dem Froster gelandet sind, aber es war definitiv ein Ausrutscher! Magnus darf niemals davon erfahren. Jetzt will ich allein sein. Ich stehe auf und gehe auf Zehenspitzen durch die Wohnung. Sie sieht aus wie ein Hotelzimmer, das man nach einem Urlaub geräumt hat. Die Mülleimer sind voll, aber in den Zimmern sind überall Lücken: Auf dem Regal fehlen die Bilder, auf dem Tisch neben dem Sofa fehlt die Lampe und in den Schränken fehlen meine Klamotten.

Im Badezimmer stehen keine Cremes, keine Pinsel oder Parfumfläschchen mehr. Pflanzen, Leinenbettwäsche, Duftkerzen: Den ganzen Klimbim, all das, was diese Wohnung schön und gemütlich gemacht hat, habe ich eingepackt. Jetzt fehlt ihr die Seele. Ich will, dass Magnus nicht nur *sieht*, dass ich weg bin, sondern dass er es *spürt*.

Morgen werde ich nicht mehr hier leben. Ich werde nicht mehr neben Magnus aufwachen, nicht mehr mit ihm zusammen im Schlafanzug vor dem Spiegel im Badezimmer Zähne putzen und abends nicht mehr im gleichen Schlafanzug in einer Decke eingerollt auf dem Sofa sitzen und mit ihm Serien gucken. All das, unser Alltag, unsere Rituale werden mir fehlen. Selbst wenn sie langweilig waren, waren sie niemals ohne Bedeutung. Im Nachhinein begreife ich, wie viel Glück in meinem vermeintlichen Unglück lag. Ich setze mich auf unser Bett, der Lattenrost quietscht. Wer ist diese Frau, diese Sunny, ohne ihren Freund Magnus? Ich habe keine Ahnung. Ich fühle mich wie ein blindes Tier, das bislang unter Tage gelebt hat und jetzt an die Oberfläche kriecht und nicht wissen kann, was es da oben erwartet.

Es klingelt wieder an der Tür. Langsam nervt es. Vielleicht ist die neue Sunny eine Frau, die sich traut, die Tür aufzumachen?

»Hallo?«, frage ich durch die Sprechanlage.

»Hey!«, höre ich Ferdinands Stimme. Ich lächele, weil ich mir vorstelle, dass sein Herz genauso schnell wie meins schlägt. Mein Zeigefinger dreht das Spiralkabel des Hörers auf.

»Ich hab einen Kaffee für dich!«

»Es ist zehn Uhr abends!«

»Willst du ein Bier?« Ich überlege kurz. Hier oben allein herumzuhocken bringt auch nichts …

»Na gut, ich komm runter.« Ich kann mich nicht genau daran erinnern, wann ich mir das letzte Mal die Zähne geputzt habe und lasse es auch sein, denn ich will Ferdinand auf keinen Fall wieder küssen, geschweige denn mich küssen lassen. Aber ihn kurz noch mal sehen will ich irgendwie schon. Morgen ziehe ich schließlich aus, wer weiß ob wir uns je wiedertreffen. So kann ich mich wenigstens verabschieden und klarstellen, dass die Nummer im Keller nichts zu bedeuten hatte. Schnell steige ich aus meiner Jogginghose in die letzte Jeans, die ich noch nicht eingepackt habe, und ziehe eines von Magnus' auf links gedrehten Pullovern über den Kopf. Die Haare binde ich mir zum Zopf. Ein bisschen Wimperntusche, Rouge und Fettcreme auf die Lippen, fertig! Nein, Moment, ich putze mir doch die Zähne, der Geschmack in meinem Mund ist *zu* widerlich.

Ferdinand steht unten vor der Tür und lehnt mit dem Hintern an einem Poller, die Beine übereinander geschlagen. Er trägt ein Jeanshemd und eine blaue Stoffhose, die er bis über seine Knöchel hochgekrempelt hat – warum er das macht, weiß ich nicht, vielleicht hat es mit der Arbeit in der Küche zu tun –, dazu Turnschuhe mit einer pinken Sohle, so richtige Hipster-Treter. Aber weil Ferdinand so unverdorben ist, kann er so was tragen, finde ich. Als er mich sieht, strahlt er und kratzt sich verlegen am Bart. Er ist nervös, das sehe ich an seinen zuckenden Mundwinkeln und daran, dass er nicht weiß, wohin mit seinen Händen. Jetzt kratzt er sich am Hinterkopf, verschränkt die Arme vor der Brust, dann schiebt er die Hände in die Hosentaschen.

»Na?«

»Na?« frage ich zurück.

»Wie geht's«, fragt er wieder und tippt mit seiner Fußspitze gegen meine.

»Ganz okay«, lüge ich. Natürlich geht es mir nicht »ganz okay«, aber ich denke wieder an meine Mutter und ihren Satz »Du bist meine Tochter. Du schaffst das.«

»Jetzt habe ich doch noch ein Date mit dir …«

Ich hole Luft, aber bevor ich etwas sagen kann, feuert Ferdinand:

»Es tut mir leid, was im Keller passiert. Das heißt, das tut mir eigentlich gar nicht leid, aber ich wollte dich nicht in eine doofe Situation bringen und überrumpeln. Ich weiß, wie weh eine Trennung tut. Ich hab's ja selbst gerade erst hinter mir und finde es mehr als crazy, mit meiner Nachbarin im Keller rumzuknutschen. Das ist ja fast wie im Vorabendprogramm! Trotzdem bleibe ich dabei, dass dich toll finde, eigentlich immer toll fand, und ich hoffe, dass wir Freunde bleiben und du mich im Laden besuchen kommst, auch wenn du nicht mehr hier wohnst.«

Ich blase die Luft durch meine Lippen. Was antworte ich jetzt? Los, Hirn – spring an!

»Mach dir keine Sorgen. Ich schweige wie ein Grab. Von mir erfährt keiner was.«

»Wie bitte?« Ferdinand legt den Kopf zu Seite. »Ach so, ich war ein *Ausrutscher*!« Ich weiß nicht, wo ich hinschauen soll, und starre deshalb auf seine Hände. Einerseits tut es mir leid, andererseits möchte ich diese Geschichte geklärt wissen, wenn Magnus wiederkommt, damit es keine blöden Situationen gibt. Erst mache ich so ein Theater, weine tagelang, und dann mache ich mit dem Nachbarn rum. Das ergibt doch überhaupt keinen Sinn und deshalb darf es keiner wissen.

»Ich will nicht alles noch komplizierter machen, als es ohnehin schon ist.«

Er senkt den Kopf und kickt mit seinem Fuß einen Kronkorken weg, der neben seinem Fuß auf dem Bordstein lag.

»Hast du, als wir uns geküsst haben, an ihn gedacht?«, fragt er.

»Die ganze Zeit«, antworte ich ehrlich.

Ferdinand guckt jetzt richtig sauer.

»Hast du eine andere Antwort erwartet?«

»Nein, ich hab auch zuerst an meine Ex gedacht. Vielmehr *dachte* ich, ich müsste an sie denken, und hatte anfangs ein schlechtes Gewissen. Aber die Wahrheit ist, dass du mir einfach nicht aus dem Kopf gehst – und das nicht erst seit dem Keller.«

Jetzt sagt er schon wieder solche Sachen!

»Wollten wir nicht was trinken?«, lenke ich ab.

»Kommt sofort«, ruft Ferdinand und läuft los zum Spätverkauf an der Ecke, um zwei Biere zu kaufen.

Wir setzen uns auf die Holzbank vor dem Café, Ferdinand hebelt die Kronkorken mit einer geübten Bewegung ab und die Deckel fliegen in hohem Bogen auf die Straße. Er reicht mir eine Flasche und wir stoßen an. Es ist ein schöner Abend: Die Luft ist noch kühl, aber der Frühling liegt in der Luft. Es riecht nach Erde und den Bäumen, die austreiben. Ferdinand macht keine weiteren Anstalten, mich anzubaggern, aber ich sehe, dass seine Hand zittert, als er den Flaschenhals zum Mund führt. Das Licht der Laterne fällt direkt in sein Gesicht. Er hat kleine Pickel auf der Stirn und Wimpern, die an den Spitzen blond sind. Ich starre wieder für eine Sekunde auf die Brusthaare, die aus seinem Jeanshemd kriechen, und auf seine geschwungen Lippen. Ich denke einen Moment lang, dass ich doch wieder schwach werden könnte, dann zwicke ich mich selbst in den Oberschenkel und erinnere mich daran, dass ich morgen ausziehe und Magnus, den ich doch liebe, aus dem Urlaub zurückkommt.

»Wie wird es wohl sein?«, fragt Ferdinand und starrt geradeaus auf die Straße.

»Was meinst du?«

»Wenn du weg bist.«

»Dir wird gar nicht auffallen, dass ich nicht mehr komme. Hier ist doch jeden Tag so viel los …«

»Du wirst erst mal einen Bogen um diese Ecke machen, oder? Um ihn nicht zu sehen, meine ich.«

»Doch, klar! Ich *will* ihn ja sehen. Unbedingt.«

»Es braucht seine Zeit, bis das Herz jemanden vergessen hat. Der Kopf sagt schnell: ›Alles klar, wir müssen weiter.‹. Du machst dich gerade erst auf dem Weg, um dich zu trennen. Da gibt es Aufs und Abs, glaub mir. Alleinsein ist auf jeden Fall ätzend. Aber nur aus Gewohnheit mit jemandem zusammen zu sein, ist auch ätzend. Ich beobachte Paare. Wie sie bei mir im Café sitzen, er die Salzsteuer von links nachts rechts schiebt, während sie mit dem Kerzenwachs spielt oder die Zutaten auf der Wasserflasche studiert. Ich meine, Wasser ist Wasser! Oder wie sie sich am Flughafen über die richtige Richtung streiten und er dann mit Koffern vorneweg rennt, sie hinterherstolpert und Tränen in den Augen hat. Wie sie mit verkniffenen Gesichtern am Sonntagmorgen nebeneinander joggen oder in der Sauna über die anderen Paare lästern, so nach dem Motto: ›Haste die gesehen? Beide untenrum komplett rasiert. Pfui!‹ Da bleibe ich lieber Single.«

»Wir dachten immer, wir seien eines dieser coolen Paare. Wir wollten frei sein, reisen und haben von einem Leben am Meer geträumt. Aber wir haben immer nur davon geredet und sind dann zur Arbeit gefahren. Der ganze Stress war schuld daran, dass wir keinen Sex mehr hatten. Und er ist schuld daran, dass wir jetzt getrennt sind.«

»Ach, das glaub ich nicht. Wir hatten irgendwann auch keinen Sex mehr.«

»Was? Ihr seid doch noch so jung und wart gar nicht so superlange zusammen – zwei oder drei Jahre?«

»Drei Jahre und vier Monate, aber irgendwann war die Lust weg und es tat ihr weh …«

»Was? Wie bei mir! Ich dachte schon, ich sei krank.«

»Du meinst frigide?«

»Ein hässliches Wort. Das sagen nur Männer.«

»Also gestern warst du nicht frigide.«

»Geht's noch?! Sei nicht so frech! Es ist unfair, das als Mann zu einer Frau zu sagen. Dass man keinen Bock hat, liegt ja vielleicht auch an dem Mann, der neben einem liegt, und dass der sich keine Mühe gibt – schon mal darüber nachgedacht?«

»Ist ja gut, ist ja gut – ich hab das ja auch gar nicht über *dich* gesagt! Darf ich mal fragen, welche PR-Agentur eigentlich ein Büro am Strand hat?«

»Das ist es ja. Keine! Ich hab mich darauf verlassen, dass Magnus dafür sorgt, dass wir dieses Leben führen können.

Das war ein Traum von mir schon zu Abi-Zeiten: Ich lebe auf einer Insel wie Hawaii, trage Sommerkleider und lasse mir vom Wind die Haare föhnen. Aber ich hab nichts dafür getan, dass dieser Traum in Erfüllung geht. Ich hab auf dem Sofa gesessen, mich über zu wenig Zuneigung beschwert und Klamotten gekauft. Dabei hab ich ihn nicht ein einziges Mal gefragt, ob er glücklich ist.«

Wir trinken beide einen Schluck Bier.

»Hab ich zu viel erwartet?« frage ich Ferdinand, obwohl ich die Antwort ahne.

»Na ja ...«, beginnt er diplomatisch. »Das ist schon eine krasse Ansage: ›Arbeite du mal schön, damit ich in der Sonne liegen kann.‹ Du bist doch eine moderne Frau, das kann dir doch nicht genug sein, oder? Vielleicht hat umgekehrt dein Freund auch gehofft, dass *du* die Sache klarmachst und *er* sich ein bisschen zurücklehnen kann.«

»Aber ich hatte einen Scheißjob und habe viel weniger verdient, als er. Ich dachte, wir bekommen irgendwann Kinder und ich kann ein paar Jahre zu Hause bleiben. Aber dazu kam es erst gar nicht. Ich hab immer gearbeitet und Magnus hat das auch von mir erwartet. Zumindest hatte ich das Gefühl. Wir haben bei allem Hälfte-Hälfte gemacht: bei der Miete, den Einkäufen, beim Sofa, beim Urlaub ...«

»Moment, Moment. Du hast gerade gesagt, du ›hattest‹ einen Scheißjob?«

»Ja, ich hab gekündigt.«

»Wann das denn?«

»Heute Morgen.«

»Was?«, Ferdinand springt auf und stellt sich vor mich.

»Yep. Heute Morgen. Ich habe einfach den neuen Vertrag nicht unterschrieben. Ich war ja nur freie Projekt-Assistentin, deshalb konnte ich sofort gehen und werde *nicht* festangestellte Senior-Beraterin, auch wenn ich so eine Chance vielleicht nie wieder in meinem Leben bekomme.«

»Wie kann es sein, dass du so gefasst bist? Ich meine, wie bitte?! Du lässt eine Festanstellung sausen!«

»Ja, ich weiß, ich weiß. Aber ich hab mich jeden Tag über diesen Job beschwert und immer wieder gedroht, dass ich aufhöre. Ich hab meine ganze Familie damit genervt, wie viel Stress ich hab und wie gemein meine Chefin ist. Magnus hat am meisten darunter gelitten. Ich hab ihm immer wieder in den Ohren gelegen und gejammert. Er konnte meinen Frust nicht mehr ertragen, ich glaube, deshalb ist er weg. Gestern konnte ich selbst nicht mehr. Eigentlich war es ganz einfach: Ich hab gesagt, dass ich nicht mehr komme, und weg war ich.«

»Und mit welcher Begründung?«

»Ich hab die Wahrheit gesagt: dass es gerade alles zu viel ist.«

»Weiß dein Freund – ich meine dein Ex – schon davon, dass du gekündigt hast?«

»Nein. Er meldet sich nicht bei mir. Ich hab überlegt, ihn zu überraschen: Mit einer neuen Wohnung und der Neuigkeit, dass ich endlich auf ihn gehört habe und diesen Job nicht mehr mache.«

»Bestimmt gibt es, da wo er jetzt ist, kein Internetcafé.«

»Jede Milchkanne hat heute Wi-Fi. Er hätte ja auch einfach mal anrufen können.«

Es ist absurd: Da berede ich mein Beziehungschaos mit dem Kaffeemann, bei dem ich jeden Morgen meinen Cappuccino geholt und mit dem ich gestern aus Versehen rumgemacht habe. Ich! Nach zwölf Jahren Treusein.

»Manchmal reicht Liebe nicht. Meine Mutter sagt immer, die Ehe mit meinem Vater sei harte Arbeit. Ich denke, dass trifft auf jede lange Beziehung zu.«

»*Meine* Mutter kann mir leider keine solchen Tipps geben.«

»Sind deine Eltern getrennt?«

»Nein.«

»Dein Vater ist tot?«

»Schon lange«, antworte ich und schaue zu Boden.

Ich habe meinen Frieden mit ihm gemacht, trotzdem holt mich der Tod meines Vaters immer wieder ein. Auch jetzt wird mir wieder einmal klar, wie sehr er mir fehlt. Welchen Rat hätte er mir gegeben, welchen Trost hätte er für seine Tochter gehabt? Meinem Vater war die Tragweite seiner Entscheidung für seine Frau und seine Kinder sicher icht bewusst. Er konnte nicht ahnen, wie schwer es mir fallen würde, Freundschaften einzugehen, geschweige denn mich zu verlieben und vor allem: dann wieder loszulassen! Es liegt an mir. In mir wächst seit Jahren das Gefühl, dass ich, egal was ich mache, nie genug mache und für andere gar nicht liebenswert bin. Jeder, den ich an mich heranlasse, muss mich bestärken und für mich da sein, denn meine größte Angst ist gleichzeitg auch die größte Gewissheit in meinem Leben: dass ich immer allein sein werde.

»Wie ist er gestorben?«

»Das ist eine andere Geschichte«, antworte ich kryptisch.

Ferdinand schaut auf den Verkehr, es gefällt mir, dass er an dieser Stelle nicht nachhakt, sondern mich in Ruhe lässt. Vielleicht kann er sich denken, dass etwas Schreckliches passiert ist. Ich muss Ferdinand jetzt nicht erzählen, dass mein Vater gestorben ist, als ich in der Nähe war.

»Dein Freund ist echt irgendwie seltsam drauf. Irgendwas stimmt doch nicht mit ihm. Ich hoffe, er hat dir zumindest früher jeden Tag gesagt, dass du den weltschönsten Mund hast!«

»Was, ich? Nee! Den hast *du* doch«, antworte ich und bin dankbar, dass er mich aus dieser Grübelei holt.

Wir lächeln uns an, ein breites Grinsen, und schauen uns direkt in die Augen. Ferdinand stellt seinen Fuß neben meinem rechten Bein auf der Holztribüne ab. Ich rücke auf meinem Sitzfleisch hin und her, weiß nicht so recht, wohin mit mir.

»Und was willst du jetzt machen?«

»Jetzt hab ich ja erst mal eine neue Wohnung gemietet und muss mich da einrichten. Aber eigentlich vermisse ich meine Heimat, meine Familie und mein altes Kinderzimmer mit den Benetton-Stickern an der Tür. Vielleicht gehe ich irgendwann zurück.«

Ferdinand fragt: »Was ist Benetton?«

»Mach keine Witze! Du kennst Benetton nicht?«

»Nee, was ist das?«

Ach du Schreck! Entweder der Mann ist wirklich noch ein Kind, oder er interessiert sich kein bisschen für Mode. Das kann doch gar nicht sein! Die Firma meiner Jugend! Ich hatte die Rundhalspullover in allen Farben und dazu das passende Samt-Haarband.

»Ich muss jetzt sofort gehen«, sage ich und springe auf.

»Du hast doch erst einen Schluck Bier getrunken!«

»Nee, die Flasche ist schon leer, guck!«

Mein Zug ist legendär, ich setze einmal an, dann ist eine Falsche so gut wie leer. Ich rechtfertige mich immer damit, dass ich große Brüder habe, aus dem Rheinland komme und quasi als Biertrinkerin auf die Welt gekommen bin. Ich stelle die leere Flasche auf der Straße ab – jemand anderes wird sich über die paar Cent Pfand freuen – und will den Schlüssel aus meiner Hosentasche ziehen, aber der Bart hängt in der Naht der Innentasche fest. Ferdinand kommt hinter mir her und schlingt seine großen starken Arme von hinten um mich. Er drückt mich fest an sich und gräbt seine Nase in die Kuhle zwischen meinem Ohr und meiner Schulter. Es ist falsch, denke ich. Aber warum fühlt es sich dann so gut an? Plötzlich bricht es wieder aus mir heraus: Ich fange an zu weinen, er hält mich fest, so fest, dass ich den ganzen Ferdinand in meinem Rücken spüre. Warum verwirrt er mich so? Bis gestern war er nur »der Kaffeemann« und jetzt zeigt er mir, wie gut es tut, wenn man jemanden an sich heranlässt. Es ist wie es ist: So sehr ich Magnus vermisse, so sehr brauche ich auch wieder die Nähe von Ferdinand, denn sie gibt mir unheimlich viel Kraft. Sollte ich noch mal mit ihm schlafen? Ich glaube, ich könnte, wenn ich wollte. Ich drehe mich um, nehme seinen Kopf in meine Hände und drücke ihm einen festen, ehrlichen Kuss auf die Lippen. Unsere Münder flutschen mit einem lauten Schmatzer auseinander. Ich zähle vier, drei, zwei, eins und küsse ihn noch mal. Dann macht Ferdinand einen Schritt rückwärts, fasst sich ans Herz und geht weg.

Ich schließe die Haustür auf, zähle zum letzten Mal die Treppenstufen nach oben, schließe die Wohnungstür hinter mir ab, lehne im Dunkeln den Kopf gegen das Holz und halte mich an der Klinke fest: Genau hier stand ich vor vier Wochen und wusste nicht, wohin mit mir und was bloß werden soll. Jetzt sind alle meine Sachen gepackt. Bin ich wirklich bereit zu gehen? Nein, immer noch nicht. Ich liebe

Magnus. Ich will mich nicht trennen. Aber mir ist eins klar geworden: Ich will auch nicht, dass Magnus meinetwegen unglücklich ist. Den Gedanken, dass er wegen mir und dem Kummer, den ihm das Leben an meiner Seite bereitet, weiter verzweifelt durchs Nachtleben stromert, finde ich viel schlimmer als meinen eignen Schmerz. Deshalb will ich das hier jetzt durchziehen. Es ändert sich etwas, indem *ich* etwas verändere – und wenn es der Ort ist, an dem ich lebe. Ich putze mir die Zähne, ziehe meine Schlafanzughose an und lege mich ins Bett. Das ist meine letzte Nacht zu Hause! Wie wird es morgen sein? Ich falte die Hände über der Brust: »*Gott der du heut mich bewachst, beschütze mich auch diese Nacht. Du sorgst für alle, groß und klein, drum schlaf ich ohne Sorgen ein. Bitte, lieber Gott, beschütze meine Familie und lass alles gut werden. Bitte, lass alles gut werden.*«

Der Streit, der alles veränderte

Wie jede Nacht lag ich auf der linken Seite des Bettes, unter beiden Decken und mit dicken Socken an den Füßen. Ich ging immer mit Strümpfen ins Bett, im Winter trug ich sogar noch einen Kapuzenpullover und manchmal eine Mütze, weil der kalte Wind aus Russland durch die alten Fenster piff, auch wenn sie fest verschlossen waren. Im Schlaf zog ich mir mit dem rechten großen Zeh die linke Socke aus und umgekehrt. Manchmal wachte Magnus morgens auf und direkt vor seiner Nase lag eine meiner Socken. Ich konnte nicht erklären, wie sie vom Fußende des Bettes selbstständig nach oben kriechen konnten. Magnus rief laut »Ihh, Mann, Hase! – das ist so ekelig!« und warf die Socke mit spitzen Fingern aus dem Bett. Er behauptete, die Socken würden stinken, aber das stimmte nicht. Im Sommer waren die Fenster im Schlafzimmer auch immer einen Spalt geöffnet. Ich brauche nicht nur die Luft, sondern auch die Geräusche der Nacht, um einschlafen zu können, das Rauschen der großen Pappel, die im Hof stand. Mal war es ein wildes Brausen, dann wieder nur ein Rascheln, als sei der Wind ein kleiner Affe, der zwischen den Ästen spielt und ab und zu daran rüttelt, um zu sehen, ob das Holz ihn trägt. Eine Träne lief aus meinem Auge und blieb in der kleinen Kuhle im Augenwinkel hängen, wo sie einen kleinen See bildete. Die nächste Träne schubste die erste aus der Kuhle, sodass sie über meinen Nasenrücken hinwegkullerte und auf das Kissen fiel, wo sie in den Stoff sickerte. Ich weinte aus Wut. Das Bettzeug neben mir war unberührt: Magnus war immer noch nicht zu Hause. Keine Ahnung, wo er war. Am Abend zuvor, gegen sieben Uhr, hatte er mich angerufen und gesagt, er wolle noch kurz mit einem Kollegen ein Bier trinken gehen, – aha, ein »Kollege«! – sie säßen schon im Taxi vom Flughafen in Richtung Stadt und müssten noch über eine Vertragsverhandlung sprechen, da ginge es um viel Geld, ein superwichtiges Ding. Bestimmt war wieder diese Saskia bei ihm, dachte ich. »Na klar«, antwortete ich, denn ich war es mittlerweile gewöhnt, dass er seinen Feierabend nicht mehr mit mir verbrachte und mir seit Wochen aus dem Weg ging. Vielleicht hatte er in Saskia eine Freundin gefunden, mit der er die sinnlose Wartezeit auf den Flughäfen teilen konnte. Trotzdem war ich eifersüchtig, weil ich fürchtete, ihm immer gleichgültiger zu werden. Unsere Telefonate gingen oft so:

»Hey, ich bin's! Was machst du?«

»Ich sitze noch ein bisschen zu Hause am Rechner und beantworte Mails. Und du?«

»Ja, bei mir dauert es heute auch wieder länger. Ich habe noch einiges zu tun.«

»Weißt du, wann du ungefähr kommst?«

»So gegen neun, halb zehn.«

»Super, das passt! Hast du was gegessen?«

»Ja, ich war hier um die Ecke eine Pizza essen. Es kann sein, dass wir auch noch auf einen Drink in eine Bar gehen.«

»Okay, dann sehen wir uns später.«

Es klang harmlos, deshalb war es so gefährlich: Denn dass man in einer halben Stunde, die man pro Tag füreinander Zeit findet, keine Beziehung führen kann, hätte uns eigentlich klar sein müssen. Eigentlich!

Wieder ein Blick auf die Uhr. Es war Mittwochnacht, vier Uhr. Ich wurde noch wütender. In ein paar Stunden würde mein Wecker klingeln und Magnus machte die Nacht zum Tag und ließ mich wie eine besorgte Mutti allein zu Hause schmoren! Ich rief ihn zum dritten Mal in dieser Nacht an. Er ging wieder nicht dran. Nach ein paarmal Klingeln ertönte seine gut gelaunte, sympathische Stimme: »Guten Tag, dies ist eine Mailbox. Leider kann ich Ihren Anruf im Moment nicht entgegennehmen. Gerne können Sie mir eine Nachricht …« Ich legte auf, diesmal ohne eine Nachricht zu hinterlassen. »Hallo, es ist schon halb zwei. Wo steckst du? Ich mache mir Sorgen. Bitte ruf mal zurück«, hatte ich ihm vorhin noch nett aufs Band gesprochen, später aber auf seine SMS »Bin bald da. M.« eine zickige Nachricht in die Tastatur getippt, deren Inhalt ich kurz nach dem Abschicken schon wieder bereute: »Bleib doch einfach da, wo du bist!«. Ich ließ das Handy auf den Boden fallen, schloss meine Augen und biss in mein nass geweintes Kissen. Woher kam dieser Zorn? Ich hasste Magnus ja gar nicht, im Gegenteil. Sonst wäre ich ja nicht so sauer gewesen. Ich wollte einfach nur, dass er nach Hause kam, sich zu mir unter die Decke kuschelte und wir es schön warm hatten.

5.29 Uhr. Ich fuhr aus dem Halbschlaf hoch, tastete neben mir die Dunkelheit ab. Magnus war immer noch nicht da, was mir jetzt richtig Angst einjagte. Ich stand auf und schleppte mich ins Badezimmer, immer noch in der Hoffnung, dass jeden Moment die Haustür auffliegt und mein Freund dasteht und mir eine hanebüchene Abenteuergeschichte auftischen würde. Zum Beispiel, dass er und sein Kollege für eine Nacht in eine fremde Welt entführt worden sind, in der sie das Volk vor einem tyrannischen König befreien mussten, was ihnen dann nur dank einer Packung Zahnpflegekaugummis, ein paar Münzen und einer juristischen List gelungen ist, mit der sie den König austricksten. Es wäre mir egal gewesen, wenn Magnus rotzbesoffen die Treppen hochgekrochen oder tatsächlich wieder mit Saskia unterwegs gewesen wäre – selbst wenn! Ich wäre einfach nur froh gewesen, wenn er endlich in unserem Bett gelegen hätte und ich ihn hätte zudecken können. Ich schaute mich im Badezimmerspiegel an und fragte mich, warum ich mir das gefallen ließ. Ich fand, dass ich zum ersten Mal alt aussah. Die Tränen hatten in meinem Gesicht klebrige Spuren hinterlassen, als wären die ganze Nacht über Nacktschnecken durch mein Gesicht gekrochen. Und seit wann hatte ich solche Falten? Meine Stirn sah aus wie ein Raff-Rollo! Ich ließ meine Schlafanzughose auf die Fliesen fallen, drückte Zahnpasta auf die Zahnbrüste und stieg damit unter die Dusche. Das heiße Wasser tat gut, ich ließ es mir über den Kopf laufen, sodass ich nichts anderes hörte, als das Wasserrauschen und das Schrubben der Zahnbürste in meinem Mund. Ich kratzte den weißen Belag von der Zunge ab, spuckte den Schaum in die Dusche. »Irgendwie werde ich es schaffen, auch diesen Tag zu überstehen. Ich muss ja keine Vorträge über Kernspaltung halten ...«, sagte ich laut zu mir selbst. In letzter Zeit redete ich oft mit mir selbst, ich war zu viel allein. Manchmal hielt ich mich sogar selbst im Arm. Die Seife duftete nach Koriander, ich schäumte meine Brust ein. Mein Herz tat weh, als wäre es geprellt. Was mache ich jetzt? Einfach ins Büro fahren? Die Polizei anrufen? Wo ist mein Freund, verdammt noch mal?! Ich fing wieder bitterlich an zu weinen. Warum machte er das mit mir?! Ich wurde zu einer Frau, die ich nicht sein wollte: zu einer Furie.

Verheult stieg ich aus der Dusche, ich musste es irgendwie zur Arbeit schaffen. Mit einem großen weißen Handtuch trocknete ich meinen Körper ab, dann frottierte ich mir die Haare, stopfte anschließend nur das eine Handtuch in die Waschmaschine, schaltete den 90-Grad-Waschgang ein und sah der Trommel bei ihren Runden zu. Wenn ich saubere Handtücher aus der Maschine holte, fühle ich mich meistens besser, aber an diesem Tag half das Wäschewaschen nicht. Also zog ich erst mal wieder meine Schlafanzughose an, das Top, in dem ich geschlafen hatte, unser graues Lieblingssweatshirt auf links darüber und torkelte, immer noch benommen, in die Küche. Das Wasser sprudelte schnell im Wasserkocher. Der Kaffeemann hatte so früh noch nicht auf, aber ich brauchte etwas, das wach machte, und wollte mir eine Tasse Grünen Tee machen, auch wenn mir davon immer übel wird, wenn ich vorher nichts gegessen habe. Das Vollkornbrot in der Tüte war so alt, dass sich die Scheiben bogen. Ich beschmierte eine Ecke mit Butter und quetsche den Rest Honig aus der Tube darauf. »*Wer nie sein Brot mit Tränen aß, Wer nie die kummervollen Nächte, Auf seinem Bette weinend saß, Der kennt euch nicht, ihr himmlischen Mächte*«, heißt es in einem Goethe-Gedicht. Keine Ahnung, warum mir das ausgerechnet in diesem Moment einfiel. Meinte Goethe etwa die Liebe? Ich konnte nichts Gutes oder Ruhmreiches darin erkennen, die ganze Nacht kein Auge zugemacht zu haben aus Sorge, dass meine Gefühle nicht mehr erwidert wurden. Und wenn ich es mir genau überlegte, was es mehr als Sorge, die mich wach gehalten hatte: Es war wieder diese eifersüchtige Angst, dass Magnus etwas Besseres gefunden hatte, dass er mit anderen Leuten – gerade weil ich nicht dabei war – unheimlich viel Spaß hatte, und zwar so viel Spaß, dass er mitten in der Woche einfach nicht nach Hause kam. Ich fühlte mich verraten.

Mir fuhr ein Schreck durch den Körper. Was, wenn ihm etwas passiert war, und ich bloß selbstmitleidig rum-jammerte, aber nichts tat? »Es reicht, ich fahre ihn jetzt suchen!«, beschloss ich kurzerhand, griff meinen Mantel, steckte mein Handy ein, rannte die Treppen runter, setzte mich auf mein Rad und fuhr los. In Schlafanzughose, denn ich wollte nicht noch mehr Zeit zu verlieren. Wenn ich nicht so sauer und müde gewesen wäre, hätte mich dieser Morgen daran erinnert, warum ich gerne in dieser Stadt lebe: Es war einer dieser luftigen Schönwettermorgen im Spätsommer, an denen man seinen Freund fragt, ob man nicht zusammen blaumachen, frühstücken gehen und den Rest des Tages eng umschlungen auf einer Picknickdecke im Park liegen und schmusen sollte. Ich aber suchte meinen Partyboy.

Ich steuerte seine Lieblingsbar an, weil ich wusste, dass Magnus immer noch regelmäßig dort verkehrte. Die Cuba Libre sind ganz gut und man kann Brot mit Oliven und Dips bestellen. Das saugt den Alkohol auf und lässt einen gar nicht merken, wie man versackt, und kaum, dass man sich versieht, zwitschern schon die Vöglein. Es liegt nicht an den Drinks, sondern an der Einrichtung mit diesen plüschigen Sofas und den altmodischen Stehlampen vom Sperrmüll. Wir haben uns immer gefragt, wie diese Möbel wohl bei Tageslicht aussehen – angesichts der vielen Biere, die schon darüber verschüttet worden waren, und der vielen fremden Hintern, die schon darauf gesessen hatten. Jeder Nachtschwärmer kommt irgendwann in dieser Bar vorbei und ich hätte schwören können, dass Magnus dort entweder Arm in Arm mit dieser Saskia Brüderschaft trinkt oder im weichen Busen der Barfrau eingeschlafen ist. Für beide Fälle überlegte ich, wie ich ihm einen Kinnhaken verpassen könnte. Man soll aus kurzer Distanz schlagen, habe ich mal gehört. Die Rollläden waren an diesem Morgen aber schon runtergelassen und die Stühle draußen mit einer silbernen Metallkette festgekettet, hier konnte Magnus also nicht mehr sein. Der nächste Laden war nicht weit, die Straße runter und dann links um die Ecke. Als ich ankam, warf der Besitzer gerade ein Pärchen raus, das sich darüber stritt, wer bei der Tankstelle das letzte Bier holen sollte, und dann zur Grünfläche auf der anderen Straßenseite schwankte, um dort einfach umzukippen und den Rausch auszuschlafen. Das ist auch typisch für diese Stadt: Wer will, kann sich die Kante geben und findet immer Gleichgesinnte – egal wann. Für meinen Freund schien dieses Nachtleben eine umso größere Faszination auszustrahlen, je länger wir zusammen waren. Es war, als würde ich mit einem Abiturienten zusammen sein, der nicht genug von Kneipen und Diskos bekommen kann, und nicht mit dem Vater meiner zukünftigen Kinder.

Davon bin ich immer ausgegangen: Dass wir irgendwann ein Baby haben. *Warte mal, Sunny! Halt, Stopp: Wer sagt, dass du überhaupt je Kinder haben wirst? In deinem Alter? Bei deinem Job? Tss!* Der Wasserstand meines linken Auges steigt. Magnus und ich haben nicht oft über Kinder gesprochen. Als wir uns kennenlernten, waren wir blutjung – zu jung, um Eltern zu werden. Ich habe nach unserer großen gemeinsamen Asienreise, bei der wir auf den Spuren meines Vaters durch Thailand und Kambodscha gefahren sind, noch lange auf seinem Tod herumgekaut, weil mir Häppchen für Häppchen überhaupt erst klar wurde, was meiner Familie damals passiert war. Warum bin ich so, wie ich bin? Magnus hat das ausgehalten, er hat mich aufgefangen und das wird mich mein Leben lang mit ihm verbinden. Aber er hat nie gesagt »Helena Schulz, ich will ein Kind von dir.«

Ich zog mein Handy aus der Manteltasche. Immer noch keine Nachricht. Tränen liefen mir über die Wangen und ich rief meine Mutter an. Ich wusste, dass sie um diese

Zeit schon wach war und mit einer Tasse Kaffee über der Tageszeitung brütete, die jeden Morgen mit einem Knall durch den Briefschlitz im Hausflur landet.

»Sunny?«, meldete sie sich wie eine Mutter, die genau weiß, dass ein Anruf von einem ihrer Kinder um diese Uhrzeit nichts Gutes verheißen kann.

»Mami!«, krächtzte ich.

»Was ist los?«

»Magnus!«

»Oh Gott«, rief meine Mutter erschrocken, dabei wusste sie genauso wenig wie ich, was mit ihm los war.

»Er ist nicht nach Hause gekommen, ich weiß nicht, wo er ist. Das Handy ist aus und er meldet sich nicht. Ich hab so eine Angst, dass ihm was passiert sein könnte«, jaulte ich vor der Bar.

»Habt ihr euch gestritten?«, fragte Mami und ich hörte, dass sie versuchte, ihre Stimme beruhigend auf mich wirken zu lassen, damit ich nicht noch mehr in Panik geriet.

»Ja, ich hab ihm eine doofe SMS geschrieben, weil er so lange weggeblieben ist, und ich muss doch heute arbeiten. Darüber hab ich mich so geärgert und mich im Ton vergriffen, aber deswegen kann man doch nicht die ganze Nacht wegbleiben und sich nicht melden, oder Mami? Das ist nicht fair, warum macht er das?«

»Hast du seine Eltern angerufen?«

»Die Eltern? Nein … Ich will jetzt ja auch nicht so einen Alarm machen. Magnus mag so was gar nicht.«

»Vielleicht ist er aber zu denen gefahren und liegt da auf der Couch?«

»Das glaub ich nicht, da würde er mir doch Bescheid sagen! Außerdem sind die Eltern im Urlaub, fällt mir gerade ein. Er hat gesagt, er will noch ein Bier trinken, und jetzt ist es halb sieben morgens! Ich weiß nicht, was ich machen soll. Er ist noch nie nicht nach Hause gekommen!«

»Hast du schon in der Notaufnahme angerufen?«

»Nee, soll ich?«

»Mach das mal und dann rufst du mich wieder an, okay? Ich warte auf deinen Anruf.«

»Ich mach mir solche Sorgen, Mami! Wenn ihm was passiert ist, dann …«

»Ruf mich gleich wieder an, verstanden?«

»Ja, verstanden!«

Ich stand in Schlafanzughose auf der Straße, das Rad zwischen meine Beine geklemmt, und wischte mir mit dem Handrücken den Rotz von der Nase. Dann suchte ich mit meinem Handy die Nummer der Notaufnahme des nächsten Krankenhauses.

»Notaufnahme.«

»Guten Morgen, ich suche meinen Freund.«

»Alter? Beschreibung?«, fragte eine, wie ich fand ziemlich unfreundliche, Frauenstimme.

»Mitte dreißig, dunkle Haare, ziemlich groß. Er müsste einen Anzug tragen und silberne Manschettenknöpfe, die ich ihm geschenkt habe.«

»Moment, bitte.« Raschel. Raschel.

»Oh Gott, er ist wirklich im Krankenhaus!«, dachte ich.

Endlose Sekunden vergingen und ich sah Magnus vor meinem geistigen Auge im Koma liegen, einen Tropf in der Vene und einen Verband um den Kopf. Ich wollte sofort zu ihm fahren.

»Nein tut mir leid. Kein Mann Mitte dreißig.«

»Sind Sie ganz sicher?«

»Ja.«

»Und was mache ich jetzt?«

»Jeder darf sich dort aufhalten, wo er möchte. Wenn Ihr Freund im Vollbesitz seiner geistigen und körperlichen Kräfte ist, hat das Recht, seinen Aufenthaltsort frei zu wählen, auch ohne Ihnen den mitzuteilen. Wenn er morgen immer noch nicht zurück ist, können Sie ihn als vermisst melden.«

»Erst morgen???«

»Ja.« Klick. Die Frau hatte aufgelegt.

Wieder stand ich da und wusste nicht weiter. Wenn Magnus nicht im Krankenhaus war, konnte das nur bedeuten, dass er irgendwo tot auf einem Clubklo lag und es bislang keinem aufgefallen war. Wo konnte er noch hingegangen sein, wenn er nicht doch in einem fremden Bett lag? Der einzige Laden, der mir einfiel und der noch aufhatte, war in der Nähe des Bahnhofs. Mit dem Rad bräuchte ich eine halbe Stunde, bis ich da wäre, überlegte ich. Ich war noch nie in diesem Schuppen gewesen, aber Touristen aus der ganzen Welt stellen sich jede Nacht in einer langen Schlange an, an deren Ende ein angeblich Furcht einflößender Türsteher die Gäste aussortiert wie Aschenputtel die guten von den schlechten Linsen. Wer Glück hat, darf rein und die ganze Nacht durchtanzen.

Nach dem Krankenhaus rief ich wie versprochen noch einmal meine Mutter an.

»Und?«

»Im Krankenhaus ist er nicht.«

»Hast du schon seine Freunde angerufen?«

»Meinst du die Jungs, mit denen er in den Urlaub fährt? Wenn er mit einem von ihnen ausgegangen wäre, hätte er mir das doch gestern gesagt. Außerdem haben die alle Kinder und dürfen unter der Woche nicht ausgehen, sondern müssen daheim babysitten. Magnus ist angeblich mit einem ›Kollegen‹ unterwegs, aber er hat mir den Namen nicht gesagt.«

»Er meldet sich bestimmt bald«, versucht mich meine Mutter wieder zu beruhigen. »Hast du noch eine andere Idee, wo er sein könnte?«

»Die Bars haben alle schon zu.«

»Und gibt es eine Disko, in die er gehen würde?«

»Disko? Nee ... Es gibt auch nur einen Laden, der noch aufhat, glaube ich ...«

»Dann such ihn da!«

»Aber ich muss doch zur Arbeit!«

»Fahr hin, ich schreibe dir ein Attest.«

»Ein Attest von meiner Mutter? Das lässt meine Chefin nicht durchgehen. «

»Muss sie aber, ich bin Ärztin und sie nicht. Also fahr los und ruf mich wieder an. Ich sitze hier neben dem Telefon!«

»Mami, ich drehe durch. Echt!«

»Du schaffst das. Du bist meine Tochter.«

Ich legte auf und schaute einen Moment lang auf mein Handy. Gut, dass ich diese Mutter habe, dachte ich. Mittlerweile war es schon so spät, dass ich ohnehin nicht mehr pünktlich zur Arbeit kommen konnte. Außerdem trug ich ja noch immer meine Schlafanzughose! Wen wollte ich mit meiner Pflichterfüllung jetzt noch beeindrucken? Ich musste Magnus finden. Also rief ich im Büro an, meldete mich krank und fuhr zu diesem Club.

Als ich vor einer großen schwarzen Stahltür stand und eine riesige Frau – oder war es ein Mann mit Perücke? – mit nur einem Schuh an mir vorbeihumpelte, dachte ich das erste Mal, dass ich so nicht leben konnte. Weder mit

Magnus noch mit mir. Der Türsteher bemerkte mich, als ich mein Fahrrad seitlich neben dem Eingang an einem Zaun abstellte. Trotz Tattoos und Lederjacke fand ich nicht, dass er Furcht einflößend aussah, sondern eher nur hundemüde. Mit verschränkten Armen ging ich auf ihn zu, er schaute auf meine Schlafanzughose, dann in mein Gesicht, dann wieder auf meine Schlafanzughose.

»Wir machen gleich zu«, sagte er.

»Guten Morgen«, antwortete ich. Ich wollte, dass er merkt, dass ich nüchtern war und ihn nicht davon abhalten würde, gleich ins Bett zu gehen.

»Ich suche jemanden. Darf ich mal kurz drinnen gucken?«

»Nee, die Musik ist aus und das Licht schon an. Es sind nur noch fünf Gäste drin und die kommen jetzt raus«, grunzte er.

Ich ließ meine Schultern hängen und seufzte. Mein Glück, dass der Türsteher so erschöpft war, dass er keine Kraft mehr hatte, gemein zu sein!

»Du kannst hier warten«, schnaubte er und bot mir seinen Hocker mit zerschlissenem Kunstlederpolster an.

»Dankeschön«, sagte ich und rutschte neben ihn auf den Stuhl.

»Magnus kann echt was erleben!«, nuschelte ich vor mich hin.

»Suchst du deine kleine Schwester?«, fragte der Türsteher und wurde ein bisschen zutraulicher. Er sah, dass ich geweint hatte.

«Nee, meinen Freund!«, sagte ich schüchtern und zog mit dem Mund eine Schüppe.

«Ach Gottchen! Sie sucht ihren Freund! Na, dann wollen wir mal sehen, ob er eine der Gestalten ist, die jetzt hier rauskommen!«

Schallendes Gelächter unter den Kollegen. Ich lachte ein bisschen mit, schließlich saß ich im Schlafanzug neben dem angeblich fiesesten Türsteher der Stadt und wartete mit ihm zusammen darauf, dass mein Freund wieder ans Licht des Tages kroch.

Gast Nummer fünf war ein junger Typ. Seine verschwitzten Haare klebten an der Stirn und das T-Shirt am Bauch. Nummer vier war seine Freundin, die nicht nur ihr Dekolleté, sondern auch ihren Nacken mit silbernen Kügelchen gepierct hatte. Beide hielten sich die Hände vor die Augen, die Sonne blendete sie. Dann fielen sie sich aus Freude über das schöne Wetter in die Arme und fingen an zu tanzen, beide für sich, ganz verträumt auf der Stelle. Der Türsteher machte eine »Kusch«-Bewegung und sie verließen das Gelände, wobei sie sich weiter im Kreis drehten und die Fäuste zu einem Bass schwangen, den keiner außer ihnen hören konnte. Nummer drei, zwei und eins waren australische Backpacker, unverkennbar mit ihren Tank Tops mit dem Logo einer Biermarke, knielangen Badeshorts und Flipflops. Ich wunderte mich, dass die in diesem Aufzug überhaupt reingekommen waren, und warf dem Türsteher einen fragenden Blick zu. Er hob beide Hände in die Luft, als wollte er genau das sagen: »Keine Ahnung, ich habe die hier nicht reingelassen«. Von Magnus immer noch keine Spur.

»Das war's, jetzt sind alle draußen«, sagte mein neuer Freund, zog mir den Hocker unter dem Hintern weg und verschwand damit hinter der schwarzen Tür, die er krachend zuzog. Dann war es still, nur die Vögel zwitscherten. Kein Anruf von Magnus, keine Nachricht, nichts. Auf dem Rückweg schob ich mein Rad entlang der Mauerreste zwischen all den Schulklassen und Touristen aus Spanien und Skandinavien hindurch und heulte so doll, dass der Schleim aus meiner Nase Blasen warf. Ich malte mir aus, wie Magnus gerade verschlafen im Bett dieser Saskia aufwachte, nackt und mordsmäßig verkatert, und wie er dann bei einem Blick auf die Uhr realisierte, dass er gestern komplett abgestürzt war, wie er jetzt Angst hatte, mich anzurufen, weil er wusste, dass ich bereits Amok lief. Würde ich ihm das jemals verzeihen? Wie konnte er mir das antun? Er wusste doch, dass ich mir um meine Liebsten mehr Sorgen mache, als andere Frauen! Ich blieb stehen, schnäuzte mir laut die Nase und ließ mir für einen Moment die Sonne ins Gesicht scheinen. Die Touristen strömten um mich herum wie Ameisen um ein Hindernis. In diesem Moment klingelte nach so vielen Stunden endlich mein Handy. Es war Magnus. Gott sei Dank, er lebt noch, dachte ich. Das war das Einzige, was zählte.

»Wo bist du?«, brüllte ich ins Telefon. Ein paar Touristen guckten irritiert, eine Frau klemmte sich ihre Handtasche ganz fest unter den Arm und schob sich an mir vorbei.

»Im Taxi, auf dem Weg nach Hause …«

»Und wo warst du?!«, schrie ich wieder, immer noch oder wieder weinend, ich wusste es selbst nicht mehr. Ich ließ mein Fahrrad los, es fiel krachend auf die Straße, ein vorbeifahrendes Auto hupte.

»Ich war mal wieder flippern.«

»›Flippern‹! Is' klar! Wo denn das und vor allem: bis jetzt?! «

»Ich bin danach aus Versehen in der Kneipe einge-schlafen.«

»Willst du mich verarschen?!«

»Es tut mir leid. Echt. Sorry.«

»*Sorry*?! Du bist so ein Penner! Es ist aus, ich schwöre dir, dass es aus ist, wenn du so weitermachst!« Ich zog meine Nase hoch.

Magnus antwortete ganz ruhig: »Ich weiß.«

Ich legte auf, setzte mich auf den Bordstein und starrte vor mich hin. Wollte er das etwa?! Dass es aus ist? Er war der erste Mann, zu dem ich »Ich liebe dich« gesagt habe. Damals hatte er gesagt, ich bräuchte keine Angst zu haben, und jetzt jagte ausgerechnet er mir die größte Angst ein, in dem er einfach nicht nach Hause kam. Das ergab doch keinen Sinn! Der Verkehr floss an meinem Fahrrad vorbei und auch die Leute gingen weiter an der weinenden Frau in einer pinken Schlafanzughose vorbei und keiner fragte, ob sie Hilfe oder zumindest ein neues Taschentuch gebrauchen könnte.

Ich war noch vor Magnus daheim und hängte erst mal das gewaschene Handtuch auf die Wäscheleine. Dann kratzte draußen ein Schlüssel am Türschloss. Ich rannte hin und zog den Schlüssel, der von innen steckte raus. Die Tür flog auf, Magnus stand in seinem dunkelblauen Anzug und mit halb offenem Hemd im Flur und kratzte sich verlegen am Kopf. Mein Freund sah wie der Tod auf zwei Beinen aus: blass, tellergroße Augenringe, die Haare wirr, um ihn eine Wand aus Rauch und Alkohol. Er wirkte ebenso müde wie aggressiv.

»Mann, ey!«, sagte ich statt einer Begrüßung und schüttelte den Kopf.

Er trat wortlos herein.

»Wo warst du?« Mir schossen schon wieder die Tränen in die Augen.

Magnus sagte nichts.

»Ich habe mir solche Sorgen um dich gemacht. Meine Mutter hat mich bei der Arbeit krank gemeldet und dann habe ich dich überall gesucht!«

»Oh, toll – es gab eine Krankschreibung von Mami! Ob die Agentur morgen dann noch steht, wenn du heute nicht da warst?«

»Was soll das denn jetzt?«

Magnus zog seine Schuhe im Flur aus und warf sein Jackett auf die Sofalehne, von wo es wieder runterrutschte, sodass lauter Kleingeld zu Boden fiel. Eine große silberne Münze rollte unter das Sofa.

»Das stinkt alles nach Rauch«, rief ich und klaubte die Jacke vom Boden auf. »Wann hörst du endlich mit dem Feiern auf und wirst erwachsen?« Ich durchwühlte seine Taschen und fand Zigaretten, zerknickte Geldscheine und seinen Schlüssel.

Magnus dreht sich um und sagte eiskalt in mein Gesicht: »Wenn du aufhörst, zu nerven.«

Einen kurzen Moment lang war ich sprachlos und glotze Magnus mit offenem Mund an. »Wie bitte, ich *nerve*?! Ich mache mir Sorgen!«

»Das brauchst du nicht!«

»Aber ich bin doch deine Freundin!«

»Aber nicht meine Mutter. Du hast nicht das Recht, mir Vorschriften zu machen.«

Er nahm mir die Jacke aus der Hand, kramte in der Innentasche und holte seine Zigaretten heraus. Er öffnete die Tür zum Balkon, setzte sich in die Sonne und rauchte.

»Musst du heute nicht zur Arbeit?« fragte ich ihn.

»Doch, doch. In einer halben Stunde kommt das Taxi und dann fliege ich nach London. Oder Mailand. Vielleicht auch nach Zürich. Kann dir aber auch egal sein.«

Ich sank mit dem Rücken am Küchenschrank runter, saß mit ausgestreckten Beinen auf dem Kachelboden und schaute meinem übernächtigten Freund beim Rauchen zu. Andere Leute kochen zu dieser Zeit Kaffee und schrecken Eier ab.

»Magnus, was geschieht hier?«, fragte ich ihn. Ich wollte, dass es aufhört.

»Du checkst es nicht?«, fragte er mich. Er zündete die Zigarette an und legte sie im Aschenbecher auf dem Balkontisch ab. Dann öffnete er die Knöpfe von seinem Hemd, zog es aus und fing an, sich die Pickelchen an seinem Oberarm auszuquetschen.

»Lass das, das macht Narben!«, rief ich.

Dieser Blick, diese Zornesfalte!

»Genau das meine ich. Immer dieses »Mach dies nicht, mach das nicht, nie kannst du, nie willst du, nie hast du ...« Ich kann es nicht mehr hören. Im Ernst jetzt!«

»Weißt du, ich habe so viel Stress im Job und dann machst du solche Sachen wie heute Nacht. Warum?«

»Ich, ich, ich. Merkst du was? Es geht immer nur um dich. Was du willst, was du dir wünschst und wie es alles irgendwann mal sein soll, in deiner kleinen perfekten Welt. Aber was *ich* will, das interessiert dich überhaupt nicht!«

»Dann erzähl mir doch was von dir! Sag mir doch, was du willst!«

»Ich bin nicht glücklich«, sagte er beinahe beiläufig.

Mein Herzschlag setzte aus. Ich schaute ihn ungläubig an und schüttele den Kopf. Dabei sprach er mir ja aus dem Herzen. Ich war auch nicht glücklich, aber anstatt dass wir gemeinsam überlegten, wie wir die Kurve bekommen könnten, wandte sich Magnus gegen mich. Er blieb unbarmherzig bei seiner Aussage, ruderte kein Stück zurück und deutete nicht einmal an, dass es ihm leid täte. Und je mehr ich heulte, desto grimmiger wirkte er. Magnus zog sein Hemd wieder an, stand auf und ging an mir vorbei, so wie man an einem Bettler am Bahnhof vorbeigeht: voller Missachtung. Ohne sich für die schlaflose Nacht, die Sorgen, die ich mir gemacht hatte, und die Tour durch die Bars und Clubs auf der Suche nach ihm zu entschuldigen. Ich heulte ein bisschen lauter als nötig, um ihn zurück in die Küche zu zwingen und ihm zu zeigen, wie schlecht es mir ging und wie sehr mich sein Verhalten verletzt hatte. Eigentlich wollte ich nichts anderes, als mich mit ihm zu versöhnen. Magnus wankte ins Schlafzimmer und legte sich ohne zu duschen mit seinem stinkenden Hemd und der Hose ins Bett. Ich ging hinterher und setzte mich auf die Bettkante, deckte ihn mit dem Plümo zu, streichelte seinen Kopf und heulte weiter. Ich war so froh, dass er wieder da war!

Gerade als er eingeschlafen war, klingelte es. Bestimmt die Post. Ich lief schnell zur Tür, unterschrieb und versteckte das Paket hinter dem Vorhang bei den Schuhen.

»Na, wieder was Neues bestellt?«, rief Magnus mit heiserer Stimme aus dem dunklen Schlafzimmer am Ende des Flurs.

»Wahrscheinlich«, gestand ich.

»Und *du* machst mir Vorhaltungen?! Wann hörst du mit diesem Scheißshopping auf?«

Ich weiß bis heute nicht, was in dieser Nacht passiert ist, aber zu der Scham, dem Frust, der Langeweile und der

Einsamkeit in unserer Beziehung gesellte sich ein weiteres Ungeheuer: die Fremdheit. Seit dieser Nacht wusste ich nicht mehr, was der Mann neben mir dachte, tat oder wollte.

Umzugstag

Ich schlage die Augen auf. Mein Blick wandert an die Decke zu den Sternen, die im Halbdunkel des Schlafzimmers grünlich schimmern. Da, wo der hellste Stern im Stier, der Aldebaran, geklebt hat, erkennt man noch die Umrisse, eine sternförmige Lücke. Ob Magnus sie so wie ich sehen wird, wenn er ab morgen allein in diesem Bett liegt? Vielleicht fällt ihm gar nicht auf, dass einer der Sterne fehlt? Heute ist der Tag, von dem ich die letzten Wochen gehofft hatte, dass er ausfällt. Ich wünschte, ich könnte einfach wie sonst aufwachen, mich an Magnus kuscheln und feststellen, dass alles – unsere Streitereien, der Stress und unsere Entfremdung – nur ein böser Traum gewesen ist. Aber jetzt ist er gekommen: Der Tag, an dem ich ausziehe. Es fühlt sich noch immer nicht real an, aber doch: Meine Klamotten für den Tag liegen auf dem Stuhl neben dem Bett, der Rest ist in Kisten, Koffern und Taschen verpackt. Äußerlich bin ich bereit zu gehen, mein Herz ist es nicht.

Ich stehe auf, wasche mich und ziehe mich an. Ein letzter Blick in den Spiegel, der im Flur an der Wand hängt, ein letztes Mal sehe ich mich zu Hause. Ich trage ein Männerunterhemd, eine Jogginghose und habe mir wie eine

Erntehelferin ein Tuch um den Kopf gebunden, die Enden zu einer Schleife gebunden. Um mich herum herrscht eine ungeheure Unordnung, auf dem Boden und in den Ecken schweben Wollmäuse. Sie machen mir nichts mehr aus. Noch vor Kurzem hätte ich längst den Staubsauger angeworfen und wäre damit durch die Räume gepoltert und hätte jede Ritze abgefahren. Das Chaos um mich herum ist vergleichbar mit dem Chaos in mir. Noch nie in meinem Leben war ich so hin- und hergerissen. Wenn Magnus jetzt käme und sagen würde »Hase, lass es und noch mal versuchen«, würde ich, ohne einmal Luft zu holen, alles wieder auspacken und an den alten Platz stellen: Die Teller in den Küchenschrank, meine Zahnbürste in den Zahnputzbecher, meine Unterhosen in die zweite Schublade der Schlafzimmerkommode. Ich würde so tun, als hätte es die letzten Wochen nicht gegeben, ich würde versuchen, es diesmal besser zu machen, und mir jeden Tag wirklich Mühe geben, meinen Freund glücklich zu machen. Aber wäre dann wirklich alles wieder gut? Wieder hämmert diese Frage in meinem Hirn: Willst du das – wieder zurück? Irgendwo in meinem Kopf, in meinem Herzen oder Bauch muss eine Antwort liegen, aber seit der Kündigung ist es still in mir. In einem Film würde man jetzt eine lange gerade Straße in der Wüste sehen: Keiner weiß, wo sie hinführt und ob man besser nach Norden oder Süden fahren sollte, um die nächste Stadt oder zumindest eine Tankstelle mit einem großen Kühlschrank voll mit kalter Cola zu erreichen. Die Sonne brennt, es bleibt nicht viel Zeit, der Wind pfeift über den Asphalt und treibt den Staub und einen Steppenläufer vor sich her. Ich fühle mich wie ein Haufen Stroh, den der Wind irgendwo hintreibt. Ich erinnere mich an die Surfstunde bei meinem neuseeländischen Surf-Guru Marcy, an diesen irren kleinen Mann mit der ungeheuren Energie. Nicht auf meine Füße, sondern geradeaus soll ich gucken, hat er immer gesagt. Wahrscheinlich sollte ich endlich aufhören, immer danach zu schauen, was Magnus macht, und dann erst zu reagieren. In all den Tagen, in denen ich meine Sachen gepackt und meinen Job gekündigt habe, gab es kein Lebenszeichen von ihm. Auf meine Nachrichten hat er nicht geantwortet. Ich weiß nur, dass er heute irgendwann im Laufe des Tages wiederkommen wird. Er wird braun gebrannt sein und seinen Jetlag ausschlafen, während ich in meiner neuen Wohnung versuchen werde, nicht nur meine Sachen, sondern auch den Sinn des Lebens wiederzufinden. Ich gehe ein letztes Mal auf den Balkon und lehne mich über das Geländer. Die Sonne scheint, am Himmel ist weit und breit keine Wolke in Sicht. Superwetter für einen Umzug. Ich verabschiede mich von den Leuten, die gegenüber auf der anderen Straßenseite wohnen, dabei kenne ich sie nur vom Sehen. Da ist zum Beispiel ein älteres Paar, von dem die Frau jeden Morgen noch im Nachthemd die Blumen wässert und welke Blüten von den Stängeln zupft, die schlohweißen Haare wie bei einem Mädchen mit Klammern auf Höhe der Schläfen zurückgesteckt. Manchmal hat sie mir zugewunken. Der Mann sitzt nur auf dem Sofa, ich sehe immer seinen kahlen Hinterkopf und wie er auf einen flimmernden Fernseher starrt. Und dann ist da noch der Dicke, bei dem eine rußige Deutschlandflagge unter dem Fenster hängt. Jede Stunde lehnt er sich zum Rauchen aus den Fenstern, wobei sein Schmerbauch auf das Fensterbrett schwappt, und beschimpft die Leute unten auf der Straße, weil er nicht erträgt, dass sich die Gegend um ihn herum verändert, er sich aber nicht. Heute Morgen sind die Fenster und Balkontüren geschlossen, alle Nachbarn schlafen noch und keiner von ihnen wird merken, wie ich meine Sachen aus dem Haus schleppe und verschwinde. Vielleicht fragen sie sich irgendwann: Wo ist die Frau, die letztens noch auf dem Balkon saß und so bitterlich weinte? Ich frage mich, ob sie mich wohl auch so beobachtet haben wie ich sie. Auch wenn wir noch nie ein Wort gewechselt haben, habe ich das Gefühl, sie zu kennen. Sie werden mir fehlen, meine Nachbarn! Mein Blick fällt auf die Straße: Ein Jogger, jemand der seinen Hund spazieren führt, und ein paar Kinder mit ihren Eltern auf dem Weg zum Spielplatz, eine Sandgrube am Ende der Straße mit ein paar Bäumen und Tischtennisplatten – weit und breit ist keine Sprinterpritsche mit weißer Plane zu sehen. Herr Schmitt kommt zu spät. Aber ich mache mir noch keine Sorgen, denn letztes Mal kam er auch erst eine halbe Stunde nach der vereinbarten Zeit ganz gemütlich die Treppe hochgeschlurft. Eine halbe Stunde, in der Magnus und ich uns wieder in die Haare bekamen, weil er mir vorwarf, auf einen Betrüger hereingefallen zu sein, der Umzüge verspricht und die Leute dann auf ihren Kartons sitzen lässt.

Mein Blick fällt auf meine Hand. Der Stein an meinem Ring funkelt. Ich habe ihn nie bei einem Juwelier schätzen lassen, aber so wie er in allen Farben der Welt das Sonnenlicht reflektiert und ich damit wie mit einer Diskokugel kleine weiße Punkte über die Fassade tanzen lassen kann, muss es ein echter Diamant sein. Bestimmt hat er ein Vermögen gekostet. Ich habe überlegt, ihn Magnus zurückzugeben. Der Ring war so etwas wie unser »Verlobungsring«, ohne dass wir es je so gesagt haben. Rückblickend hätte ich es schön gefunden, wenn wir uns einander versprochen hätten, in »guten wie in schlechten Zeiten« zusammenzubleiben. Es geht dabei nicht nur um Gesundheit oder finanzielle Nöte. Man erlebt als Paar gute und schlechte Zeiten, das ist halt so. Haben wir die Flinte etwa zu früh ins Korn geworfen? Man trifft nicht so oft Menschen, die man liebt und mit denen man leben kann. Die ältere Generation wirft uns Jungen ja immer vor, wir hätten nicht genug Biss. Ich denke, wir sind verwundbarer geworden. Als Kindern wird uns gesagt, dass wir etwas Besonderes sind, und versprochen, dass alles möglich ist, wenn wir uns nur genug anstrengen, hart arbeiten und unsere Ziele nicht aus den Augen verlieren. Und trotzdem reicht es oft nicht. Bei mir hat es nicht gereicht. Bis jetzt nicht.

Mein Handy, das oben auf den Kartons im Flur liegt, piept. Ich sage »Tschüss« zu meinen schlafenden Nachbarn und sehe nach, ob Herr Schmitt diesmal eine SMS schickt und mir so Bescheid gibt, dass er »einen klitzekleinen Moment« später kommt. Aber es ist keine Nachricht von Herrn Schmitt: Nach wochenlanger Funkstille, kurz bevor mein Umzug losgeht, meldet sich Magnus! »Bin auf dem Rückweg und komme heute Abend an.« Kein »Hallo, wie geht's?« oder »Liebe Grüße«. Wie wird es sein, wenn wir uns nach all der Zeit wiedersehen? Früher haben wir maximal ein Wochenende ohne einander verbracht und so voller Sehnsucht und Vorfreude auf das Wiedersehen diese zwei Tage ohne ihn zu sein, kam mir immer wie eine Ewigkeit vor. Werden wir uns jetzt nach all den Wochen wieder verliebt anschauen und einen Neustart wagen? Oder werden wir einsehen, dass die Trennung wirklich sein muss, weil wir uns nach fünf Minuten unter einem Dach an die Gurgel gehen? Für Magnus war es alles so einfach. Er ist in den Urlaub gefahren, musste nicht wie ich eine neue Wohnung suchen und seine Sachen packen. Jetzt kommt er wieder und kann da mit seinem Leben weitermachen, wo er aufgehört hat.

Es klingelt an der Tür. Bitte lass es nicht Ferdinand sein, denke ich. Ich muss mich auf das konzentrieren, was ansteht: den Umzug und das Wiedersehen mit Magnus. Einen Schritt nach dem nächsten tun. Alles andere wirft mich jetzt aus der Bahn. Vielleicht sieht es in ein paar Tagen schon anders aus und ich gehe doch mal wieder ein Bier mit ihm trinken. Kann man zwei Männer gleichzeitig lieben? Den einen, weil man ihn seit Jahren liebt und nicht verlieren will, und den anderen, weil er einem guttut? Völliger Quatsch, natürlich geht das nicht.

»Hier sind die Umzugshelfer … und die Post!«, höre ich meine Freundin Sophie durch die Sprechanlage rufen.

»Hey! …«, antworte ich überrascht und drücke auf den Türöffner. Mir fällt ein, dass ich seit Tagen den Briefkasten nicht geleert habe, es sind sowieso immer nur Wochenblätter und Rechnungen darin. Gerumpel und Kinderstimmen im Flur. Sophie bringt ihre beiden Töchter mit. Als ich die beiden Mädchen sehe, fühle ich mich gleich ein bisschen leichter. Jede der beiden hat eine raschelnde Papiertüte vom Bäcker in der Hand. Stolz stehen sie vor mir.

»Habt ihr Croissants mitgebracht?«, frage ich Charlotte und hocke mich hin, damit ich mit ihr auf Augenhöhe reden kann.

»Pänoschokola!«, sagt sie und nickt mit dem Kopf. Die kleine Stella hat den linken Daumen im Mund und lächelt mich an, sie ist ganz schüchtern hier in dieser fremden

Umgebung. Wären wir bei Sophie zu Hause, würden die beiden um den Tisch rennen, Kaufmannsladen spielen oder an ihrem Tisch sitzen und malen.

»Pänoschokola?««, wiederhole ich und schaue ratlos zu Sophie, denn ich habe das Wort nicht verstanden. Babysprache verstehen immer nur Mütter.

»Ihr habt was Süßes für Tante Sunny gekauft, nicht wahr?«, sagt Sophie auf, stellt sich stolz zwischen ihre Töchter und legt jeweils eine Hand auf den Schultern ihrer Kinder ab.

»Wir dachten, weil du viel Kraft für heute brauchst, bringen wir dir *Schokobrötchen* vorbei. Und ein Bild für deine neue Wohnung!«

Die Kinder übereichen mir eine Rolle Papier mit blauem Geschenkband, die Enden mit einer Schere zu Spiralen gezogen. Sie haben eine Prinzessin mit einem rosa Kleid und grünen Beinen gemalt. Und eine Sonne mit roter Nase. »Wir haben dich so lieb, Tante Sunny« steht darunter in krakeligen Großbuchstaben. Beim Anblick der Kinder wird mir warm ums Herz. Wie sie da stehen, ganz artig mit ihren Zöpfen, den feisten Beinchen in geringelten Strumpfhosen und Gummistiefeln! Sie sind so alt wie Caro und ich, als unser Vater starb.

Ausgerechnet jetzt, wo ich nicht nur ausziehe, sondern auch noch arbeitslos bin, spüre ich meinen Kinderwunsch so mächtig wie nie zuvor. Aber selbst wenn ich einen neuen Mann finden sollte: In meinem ganzen Freundes- und Familienkreis kenne ich nicht eine junge Mutter, der es gelungen ist, Job und Familie unter einen Hut zu bekommen. Die Frauen, die nach der Babypause zum Beispiel zurück in die Agentur von Frau Möser kamen, wurden zu Assistenten degradiert und gemobbt, sodass sie ein paar Wochen später genervt selbst kündigten und damit jede Absicherung verloren. Was könnte ich meinen Kindern bieten? Ein Leben in einer Wohnung in einem Großstadt-Hinterhof. Auch wenn mein Vater früh gestorben ist, kann ich sagen, dass ich eine schöne Kindheit hatte, weil ich viel in der Natur sein konnte. Ich bin mit dem Rad zur Schule gefahren, ein Leberwurstbrot und Orangensaft-Trinkpäckchen in der Tasche, und habe im Sommer nach den Schulaufgaben bis abends auf der Straße barfuß Federball gespielt. Ich habe mit meinen Händen Buden aus Matsch und Holz gebaut, Kaulquappen aus einem vertrockneten Teich gerettet und mit den Glühwürmchen im Garten getanzt, auf dem Kopf einen geflochtenen Kranz aus Gänseblümchen. Jeden Dienstag kam der Eiswagen und ich rannte wie alle Kinder mit zwanzig Pfennigen in der Hand hinter dem weißen VW-Bus her, bis die Dudelmusik aufhörte und der Fahrer in einer Kurve stehen blieb. »Eine Kugel Pistazie« in einem papierartigen Waffelhörnchen, das an den Lippen kleben blieb, war für mich das Größte. Ich konnte mir nicht vorstellen, dass es etwas Leckereres gibt als dieses hellgrüne Eis. Heute denke ich, ich werde nie ein Haus mit Garten haben. Ich würde ohnehin mein Leben von damals mit dem Leben meiner

Kinder immer nur vergleichen, bemängeln und feststellen, dass ich es nicht geschafft habe. Aber Sophie hat auch kein Haus mit Vorgarten und zwei Kinder, die trotzdem sehr glücklich scheinen. Ohne dieses Dreiergespann mit süßem Gebäck hätte ich jetzt in all dem Durcheinander nicht das Gefühl, doch irgendwo hinzugehören. Vielleicht ist Glück das, was ich daraus mache, denke ich.

»Hier, deine Post«, sagt Sophie und reicht mir einen Stapel Papier. Es sind Rechnungen für Telefon und Strom, noch an Magnus und mich zusammen adressiert, und ein längliches, gefüttertes Kuvert aus eierschalfarbenem Papier und mit handgeschriebener Adresse. Endlich mal wieder ein Brief! Die Absenderin ist eine alte Schulfreundin, von der ich lange nichts gehört habe. Ich ahne, was mich erwartet, und reiße das kostbare Kuvert unsacht auf.

Wir heiraten!

Gretchen & Honig

13. August

R.S.V.P. bis 12.06. an gretchenundhonig@mywedding.com

Der Karte liegt eine kleine Notiz bei:

Liebe Sunny, nach der Geburt unseres Sohnes Paul – Spitzname Peanut – machen wir Ernst: Wir heiraten und werden eine richtige kleine Familie. Ich würde mich freuen, wenn du und Magnus kommen könntet! Alles Liebe, Dein Gretchen

PS: Wir organisieren einen Babysitter – Sagt Bescheid, ob ihr auch einen braucht.

Wie ungerechnet kann die Welt sein? Ich packe Kartons, alle anderen verloben sich, bekommen Babys oder heiraten, egal in welcher Reihenfolge! Ausgerechnet heute bekomme ich solche Post! Gretchen weiß ja nichts von meiner Lage, aber am liebsten würde ich wie die böse Fee in Dornröschen einen Fluch aussprechen und den kleinen »Peanut« in eine wirkliche Erdnuss verwandeln. Gretchen und ich waren zusammen in der Schule. Nach dem Abitur hatten wir nur noch sporadisch Kontakt, aber wann immer wir uns wiedersahen, haben wir stundenlang gequasselt und es war sofort wieder wie früher auf dem Schulhof. Ich muss zugeben, dass ich eifersüchtig bin auf Gretchen und ihr Familienglück mit ihrem Mann »Honig«, der eigentlich Christian heißt. »Honig« ist sein Spitzname. Weil Gretchen amerikanische Serien liebt, gibt sie ihren Liebsten immer englische Kosenamen, aber ihr Freund wollte nicht »Honey« genannt werden, also wurde er »Honig« getauft. Ich kann froh sein, dass ich schon einen englischen Spitznamen habe, sonst würde sie »Biscuit« oder »Sweetie« zu mir sagen. Am liebsten würde ich die Karte zerreißen.

»Gute Nachrichten?«, fragt Sophie

»Meine Freundin Gretchen hat ein Kind bekommen und heiratet.«

»Dass bedeutet nicht, dass du nie ein Kind bekommst und nie heiratest. Sei milde.«

»›Sei milde‹?!«, frage ich sauer zurück, dabei will Sophie mir nur helfen. Aber wie hoch sind die Chancen, dass ich je wieder einen Kerl wie Magnus treffe? Null Komma null!

»Komm, wir frühstücken schnell noch, bevor Herr Schmitt kommt«, sagt Sophie und zieht mich an meinem nackten Arm in Richtung Küche. Die Mädchen rennen voraus und schmeißen im Laufen ihre Jacken ab.

Wir setzen uns an den Tisch, Sophie legt ein Küchentuch als Unterlage aus, darauf drapieren die Mädchen die Schokobrötchen und streiten, wer welches essen darf. Für mich sehen alle gleich aus, aber die Kinder entdecken an jedem Stück Unterschiede: An der einen Ecke guckt mehr Schokolade raus, das andere ist einen Tick brauner gebacken, beim dritten ist die Blätterteigkruste eingedellt. Sophie holt eins der sechs Messer, die ich Magnus dalassen werde, aus der Schublade und schneidet die Teilchen in Happen. Das passt der Großen gar nicht und sie fängt an zu nörgeln. Sophie wird streng und schimpft mit ihr, ich verziehe aus Mitleid das Gesicht. Der strenge Ton irritiert mich und ich muss aufpassen, dass ich nicht anfange zu lachen.

»Teilen lernen ist schwer«, erklärt sie den Kindern und mir. Nach einer Minute ist wieder alles gut und wir schlagen uns gemeinsam die Bäuche voll.

»Das sind die leckersten Schokobrötchen, die ich je gegessen habe«, lobe ich die Mädchen für ihren Einkauf. Sie sind wirklich gut, die Schokolade ist innen fast flüssig, an den Enden knusprig gebackener Teig – Seelentröster und Hüftgold zugleich.

Es klingelt wieder. Ich springe auf, schlucke, während ich zur Tür laufe, ein großes Stück Schokobrötchen runter und reiße fast den Hörer samt Kabel aus der Wand, weil ich mir sicher bin, dass es diesmal Herr Schmitt sein muss. Es ist schon nach zehn, wir hätten längst anfangen müssen. Bis heute Abend, wenn Magnus wiederkommt, muss doch alles erledigt sein!

»Hallo!«, sagt eine Stimme, die ich zunächst nicht einordnen kann.

»Wer ist denn da?«

»Machst du auf?« Die Stimme kenne ich doch!

»Moni?!«

»Ich hab gehört, hier zieht jemand um?!«

Mit dieser Unterstützung hätte ich nicht gerechnet, denn nach meiner Kündigung habe ich ihr zu Recht fassungsloses Gesicht gesehen und gedacht, dass sie sicher kein Wort mehr mit mir sprechen will, weil ich alles hingeschmissen und ihr den Scherbenhaufen hinterlassen habe. Und jetzt steht sie vor meiner Tür und will beim Kistenschleppen mit anpacken! Mir fehlen die Worte. Ich drücke auf den Türöffner. Sophie und die Mädchen lachen in der Küche. Ich stelle mich in den Türrahmen, warte auf Moni und überlege, wie ich sie begrüßen soll. Ich sehe sie das erste Mal in privatem Rahmen. Sie trägt einen Kapuzenpullover, eine Dreiviertelhose, in der sie ihre tätowierte rechte Wade präsentiert, die ich bis dato auch nicht kannte, und Schläppchen, bei denen die Zehen durch einzelne Gummi-Kappen getrennt werden. Moni hat heute kein Gel in den Haaren, keinen schwarzen Kajalstrich im unteren Lid, und trägt heute einmal keinen Blazer mit Schulterpolstern. Trotz der immer noch dicken Backe sieht sie richtig hübsch aus, nicht so tough.

»Wie siehst du denn aus?«, frage ich sie, als sie die Treppe hochstapft.

»Das wollte ich dich gerade fragen!«, antwortet sie. »Hallo, wir kennen uns noch nicht: Ich bin Moni privat.«

Ich pruste laut. »Hallo Moni, freut mich, dich kennenzulernen.« Wir stehen vor einander, Moni macht einen Schritt auf mich zu, umarmt mich und wiegt mich von links nach rechts.

»Bist du sehr sauer auf mich?«, frage ich sie mit gebrochener Stimme.

»Überhaupt nicht«, sagt Moni fürsorglich und streichelt mir übers Haar.

Ich kämpfe gegen die Tränen. Es ist erstaunlich, dass aus meinen Augen immer noch Flüssigkeit rauskommt, so viel wie ich in den letzten vier Wochen geflennt habe! Moni merkt, dass mein Brustkorb bebt, nimmt meinen Kopf in beide Hände und presst meine Wangen zusammen.

»Du musst mir nur eins versprechen: Hör endlich auf, wegen dem Kerl zu heulen und krieg deine Sachen auf die

Reihe. Und wenn du irgendwann einen neuen Job suchst, dann frag zuerst mich!«

»Mmmhhümpf …«, schluchze ich.

»Deine Entscheidung hat mich letztlich gar nicht so überrascht. Als du gesagt hast, dass dir einfach alles zu viel ist, konnte ich dich verstehen. Ich als deine Vorgesetze und die Erfahrenere hätte für dich auf die Bremse treten und dir Urlaub geben müssen, damit du dich um dich kümmern kannst, anstatt dich noch mehr unter Druck zu setzen. Das war meine Lektion. Aber dafür bin ich jetzt hier, um dir zu helfen. Also, mach 'ne Ansage: Womit fangen wir an, Prinzesschen?«

Moni nennt mich »Prinzesschen« – ich bin so erleichtert.

»Komm erst mal rein. Meine Freundin Sophie ist mit ihren Kindern in der Küche. Du musst sie unbedingt kennenlernen.«

In diesem Moment klingelt es zum dritten Mal an diesem Morgen. Jetzt bin ich mir sicher, dass es Herr Schmitt sein muss. Moni gibt mir ein Zeichen, dass sie schon mal in die Küche geht. Kurz darauf schallt schon Gelächter von dort herüber. Moni hat bestimmt irgendetwas Lustiges gesagt. Eisbrechen kann sie gut.

»Schmitt!«, schallt eine männliche Stimme aus dem Hörer.

»Hallo, Herr Schmitt, soll ich Ihnen aufmachen?« Blöde Frage.

»Das wäre gut!«

Jetzt ist nicht nur dieser Tag gekommen, jetzt kann ich auch den Umzug nicht mehr abblasen. Es geht los, ich trenne mich wirklich von Magnus! Nicht von den Gefühlen, die ich immer noch für ihn habe, aber von meinem Leben mit ihm. Ich höre, wie unten die beiden Flügel der Haustür aus den Angeln gehoben und an die Wand im Flur eingehängt werden, dann folgt lautes Getrampel im Treppenhaus. Im nächsten Moment stehen sechs Mann in der Wohnung, schütteln mir nacheinander kräftig die Hand zur Begrüßung und warten auf mein Befehlskommando. Der eine Mann ist so groß und breit wie einer der Schränke in unserem Schlafzimmer. Er trägt ein schwarzes T-Shirt, auf das ein weißes Einhorn mit wehender Mähne auf einem Felsen im Wind aufgedruckt ist, dahinter fallen Sternschnuppen vom Himmel, dazu eine schwarz-weiße Jogginghose, die man an den Seiten aufknöpfen kann, und ein Frottee-Handtuch im Nacken, das mit Weichspüler gewaschen sein muss, denn mir steigt ein künstlicher Pfirsichduft in die Nase. Wenn er lacht, sieht man graue, irgendwie durchscheinende Zähne. Ich glaube, das sind nicht mehr seine Echten. Der andere Typ ist sein Gegenstück: Er hat lange, schwarz gefärbte Haare, die in den Spitzen trocken und fusselig sind, und an der linken Hand für einen Mann viel zu lange, spitz gefeilte Fingernägel, wie man sie zum Gitarrespielen braucht. Er trägt eine schwarze Lederweste mit Fransen und silbernen Münzen, dazu eine dunkelblaue Jeans und Cowboyboots, bei denen ich mich frage, wie er in den Dingern einen Umzug machen will, ohne mit den Spitzen am Sisalteppich im Treppenhaus hängen zu bleiben und kopfüber die Treppe runterzustürzen. Im Vergleich zu seinem Kompagnon ist er klein und kompakt wie ein Rollkoffer, den man mit an Bord eines Flugzeugs nehmen kann. Die anderen vier Jungs sind jünger und sportlicher und ich erinnere mich, dass der »Schrank« schon beim letzten Umzug immer die besonders schweren Teile geschleppt hat, während der Rockertyp der Hauptbeauftragte für den Auf- und Abbau von Möbeln, Lampen und Gardinenstangen zu sein scheint. Ich zeige auf die Kartons im Flur. »Die müssen alle mit!« Der Mann mit dem Handtuch im Nacken zieht sich ein Paar Arbeitshandschuhe über seine Bratpfannenpranken, geht in die Knie, umarmt einen Stapel Kartons, richtet sich wieder auf und macht sich auf den Weg nach unten. »Das geht ja schnell«, denke ich, »wenn es so weitergeht, bin ich lange bevor Magnus ankommt hier raus.« Wo ist nur Herr Schmitt? Ihn habe ich immer noch nicht gesehen.

»Schmittchen kommt gleich. Der braucht 'ne Weile, bis er oben ist«, sagt der Rocker zu mir, als könne er Gedanken lesen.

Bei meinem Anruf konnte sich Herr Schmitt ja angeblich nicht an mich erinnern, aber als er schwer atmend zur

Tür reinkommt, sehe ich, das ihm doch ein Licht aufgeht. Ich glaube, er spielt diese »Wer-ist-das-bitte?-Kenne-ich-nicht!«-Nummer nur, weil er die Umzüge schwarz macht und Angst hat, dass ihn jemand beim Amt verpfeifen könnte. Aber derjenige wäre schön blöd, denn es ist so, wie Sophie gesagt hat: Herr Schmitt ist ein Goldstück.

»Ach, Sie sind das!«, japst er. Er ist schmaler geworden im Gesicht und trägt jetzt einen Dreitagebart, der wie seine Haare silbergrau schimmert. Seine Brauen sind wild und buschig wie Antennen, darunter liegen gutmütige Bernhardineraugen, der untere Rand hängt nach unten, die Haut im Inneren ist gerötet und trieft.

»Ich bin das, ja«, sage ich und reiche ihm die Hand.

Sophies Töchter kommen mit schokoverschmierten Mündern angelaufen, sie wollen gucken, was hier vorne in der Wohnung passiert.

»Sind das ihre Töchter?«, fragt Herr Schmitt ungläubig, » an die beiden Lütten kann ich mich gar nicht erinnern!«

»Nein, nein, das sind nicht meine. Keine Kinder, kein Mann, kein Job«, antworte ich und merke, wie mir die Zusammenfassung meiner Lebenslage die Kehle zuschnürt. Aber irgendwie habe ich das doch mitentschieden, oder etwa nicht?

Herr Schmitt pfeift beim Atmen und wischt sich mit einem Stoffquadrat, das er aus der Brusttasche seiner dunkelblauen

Latzhose zieht, die Stirn ab. Er nimmt meine Hand, was mich verwirrt. Die Mädels beobachten uns.

»Jetzt erzähle ich Ihnen mal was von mir: Ich habe als junger Mann meine Traumfrau kennengelernt und sie ziemlich flott geheiratet. Da waren wir Anfang zwanzig. Zehn Jahre später hab ich sie wegen einer anderen Frau verlassen. Wir haben uns scheiden lassen und ich hab mit der anderen Frau einen Sohn bekommen. Nach ein paar Jahren hab ich gemerkt, dass mir trotz dem süßen Bengel meine Rosemarie jeden Tag fehlt, und mich wieder von der anderen getrennt.«

»Mensch, Herr Schmitt – ist das wirklich wahr?«, antworte ich und bin unsicher, was ich sagen soll, außer vielleicht »Selbst schuld, Sie Depp!«, aber mein Eindruck von ihm war eigentlich nicht, dass er ein Chauvi ist, und ich ahne, dass seine Geschichte eine Wendung nehmen könnte. Er steht vor mir und grinst, als wüsste er die Antwort auf meine dringendste Frage: Warum zerbricht die Große Liebe? Immerhin ist er ein Mann, der über seine Gefühle reden kann. Also frage ich ihn:

»Warum haben Sie sich damals von Ihrer Frau getrennt?«

»Ich war mit mir und der Welt nicht zufrieden. Von mir wurde so viel erwartet,das konnte ich gar nicht alles erfüllen.«

»Deshalb haben Sie Ihre Frau verlassen und mit einer anderen ein Kind gezeugt?«

Herr Schmitt nickt und muss selbst darüber lachen.

»Ich weiß, ich weiß. Es klingt verrückt. So ist das Leben.«

»Und was ist dann passiert?«

»Ich hab alles getan, dass es meinem Jungen gut geht, und meine Rosemarie zurückerobert.«

Jetzt grinst Herr Schmitt über die volle Breitseite, sodass eine silberne Krone in seinem Mund aufblitzt. Daneben klafft eine große schwarze Lücke. Herrn Schmitt fehlt die ganze linke hintere Kauleiste.

»Und dann …?« Herr Schmitt liebt es, die Sache spannend zu machen.

»… haben wir noch mal geheiratet! Und auch meine Exfrau hat einen Mann gefunden, der viel besser zu ihr passt und sie auf Händen trägt. ›Die zweite Ehe ist immer die bessere Ehe.‹ Sagt man ja so, weil man dann aus seinen Fehlern gelernt hat.«

»Ach, Sie erzählen doch Märchen!«

»Wenn ich es Ihnen doch sage!«

»Die Geschichte haben Sie sich nur ausgedacht, um mich aufzuheitern. Mein Freund macht bislang keine Anstalten, mich zurückzuerobern. Der ist in den Urlaub gefahren und froh, wenn ich weg bin.«

»Es muss ein bisschen Zeit vergehen. Lassen Sie ihn erst mal für sich sein. Der meldet sich schon.«

»Und was ist, wenn er es nicht kapiert, dass er so eine Frau wie mich nie wieder findet und unsere Geschichte wirklich kein Happy End hat?«

»Dann gilt: Keine Nachricht ist auch eine Nachricht.«

»Versteh ich nicht.«

»Das Wesentliche ist doch: Wenn jemand etwas will, dann setzt er auch etwas in Bewegung.« Herr Schmitt nickt allwissend mit dem Kopf.

»Sie sollten nicht nur Geld für die Umzüge kassieren«, kommentiert Moni, die plötzlich mit einem Karton hinter mir steht.

Ich denke über die Lebensweisheiten von Herrn Schmitt nach und frage mich, ob ich selbst alles in Bewegung gesetzt habe. Bin ich hier und heute in dieser Situation, weil ich mich meinem Schicksal füge, oder weil ich wollte, dass es so geschieht? Ich wollte mit Magnus zusammenbleiben, aber ich wollte auch, dass er sich ändert. Und nun verstehe ich, dass das zwei Paar Schuhe sind, die nicht zueinander passen.

»Können Sie bitte doch noch das große Sofa mitnehmen, Herr Schmitt?«

Er schaut verblüfft, scheint im Kopf das Budget zu überschlagen und zuckt dann mit den Schultern: »Uoh …, da müssen die Jungs den Wagen gut packen. Aber das kriegen wir schon hin! Ich will ja nicht, dass Sie auf dem Boden sitzen müssen.«

Magnus bleibt schließlich am gewohnten Ort, während ich mir ein ganz neues Zuhause schaffen muss. – Das Sofa kommt mit, beschließe ich. Auf diese Weise hinterlasse ich symbolisch eine Lücke und Magnus kann auf dem kleinen Sofa allein seine Serien gucken, um ihn herum lauter Wollmäuse und Kartoffelchipskrümel.

Schneller als ich gucken kann, sind alle Kartons aus der Wohnung verschwunden und in der Robbe verladen. Das System Schmitt funktioniert: Ein Mann trägt die Kisten zwei Stockwerke runter, der nächste bis zur Haustür und zwei laden alles ins Auto, während der sechste Mann – der Rocker – nur schraubt. Sophie nimmt die Lampe, ich den letzten Karton, eine Ikea-Tasche mit Wäsche und die Orchidee mit den pinken Blüten, die unseren Esszimmertisch geziert hatte und zusammen mit ihm eingestaubt ist. Drei Blumen sind noch knackig, die vierte hängt verschrumpelt an dem Zweig, der an einem langen Holzstab festgebunden ist, weil er sich sonst unter der Last der großen Blüten krümmen würde. Ich sehe die Treppenstufen nicht, so bepackt bin ich. Als ich unten auf der Straße am Auto ankomme, rutscht mir der Blumentopf aus der Hand. Die silberfarben lackierte Keramik zerschellt auf dem Asphalt und die Blume steht windschief auf einem Haufen Rinde und getrocknetem Moos auf der Straße. Einer der Helfer nimmt mir das andere Zeug ab, aber ich weiß nicht, wie ich das Gewächs retten soll. So was kann man ja nicht einfach in den Müll schmeißen! Ich hebe die Orchidee am Stiel hoch und stelle sie auf dem Bordstein ab, Scherben und Erde fegt Moni mit ihren Zehentrennerschuhen zur Seite.

Herr Schmitt schaut mit gerümpfter Nase gen Himmel, schnüffelt die Luft und drängt auf Abfahrt. Ich drücke ihm den Schlüssel für die neue Wohnung in die Hand und los geht die Fahrt. Moni, Sophie und ich bleiben auf der Straße stehen, neben uns die Blume ohne Topf und schauen dem Transporter nach, als müsste ich mich von den Sachen verabschieden und nicht von der Wohnung, die wir gerade geräumt haben. Ich ziehe aus. Es fühlt sich immer noch surreal an.

»Alles okay bei dir?«, fragt Sophie.

»Na klar«, lüge ich.

»Sei nicht traurig wegen der Blume … Der da drüben pflanzt sie dir bestimmt wieder ein«, sagt Moni und deutet mit ihrem Kopf auf etwas, das hinter mir sein muss. Das Café. In meinem Rücken spüre ich den Blick von Ferdinand, der wie jeden Morgen an der Kaffeemaschine am Fenster steht und gerade für einen großen blonden Mann in einer weißen Lederjacke einen Cappuccino macht. Meine Wangen werden warm, ein Lächeln huscht über mein Gesicht.

»*Der* ist ja ein Schnitzel!«, sagt Sophie und meint Ferdinand.

Moni und sie stehen Schulter an Schulter und strahlen mich an. Die beiden, so unterschiedliche Typen sie auch sind, scheinen sich zu mögen und ich bin froh, dass sie hier sind und mir helfen.

»Spinnt nicht rum«, sage ich. »Das ist der Kaffeemann!«

»Der Kaffeemann, hat der auch einen Namen?«, fragt Moni.

»Friedrich, Fridolin oder so ähnlich. Kann sein, dass er Fred heißt.«

Sophie schaut mich misstrauisch an, sie weiß genau, wann ich anfange zu schwindeln. Dabei ist das mit dem Lügen viel besser geworden als noch vor ein paar Jahren. Früher habe ich viel mehr gelogen. Magnus war irgendwann genervt von meinen Geschichten und hat mich gebeten, ihm einmal zu zählen, wie oft ich am Tag lüge. Ich kam zwar nicht auf die in einer Studie behaupteten zweihundertmal, aber immerhin auf neunmal. Von da an biss ich mir jedes Mal auf die Zunge, wenn ich log. Ich wollte das nicht mehr sein: eine Lügnerin. Nach jeder Story, und wenn es nur darum ging, ob und wann ich Milch kaufen war, fragte mich Magnus, ob es wirklich stimmte. Das half, es mir abzugewöhnen.

Ein Blick zu Moni und Sophie, die beiden verschränken ihre Arme und legen fragend ihre Köpfe zur Seite.

»Raus mit der Sprache! – läuft da was zwischen euch?«, fragt Sophie wie bei einem Verhör.

Erst schüttelte ich vehement den Kopf, dann zucke mit den Schultern und blicke immer wieder nervös zu Ferdinand, um zu prüfen, ob er geschnallt hat, dass es in unserem Gespräch um ihn geht. Unsere Blicke treffen sich, er hebt seine Hand und winkt, was Sophie und Moni natürlich mitbekommen. Mein Magen zieht sich zusammen.

»Ha! – ich wusste, dass man dich nicht unterschätzen darf!«, frohlockt Moni und klatscht in die Hände.

Wie ein Fisch an Land mache ich erschrocken den Mund auf und will protestieren, aber schon brechen Moni und Sophie in schallendes Gelächter aus. Die beiden kriegen sich gar nicht mehr ein, stützen sich aufeinander ab und wollen, dass ich mit ihnen einschlage. Ferdinand steht am Fenster und beobachtet uns. Er weiß genau, um was es geht. Verdammt. Die Sache ist aufgeflogen. Ein Regentropfen trifft meine Stirn. Moni spannt ihre Handflächen auf und guckt verwundert hoch, immerhin schien gerade noch die Sonne. Nur Herr Schmitt wusste, dass es bald regnen wird. Sophie rennt ins Haus und ruft die Treppe rauf: »Stella, Charlotte! Kommt mal ganz schnell runter!« Von oben hört man »Okay, Mama!« Es fängt wirklich an zu regnen. Aber wie! Innerhalb von Minuten läuft ein Sturzbach die Straßen entlang und schießt in den Gulli. Moni und ich retten uns in den Hauseingang.

»So ein Mist, jetzt wird das Sofa nass!«, bemerke ich und denke an Herrn Schmitt.

»Aber irgendwie auch schön … Gewitter muss manchmal sein«, antwortet Moni.

»Ich bin froh, dass du gekommen bist. Danke dir.«

Mehr reden wir nicht. Wir schauen dabei zu, wie noch mehr Regen vom Himmel fällt und die Straße in ein blubberndes Meer verwandelt. Sophie springt zu ihrem Auto, holt einen Regenschirm aus dem Kofferraum, spannt ihn auf und schickt ihre beiden Mädchen damit in den Regen. Die beiden tanzen in ihren Gummistiefeln durch die Pfützen. Wir drei Frauen stehen im Hauseingang, Ferdinand am Fenster und wir alle schauen ihnen zu und merken nicht, wie über den Dächern ein Regenbogen entsteht.

Ganz allein

Wir stehen noch eine Weile im Hauseingang und schauen dabei zu, wie die Tropfen immer weniger werden. Trotzdem ist der Himmel noch mit dunklen Wolken verhangen, sodass man nicht sicher sein kann, ob es nicht gleich wieder anfängt. Als der letzte Schritt des Pfützentanzes getanzt ist und Stella zum großen Finale noch mit einem unfreiwilligen Bauchklatscher in einer tiefen Lache gelandet ist, gehen wir alle zusammen noch einmal hoch und machen »Klarschiff«: schieben die Möbel gerade, schließen die Fenster. Ich bin dankbar für den Trubel um mich herum. So fühlt es sich eher an, als würden wir die Unordnung nach einem Kindergeburtstag aufräumen und nicht die Trennung von meiner großen Liebe zuwege bringen.

Moni ruft »Hier sind ja überall Wollmäuse!« und pflückt sie mit der bloßen Hand vom Boden auf. Stella und Charlotte helfen ihr mit Begeisterung – sie lieben das Wort »Wollmaus« – während Sophie im Badezimmer die nasse Strumpfhose ihrer Tochter föhnt. Mir bleibt nicht viel Zeit für ein Abschiedsritual, ich gehe noch mal in jeden Raum, berühre jede Türklinke, streiche über das Bett und schaue in die Schränke, ob ich auch nichts vergessen habe. Ich versuche loszulassen, nicht weiter nachzudenken, einfach zu gehen. Noch ein Blick in den Flur, ein Seufzer, dann schließe ich die Haustür von außen zu und renne runter zu Sophie und Moni, die schon auf der Straße auf mich warten. War's das jetzt? Scheiße, ja. Ein paar Tränen laufen still meine Wangen hinunter. Niemand sagt etwas, Sophie und Moni wissen, dass mich keins ihrer Worte trösten würde. Gerade als ich mich als Letzte ins Auto quetschen will, sehe ich, dass Ferdinand im Café am Fenster steht und auf die Straße schaut. Er hat auf uns gewartet, hebt die Arme und scheint sich die gleiche Frage zu stellen wie ich gerade: War's das jetzt? Ich gebe ihm ein Zeichen, dass ich ihn anrufe, obwohl ich seine Nummer gar nicht habe.

»Oho, da scheint aber jemand in dich verknallt zu sein!«, sagt Moni, als ich neben ihr auf der Rückbank hocke und wir zu fünft Herrn Schmitt und der Robbe hinterherrasen.

»So ein Unsinn! Ferdinand hat sich erst vor Kurzem auch von seiner Freundin getrennt und weiß genau, wie ich mich fühle. Wir sind Freunde. Mehr nicht.«

»Der Kaffeemann hat ja doch einen Namen!«, bemerkt Moni.

»Ja, Ferdinand. Hatte ich das nicht gesagt?«, sage ich und kann nicht verhindern, dass mir wieder ein Lächeln über die Lippen huscht. Jetzt heule und lache ich gleichzeitig. Sophie hat es durch den Rückspiegel gesehen und lächelt auch.

»Ihr habt also sogar schon miteinander rumgeknutscht!«, ruft Moni und schlägt sich auf den Schenkel.

Sophies Töchter schauen mich mit großen Augen an. Es ist schrecklich, ich fühle mich schuldig und meine Tränen sind überhaupt nicht mehr glaubwürdig. So ein Durcheinander!

»Was ist ›knutschen‹?«, fragt mich Charlotte.

»Das fragst du lieber deine Mama! Oder Tante Moni, die hat das Wort schließlich gesagt.«

»Nein, *Tante Sunny* kann euch das ruhig erklären, hört gut zu«, redet sich Moni schnell raus.

Kaum, dass sie sich kennen, haben sich Sophie und Moni gegen mich verschworen. Wie garstig.

»Tante Sunny …?«, fragt mich Charlotte.

»Also: Wenn zwei Menschen sich liebhaben …«

»Aha, sie haben sich lieb«, flüstert Moni dazwischen. Ich fange noch mal an:

»Also: Wenn Menschen sich lieb haben, dann geben sie sich einen Kuss auf den Mund, auf die Wange, die Stirn oder Nase … – so wie eure Mama euch einen Gutennachtkuss gibt, bevor ihr schlafen geht. Wenn sich aber zwei Menschen noch mehr als lieb haben und sie vielleicht ein Baby machen wollen, dann …«

»Man muss nicht zwangsläufig ein Baby machen …« flüstert Moni wieder dazwischen.

»… und dann?«, fragt Charlotte, die Augen hellwach auf mich gerichtet.

»Dann *knutschen* sie rum! Das ist so ganz wildes Schmusen und das machen nur Männer und Frauen.«

Moni räuspert sich. »Das machen auch Frauen mit Frauen oder Männer mit Männern.«

»Jetzt verwirr das arme Kind doch nicht!«, gebe ich leicht genervt zurück.

»Charlotte weiß, dass man das Sex nennt«, sagt Sophie. »Wir haben es ihr erklärt, als Stella auf dem Weg war. Und dass das auch Frauen mit Frauen und Männer mit Männern Liebe machen, weiß sie auch. Nicht wahr, mein Schatz?«

Charlotte nickt mit dem Kopf und fragt mich dann ohne mit einer ihrer zarten Wimpern zu zucken: »Hattest du mit dem Mann aus dem Café Sex, Tante Sunny?«

Mir steht der Schweiß auf der Stirn, Sophie gluckst vor Vergnügen.

»Ich glaube schon!«, ruft Moni.

Wenn sie nicht bald damit aufhört, haue ich ihr eine runter! Sie ist nicht mehr meine Vorgesetzte.

»Und wenn schon! Magnus kommt heute Abend wieder«, schnauze ich zurück, kann mir aber dieses dämliche Grinsen schon wieder nicht verkneifen.

»Mit dem ist es doch aus!«, kommentiert Moni scharf.

»Gar nichts ist aus!« Ich kneife ihr in den Oberarm, sie kneift mich zurück.

»Ähm … – bist du nicht gerade ausgezogen?«, fragt sie und wackelt mit dem Kopf.

»Siehst du! Das meinte ich mit ›Es ist einfach alles zu viel‹. Ich kann mich nicht konzentrieren und dann passieren mir solche Sachen!«

»Dass du gleich einen neuen Kerl am Start hast, nennst du ›solche Sachen‹? Sehr interessant.«

»Jetzt hör endlich auf! – das stimmt einfach nicht!«

»Und wenn schon! Alles, was ich sagen will, ist: Du hast es verdient, glücklich zu sein. So wie es jeder verdient hat, glücklich zu sein.«

Es regnet wieder, der Scheibenwischer hat Mühe, gegen die Wassermengen anzukommen, die auf die Windschutzscheibe pladdern. Bei der neuen Adresse angekommen, steigen nur Moni und ich aus. Sophie fährt weiter – sie bringt die Mädels nach Hause, weil sie Mittagsschlaf machen müssen. Charlotte lehnt müde mit ihrem Kopf an der von innen beschlagenen Scheibe, in der Hand hält sie eine Wollmaus, so als sei sie ein kostbarer Schatz und kein Schmutz.

»Ruf mich an, wenn was ist. Sunny! Hast du mich verstanden?«, sagt Sophie über die Schulter.

»Ja, Mama«, antworte ich und verdrehe die Augen so, dass sie es nicht sehen kann.

»Du rufst mich sowieso nicht an.«

»Ich komm schon klar«, behaupte ich und lüge seit Langem das erste Mal wieder bewusst.

»Lüg mich nicht an. Ich weiß, dass du abends im Bett liegst und weinst«, maunzt Sophie.

»Also, auf mich machst du einen stabileren Eindruck als gestern: Es ist auf jeden Fall schon ein bisschen weniger ›zu viel‹ als gestern, oder?«, fragt Moni.

Ja, sie hat Recht und ich komme mir doof vor, dass ausgerechnet sie das feststellen muss – immerhin habe ich sie mit dem Job sitzen lassen und jetzt hat sie auch noch mitbekommen, dass ich plötzlich so durchgedreht bin, weil ich eine Blitz-Affäre mit meinem Nachbarn hatte. Tatsächlich fühle ich mich seit der Kündigung erleichtert. Diesen Moment versuche ich kurz zu genießen: Ich muss ab sofort, nie wieder E-Mails von Frau Möser mit einem Betreff wie »SOFORT ERLEDIGEN!!!!« beantworten und mir keine Sorgen mehr machen, dass ich einen Anruf aus der Agentur oder vom Kunden verpasst haben könnte. Der einzige Anruf, den ich heute nicht verpassen darf, ist der von Magnus, und zwar, wenn er angekommen ist. Ich will ihn sehen, in seine Augen schauen und wissen, ob es vorbei ist. Für ihn, aber auch für mich.

»Wir müssen los, kommt – gebt mir alle einen Kuss!«, ruft Sophie zum Abschied.

Sowohl ich als auch Moni kriechen noch einmal zu ihr ins Auto. Alle umarmen sich, die Mädchen drücken mir mit einem lauten »Mwah!« einen Kuss auf die Wange und Sophie verspricht, morgen wiederzukommen, um mir beim Auspacken zu helfen.

»Du bist eine gute Freundin, danke«, sage ich in ihr Ohr.

»Dafür bin ich da«, haucht Sophie.

»Diese Sophie ist wirklich nett«, stellt Moni fest, als das Auto über das Kopfsteinpflaster die Straße hochfährt, während eine speckige Minihand trotz Regen aus dem Fensterschlitz winkt und wir uns schnell in den Hauseingang retten.

»Bist du etwa verknallt?«

»Nur in die Kinder!«

»Ja, die sind toll. Wie sie in den Pfützen getanzt haben! So unbeschwert. Hätte mir früher einer gesagt, dass Erwachsensein so hart sein kann, dann hätte ich bis zum letzten Tag die Schule genossen, sogar die Mathestunden.«

»Versuch, dich auf das neue Kapitel in deinem Leben zu freuen. Glücklich ist man übrigens dann, wenn man die Aussicht auf etwas Schönes hat. Und du kennst doch den Spruch: ›Jedem Anfang wohnt ein Zauber inne.‹«

»Steht das auf einem deiner Geschirrtücher, mit denen du den Kefir zudeckst? Für mich hat das hier überhaupt keinen Zauber! Das ist der Horror!«

»Sei nicht so hart.«

»Komm, das ist ein kitschiger Scheißspruch, ehrlich …«

»Genauso wie: ›Egal, wie groß der Berg ist, er kann die Sonne nicht verdecken.‹«

»Oder: ›Vielleicht gibt es schönere Zeiten, aber diese ist die unsere.‹«

»Och, den find ich gar nicht *so* schlecht …«

»Ich auch nicht!«

Wir müssen herzlich lachen. Ich mag die private Moni.

»Ich werde nie vergessen, dass du heute gekommen bist und mir geholfen hast. Nach allem, was ich gestern abgezogen habe. Vielen Dank.«

»Du warst für mich immer mehr als eine Kollegin, eher wie eine kleine Schwester, auch wenn wir uns nie privat gesehen haben. Ich hab so viele Stunden mit dir verbracht, mehr als mit den meisten aus meiner Familie in den letzten Jahren, und fast so viele wie mit meinen Katzen. Ich will, dass es dir gut geht. Übrigens siehst du ohne deinen schwarzen Trauerbalken über dem Auge wirklich hübscher aus, wenn ich dir das sagen darf …«

»Ich mag dich ohne Kajal auch lieber!«, unterbreche ich sie, bevor sie weiter nette Sachen sagt, die mein schlechtes Gewissen noch größer werden lassen.

»… du bist fleißig und hast gute Ideen. Lass dir von keinem etwas anderes einreden! Aus dir wird noch was. Warte ab!«

»Ach, ich weiß nicht …«

»Hey, ich bin noch nicht fertig: Du hast mir mehr als einmal den Hintern gerettet, indem du meine Folien heimlich korrigiert hast. Denkst du, das hätte ich nicht gemerkt? Das werde ich dir nie vergessen. Ich wollte dich befördern, weil du es verdient hast, und ich bin traurig darüber, dass ich in Zukunft nicht mehr mit dir arbeiten darf.«

»Es tut mir so leid, es ist alles so kompliziert.«

»Mach dir keinen Kopf. Nicht wegen mir. Arbeit ist nicht alles und im Übrigen solltest du deine Einstellung dazu dringend ändern. Ich habe kurz darüber nachgedacht, selbst auch alles hinzuschmeißen. Aber der Möser'schen klein beigeben? Kommt nicht infrage. Chefs nerven immer. Vielleicht mache ich in ein paar Monaten einen eigenen Laden auf, nehme ein paar Kunden mit und dann brauche ich eine Partnerin wie dich. Auf jeden Fall respektiere ich deine Entscheidung. – Hauptsache, du hast verstanden, was das Wichtigste in deinem Leben ist.«

»Das Wichtigste in meinem Leben waren bis jetzt immer die Arbeit und Magnus.«

»Argh! Nein, Prinzesschen. Das Wichtigste in deinem Leben ist ...?«

»... meine Mutter?«

»Nein, die kommt prima allein klar, das siehst du doch: Sie ist allein in Südafrika und macht da einen wunderschönen Urlaub.«

»Dann meine Familie?«

»Auch.«

»Aber?«

»*Du* bist das Wichtigste in deinem Leben.«

»Ich? Quatsch.«

»Doch, du. Wer sonst?«

»Das klingt nach Mega-Egomane!«

»Denk an die Sicherheitshinweise im Flugzeug. ›Sollte der Druck in der Kabine sinken, fallen automatisch Sauerstoffmasken aus der Kabinendecke. In diesem Fall ziehen Sie eine der Masken ganz zu sich heran und drücken Sie die Öffnung fest auf Mund und Nase. Danach helfen Sie mitreisenden Kindern.‹ Du kannst nur dann für andere da sein, wenn du selbst genug Luft zum Atmen hast.«

»Jede Mutter würde erst ihrem Kind die Maske ummachen und *dann* sich selbst. Was soll in den drei Sekunden schon passieren?«

»Du erstickst und alle anderen, denen du hättest helfen können, auch.«

So habe ich das vorher noch nie gesehen. Kann ich etwas damit anfangen, was Moni versucht, mir zu verklickern? Absolut. Mein Blick fällt auf ihre Zehenschuhe.

»Was gefällt dir bloß an diesen hässlichen Dingern?«

»Man merkt sofort, wenn man auf einen glitschigen oder steinigen Weg tritt.«

»Ich würde niemals in meinem Leben solche Schuhe tragen.«

»So wie du niemals in deinem Leben Kefir machen wirst.«

»Offen gestanden mag ich gar keinen Kefir, auch wenn es gesund ist. Das ist eklig, so saure Milch mit Stückchen, brrrr …«

»Kommst du allein klar?«, fragt Moni lachend.

»Klaro, Herr Schmitt und die Jungs tragen alles hoch, ich muss ihnen nur mit dem Finger zeigen, wo sie die Sachen abstellen sollen. Auspacken mache ich sowieso besser allein. Du kannst abhauen zu Paula und Herrn Schulze«, sage ich und schlinge meine Arme um Monis Hals. Sie hebt mich einmal kurz hoch. Dann zieht sie ihre Kapuze über den Kopf, steckt die Hände in die Hosentaschen und läuft an der Hauswand in Richtung S-Bahn. Noch ein Abschied, der mir schwerer fällt als gedacht, denn keine von uns beiden weiß, ob und wann wir uns wiedersehen.

Der Regen wird noch stärker, es donnert und blitzt jetzt sogar, als würde ein Wettergott persönlich gegen meinen Einzug in die neue Wohnung demonstrieren. Aber Herr Schmitt und seine Männer haben auch für dieses Problem eine Lösung. Sie parken das Auto direkt auf dem Bürgersteig vor dem Haus und fahren rückwärts so nah wie möglich an die Tür. Die Kisten sind schnell ausgeladen und am frühen Nachmittag stehen die Kartons und das große Sofa oben in der Wohnung, zum Schutz vor dem Regen in eine Husse aus zusammengeklebten Mülltüten verpackt. Zum Schluss steigt der Rocker mit seinen Cowboyboots noch auf eine mitgebrachte Leiter – ich denke, jetzt fällt er wirklich auf die Nase! – und schraubt eine nackte Glühbirne in die Fassung, die von der Decke hängt, damit ich Licht habe. So schnell ist der Umzug erledigt. Herr Schmitt gibt mir den

Hausschlüssel zurück und schaut mich mitleidig an. Gleich muss ich wirklich allein klar kommen: allein in meiner neuen Wohnung, allein mit meinem Kummer, allein mit meinem Leben.

»Ich verspreche Ihnen: Es wird besser«, schnurrt Herr Schmitt und legt seine Pranke auf meine Schulter.

»Ach, ja. Wird schon. Das Wetter ist ja typisch für die Jahreszeit …«

»Ich meine doch nicht das Wetter«, zwinkert er mir zu. »Sie wissen schon, was!«

»Wenn Sie es sagen, Herr Schmitt!« Ich klinge so spöttisch wie jeder, der frischen Liebeskummer hat und sich nicht vorstellen kann, dass die Durchhalteparolen auch auf ihn zutreffen könnten.

»Was schulde ich Ihnen?« Herr Schmitt windet sich, als würde es ihm körperliches Leid zu fügen, einen Geldbetrag auszusprechen.

»Zweihundertfünfzig.«

»Zweihundertfünfzig sind super«, antworte ich und reiche ihm fünf fünfziger. Das war der ganze Rest von meinem Konto, das ich gestern vorsorglich geplündert habe. Jetzt bin ich nicht nur Single, sondern auch arbeitslos und pleite.

Herr Schmitt lässt das Geld in der Brusttasche seiner Latzhose verschwinden und prüft noch mal, ob es sicher verstaut ist, indem er mit den Fingerspitzen auf die kleine

Erhebung aus Papier klopft. Derweil stellen sich die Männer wie heute Morgen wieder hinter ihm in einer Reihe auf, verabschieden sich wie die sieben Zwerge nach Feierabend in der Diamantmine per Handschlag von mir und lassen mich in einer Wolke aus Weichspüler, Schweiß und abgestandenem Zigarettenqualm zurück. Das nasse Leder der Cowboystiefel quietscht, als der Rocker geht. Gespielt euphorisch rufe ich »Tschüßi, Tschöö und danke noch mal!« bevor ich die Tür hinter ihnen schließe. Kaum dass alle weg sind, weiß ich nicht, wohin mit mir. Es regnet und regnet, ich reiße alle Fenster weit auf, damit dieser Geruch aus den Zimmern weicht, aber er bleibt darin hängen. Es riecht komisch, so wie ein Secondhand-Pullover nach seinem Vorbesitzer und dessen Schrank mieft. Ich setze mich auf den Boden meines neuen »Single-Apartments«, schlinge die Arme um die Knie und wiege mich hin und her. Ich könnte jetzt auf einem Fels auf den Osterinseln oder in einem Krater auf dem Mond hocken – es wäre das gleiche Gefühl. Ich habe Heimweh. Mein Blick wandert durchs Zimmer: ein Sofa, eine Matratze, eine nackte Glühbirne und meine Sachen, verpackt in zweiunddreißig braune Pappkartons – das ist alles, was ich habe. Mein größter Albtraum ist soeben wahr geworden: Ich habe wieder mein Zuhause verloren. Nur mit dem Unterschied, dass ich heute nicht fünf Jahre alt bin und meine Mutter mich nicht aus dem Schlamassel rausholt. »Du bist meine Tochter. Du schaffst das.« Ja,

Mami, nur wie? Magnus war mehr als mein Freund. Er war meine Familie, mein Versuch, eine eigene Familie zu finden. Ich habe nicht begriffen, wie wichtig er war, weil ich es für selbstverständlich genommen habe, dass wir bis ans Ende unserer Tage zusammenbleiben würden. Ich gehe ins Badezimmer, in dem es noch kein Licht gibt. Mein Spiegelbild im Dunkeln sieht aus wie ein graues Gemälde. Die Frau auf dem Bild fragt mich, was ich vorhabe. Der Regen strömt draußen vor dem Fenster vorbei, es wird langsam kalt in der Bude. In meiner Heimat gab es mal eine berühmte Wahrsagerin namens »Madame Buchela« oder auch nur »die Buchela«. Eines Tages kam eine Frau zu ihr, deren Bruder seit Tagen in den Bergen vermisst wurde. Die Buchela sagte ihr genau, auf welchem Fels die Retter suchen sollten. Der Mann war längst erfroren, aber man fand ihn an der Stelle, die die Zigeunerin vorausgesagt hatte. Sogar Politiker und Prominente ließen sich von ihr beraten. Hätte ich ihre Nummer und würde sie noch leben, ich würde sie anrufen. Selbst wenn sie spinnt, würde ich hören wollen, welche Zukunft sie sich für mich ausdenkt. Hauptsache, sie würde irgendetwas sagen.

Ich wandere durch die Wohnung, schiebe ein paar Kartons hin und her, mein Magen knurrt. Die Schokobrötchen sind längst verdaut, aber hier gibt es noch nichts zu essen. Wo ist der nächste Supermarkt? Keine Ahnung. Darum habe ich mich noch nicht gekümmert, ebenso wenig wie um eine neue Telefonnummer, einen Nachsendeauftrag, eine Hausratversicherung. »Ich will nicht, dass du hier wohnst!«, sage ich laut zu mir selbst. »So ein Mist!«, brülle ich noch lauter und trete aus Wut in einen der unteren Kartons, der mit Büchern gefüllt sein muss, denn er gibt überhaupt nicht nach. Was mir jetzt gerade noch fehlt, ist ein gebrochener Fuß – ich würde in diesem Loch allein verhungern. Es ist mir egal, ob einer der neuen Nachbarn hört, wie ich weine. Mein Blick fällt auf einen schwarzen Sack, der hinter dem Kartonstapel direkt am Fenster liegt – eine Art Gürteltasche, in der ein paar Schraubenzieher, ein Zollstock und ein Teppichmesser stecken: Der Rocker hat sein Werkzeug vergessen. Es wird nicht lange dauern, dann wird er, mit oder ohne Herrn Schmitt, wieder vor der Tür stehen und bei mir klingeln. Ich nehme das Messer in die rechte Hand, ratsche die lange Klinge aus dem Schaft heraus und schaue sie mir unter dem gleißenden Licht der Glühbirne an. Ich denke an meinen Vater, der sich mit einem Skalpell im Keller erstochen und die Pulsadern aufgeschnitten hat. Ob er mich sieht und versteht, wie unglücklich ich bin? Ich verstehe ihn auf einmal so gut. Wieder höre ich die Stimme meiner Mutter in meinem Ohr: »Du bist meine Tochter. Du schaffst das.« »Ja, Mami!«, sage ich zu mir selbst. Natürlich will ich nicht sterben. Aber so, wie es jetzt ist, ist es einfach nicht richtig. Ich will leben, unbedingt. Wenn es manchmal nur nicht so schwer wäre!

Es wird dunkel. Ich lege mich auf die nackte Matratze und warte darauf, dass Magnus sich endlich meldet. Ich will, dass er den ersten Schritt macht, denn ich habe so lange vergeblich auf seinen Anruf gewartet. Mir fällt der Aldebaran ein. Ich suche meine Jeans in einer der Ikea-Taschen, für einen Moment glaube ich, ihn verloren zu haben, dann fische ich den Plastikstern aus der Hosentasche heraus. Er leuchtet kaum noch, aber in diesem Moment ist er mein wertvollster Besitz. Ich lege mich auf den Rücken und halte den Stern auf meiner Brust fest, so wie Leuten, die beerdigt werden, ein Kreuz auf die Brust gelegt wird. »Bitte beschütze mich«, sage ich und schließe die Augen. All die unbekannten Geräusche um mich herum irritieren mich. Die Dielen knacken anders, das Getrampel im Flur klingt bedrohlich. Ich höre kein beruhigendes Baumrauschen vor meinem Fenster und es kleben auch keine Sterne an der Decke, die mich jede Nacht darin erinnern, dass – egal wie groß meine Probleme scheinen – die Welt nicht untergehen wird. Magnus hat immer gesagt: »Vom Mond aus betrachtet, spielt das Ganze gar keine so große Rolle.« Um mich herum stehen zu Mauern gestapelte Kartons, dahinter nichts als kahle Wände. Ich lausche in die Stille hinein. Halte ich es aus, allein zu sein? Ich denke an die Nächte mit Magnus: Wie innig wir früher zusammen eingeschlafen sind! Immer in Löffelchenstellung, ich an seinen Rücken und Hintern gekuschelt, meine Nase in seinen Nacken gegraben und den Arm so fest um ihn geschlungen, als könnten wir fallen. Am nächsten Morgen war Magnus dann immer als Erster wach und ich hörte ihn leise lachen. Ich schlug die Augen auf und sah ihn vor mir auf der Bettkante sitzen und liebevoll den Kopf schütteln, denn ich schlief auf der Seite, sodass mir im Schlaf die Spucke aus dem Mund lief und ich in einer Pfütze Sabber lag. Er sagte: »Du kannst dir nicht vorstellen, wie sehr ich dich liebe.«

Jetzt ist er wieder in Deutschland, ich wohne in einer anderen Wohnung und er meldet sich nicht. Ein »Nein!« scheißt mir durch den Kopf. Dann noch eins und noch eins. Ganz viele Neins hintereinander. Ich halte es nicht ohne ihn aus. Ich schaue aus dem Fenster, der Regen lässt endlich nach. Ich räume ein paar Kartons hin und her, ziehe irgendwo meinen Trenchcoat heraus, schlüpfe hinein und binde mir den Gürtel fest um die Taille. Dann verlasse ich meine Wohnung, in die ich erst vor wenigen Stunden eingezogen bin. Mein Fahrrad steht noch bei Magnus. Das ist ein guter Vorwand, um dort spontan aufzutauchen und zu klingeln. »Guten Abend. Vielleicht erinnerst du dich an mich! Ich war zwölf Jahre lang deine Freundin und habe bis vor ein paar Stunden hier gelebt. Wie geht's dir so?« Bis zur alten Adresse brauche ich zu Fuß eine Viertelstunde, maximal zwanzig Minuten. Hoffentlich ist Magnus überhaupt schon da und noch wach, immerhin hat er einen langen Flug hinter sich. Ich weiß nicht, was mich erwartet, aber ich laufe trotzdem los. Die Straßen sind ungewohnt. Ich gehe vorbei an den Spielcasinos, Boutiquen mit atemberaubend kitschigen Hochzeitskleidern und Dönerläden. Ich gehe durch den Park, der sich durch die beiden Stadtteile schlängelt, in denen wir jetzt wohnen. Das ist der schnellste Weg, auch wenn er nachts nicht ganz ungefährlich ist. Aber ich kann es kaum erwarten, Magnus endlich wiederzusehen. Wenn mich jetzt einer überfällt und umbringt – na und? Der Regen hat jetzt ganz aufgehört, ein würziger, erdiger Duft steigt mir in die Nase. Ich atme tief ein, tief aus und hole nicht nur Luft, sondern auch Mut. Ja, ich schaffe das! Ja, ich werde wieder glücklich! Meine Augen gewöhnen sich an die Dunkelheit. Die grauen Wolken verziehen sich und geben einen blaugrauen Nachthimmel frei, der Mond strahlt auf den Weg, der vor mir liegt. Meine Schritte knirschen auf dem Sandboden. Im Grunde ist es total schön nachts im Park, vor allem nach dem Regen, weil das Laub tropft. Über die Liegewiese, auf der die Leute im Sommer grillen und Frisbee spielen, zieht ein langer schwarzer Schatten. Ich drehe mich hektisch um aus Angst, verfolgt zu werden. Mein Blick sucht die Umgebung ab. Im Laufen kann ich nichts erkennen, also bleibe ich stehen, um zu gucken, ob sich etwas in den Büschen bewegt. Es raschelt. Könnte ein Vogel gewesen sein. Oder ein Hase. Ich wage kaum zu atmen, mein Herz schlägt mir bis zum Hals, ich gehe weiter, die Schritte werden schneller und schneller. Neben mir knacken Äste. Es raschelt wieder. So laut raschelt weder ein Vogel, noch ein Hase. Das war's jetzt, denke ich und stelle mir meine eigene Beerdigung vor: Die Leute würden sich fragen, wie ich so leichtsinnig sein konnte, nachts allein durch den Park zu wandern, obwohl doch in der Zeitung stand, dass ein Frauenmörder aus dem Gefängnis ausgebrochen ist. Magnus würde weinen, weil er sich zur gleichen Zeit auf den Weg gemacht hätte, um zu mir zu kommen und mich zu fragen, ob wir es noch einmal – ein allerletztes Mal – miteinander versuchen wollten. Wenn ein Schuft mich jetzt hier im Park umbringen wollte, dann könnte er es in aller Ruhe erledigen. Erst Morgen früh würde ein Hund meine Leiche finden. Niemand weiß, wo ich gerade bin und dass ich mir vor Angst gleich in die Bux mache. Ich gehe vom schnellen Laufen ins Joggen über und dann sprinte ich mit einem Kreischen los, dabei öffnet sich der Knoten meines Gürtels, der Mantel schlägt mir wie zwei große Flügel um die Ohren. Weiter, weiter, ich darf nicht langsamer werden! Ich denke an Caros Lauftechnik, die sie mir mal gezeigt hat: große, aber flache Schritte machen, die Arme mitschwingen lassen und ganz tief durch die Nase ein und wieder ausatmen, damit man kein Seitenstechen bekommt. Endlich sehe ich die roten Rücklichter der Autos auf der Straße. Nicht mehr weit und ich bin in Sicherheit. Das Blut in meinem Kopf hämmert gegen meine Schläfen. Ich habe einen geschätzten Puls von zweihundertzwanzig, bin hellwach und wirklich froh, dass ich noch lebe. Mein Ziellauf, gekrönt von einem lauten, erschöpften Stöhnen, erschreckt ein paar Leute, die unter einem Baum direkt an der Straße stehen und verzückt nach oben schauen. Man wundert sich kurz, warum ich wie ein geölter Blitz aus dem Park geschossen komme, dann dreht man sich mit einem Lächeln wieder einem Piepen zu, das aus der Baumkrone dringt. Ich habe von diesem Ort gehört. In diesem Baum schlägt eine Nachtigall und zwar angeblich so schön, dass in jeder Nacht, in der sie singt, die Spaziergänger stehen bleiben und diesem Gratiskonzert lauschen. Auch heute zwitschert, trillert und tschilpt sie, als müsse sie eine Vogelhochzeit allein besingen: erst eine silberhelle Pfeifstrophe, dann ein Schluchzen und eine Triole, die so kompliziert ist, dass selbst meine Mutter, die geübteste Pfeiferin, die ich kenne – sie »unterhält« sich sogar mit den Amseln und Meisen im Garten – sie nicht imitieren könnte. Ich bleibe stehen, lasse mich von der Begeisterung für dieses Geschöpf und seine Gesangskünste anstecken und vergesse kurz, woher ich komme und wohin ich will. Für einen Augenblick bin ich nicht mehr traurig. Mit diesem Gefühl will ich Magnus begegnen: als selbstbewusste Frau und nicht als Jammerlappen.

Ich gehe nah an den Fassaden entlang. Ab und zu fällt mir noch ein Tropfen Regen ins Gesicht. Ich will nicht gesehen werden. Vor allem nicht von Ferdinand. Am Haus angekommen, schlüpfe ich in den Eingang und spähe um die Ecke. Im Café nebenan ist es noch hell. Unauffällig schaue ich hoch zu den Fenstern unserer Wohnung im dritten Stock: Sie sind dunkel. Magnus ist immer noch nicht da. Seltsam. Gemeldet hat er sich auch nicht. In diesem Moment höre ich das typische nagelnde Geräusch eines Dieselmotors hinter mir. So hören sich nur die Taxis an. Ich drehe mich um, mein Herz bleibt stehen. Ein elfenbeinfarbenes Auto mit gelbem Licht auf dem Dach. Es ist das Taxi mit Magnus, ich erkenne ihn durch die Heckscheibe. Wie der Portier eines Hotels stelle ich mich direkt an den Bordstein. Magnus sitzt auf der Rückbank, ich reiße die Tür auf und stehe da – mit roten Wangen, einer schweißnassen Stirn und in meiner Schlafanzughose. Als er mich sieht, lacht er. Ich bin erleichtert. Ich drehe mich kurz um, denn ich spüre wieder einen Blick in meinem Rücken. Ferdinand. Er hat die Lampen in seinem Laden ausgemacht, aber ich spüre, dass er uns aus dem Dunkeln beobachtet, so wie ich früher die Nachbarn gegenüber beobachtet habe. Ich weiß, dass es nicht anständig ist, wie ich ihn behandele, und es tut mir leid. Aber alles was ich denken und sagen kann ist »Magnus, Magnus, Magnus«.

»Hase!« Er scheint sich im ersten Moment so wie ich über das Wiedersehen zu freuen, mein Herz macht einen Sprung.

Er trägt ein gelbes T-Shirt, ist braun gebrannt, seine Gesichtszüge sind viel milder als vor der Abfahrt. Er steigt aus dem Wagen und umarmt mich, dann lädt er zusammen mit dem Taxifahrer seine Taschen aus dem Kofferraum. Er riecht wieder so komisch fremd – früher habe ich seinen Körpergeruch geliebt – aber ich schlinge trotzdem noch einmal meine Arme um ihn. Er umarmt mich auch, macht sich aber mit einem Mal so steif, dass ich mich gar nicht richtig an seine Brust drücken kann. Er löst sich als Erster aus der Umarmung und klopft mir auf die Schulter. Ich werde unsicher. Wie das große Liebescomeback fühlt sich das nicht an. Ich helfe Magnus beim Tragen. Er nimmt die Surfbretter und ich ziehe die große schwarze Tasche in den Hausflur. Wortlos schleppen wir das Gepäck die Treppen hoch.

»Und, wie war's?«, frage ich ihn im zweiten Stock.

»Sonne, Strand und Meer – genau das, was ich gebraucht habe!«, antwortet Magnus. »Wo ist deine neue Wohnung?«

»In der Kirschallee.«

»Das ist nicht dein Ernst! Warum ausgerechnet da?«

Er schließt die Tür auf, schaut sich um. Ich fange an zu weinen. Es wühlt mich auf, dass er nach Hause kommt, aber ich nicht. Magnus, der immer noch nicht redet, inspiziert die Wohnung, wirft einen Blick ins Esszimmer, läuft in die Küche, macht die Schränke auf und sagt: »Aha, so so«. Als er im Wohnzimmer steht bemerkt er: »Du hast das große Sofa mitgenommen«.

»Mehr hast du mir nicht zu sagen?«, krächze ich. Ich stehe im Flur wie ein Gast, den man vergessen hat hineinzubitten.

»Was hast du denn erwartet? Ich komme zurück und du bist wirklich weg. Auf meinen Brief hast du überhaupt nicht geantwortet.«

»Von welchem Brief redest du? Du hast dich die ganze Zeit nicht mehr gemeldet!«, schreie ich ihn an. Erst fährt er wochenlang weg, lässt mich hier allein sitzen und jetzt beschwert er sich!

»Die Fotos sind alle weg! Und wo ist mein graues Sweatshirt?«, schimpft Magnus.

»*Dein* graues Sweatshirt?! Du meinst *unser* graues Sweatshirt!«, brülle ich zurück. Er sieht kein bisschen traurig aus, seine Augen werden dunkel und der Mund ist ein dünner Strich. Ich bekomme keine Luft mehr. Jetzt soll ich mich auch noch dafür entschuldigen, dass ich ein paar Sachen mitgenommen habe, obwohl ich diejenige war, die ausziehen musste?!

»Ich bin weg, ist dir das auch aufgefallen?«, heule ich und sacke in die Knie. Ich frage mich, was ich erwartete habe. Wir sind getrennt. Aber gebetet habe ich zum lieben Gott für etwas anderes: dafür, dass alles wieder gut wird.

Magnus faselt etwas davon, dass ich wüsste, dass ich immer einen besonderen Platz in seinem Herzen haben werde und er natürlich noch immer etwas, sogar viel, für mich empfinden würde. Aber die Zeit, die wir miteinander verbracht haben, sei vorbei und ich hätte ihn ruhig vorher fragen können, ob ich das große Sofa mitnehmen darf. Er bräuchte jetzt einen Augenblick für sich, um anzukommen, auszupacken und zu schlafen. »Danke für den Einkauf.« Übersetzt heißt das für mich: »Bitte verlasse jetzt meine Wohnung.« Ich hatte gehofft, dass ich ihm so fehle wie er mir fehlt. Ich möchte ihn so gerne in den Arm nehmen. Aber ich tue es nicht und Magnus lässt mich gehen. Ich knalle diesmal nicht mit der Tür, dafür schmeißt er sie hinter mir zu. Ich verstehe das alles nicht. Ich stolpere aus der Wohnung und schaffe keine Treppenstufe runter, ohne einen Schluchzer auszustoßen.

Mein Fahrrad steht im Hof. Ein Blick nach oben zum Schlafzimmerfenster. Nichts rührt sich. Ich stolpere im Dunkeln an den Mülltonnen vorbei, schließe das Schloss auf und schiebe mein Rad weinend durch den Hausflur und vor die Tür. Der Sattel ist nass, zwischen den Gitterstäben des Korbes am Lenkrad hängen Regentopfen, die wie Perlen nach und nach zu Boden fallen. Ich stelle mich mitten auf die Straße, lege meinen Kopf in den Nacken und schaue hoch zur Wohnung. Das Licht ist an, aber Magnus schaut immer noch nicht aus dem Fenster. Er tritt nicht raus auf den Balkon, um nachzugucken, ob ich wirklich gegangen bin, und ruft mir nicht so laut, dass der alten Dame von gegenüber die Spangen aus den Haaren springen, zu, dass er wie ich total verwirrt ist, dass er das alles nicht so gemeint hat und dass ich zurückkommen soll. Er lässt mich gehen, so wie er mich auch früher im Streit immer hatte gehen lassen. Er muss doch begreifen, dass es jetzt darauf ankommt! Dass es mir ernst ist! Ich zähle von zwanzig runter. Ändert sich dieser dickköpfige Widder denn nie? Wenn er bei eins nicht aus dem Fenster guckt, muss ich mein Leben in Zukunft ohne ihn planen. Achtzehn – das Fenster bleibt geschlossen. Fünfzehn – die Balkontür auch. Zwölf – bitte, bitte, bitte! Zehn – ein knatterndes Moped fährt vorbei. Sieben – wieso denn nicht?! Fünf – immer noch kein Magnus in Sicht. Vier – mach schon! Drei – nein, immer noch nicht. Zwei – das glaube ich nicht! Eins – es ist vorbei.

Okay, das war's. Ich denke an Herrn Schmitt und seinen Satz: »Keine Nachricht ist auch eine Nachricht.« Wenn ich noch einen Funken Stolz in mir habe, dann muss ich jetzt gehen. Ich setze mich auf mein Fahrrad und fahre in Schlangenlinien den Bürgersteig entlang. Nach links, nach rechts? Keine Ahnung, wo ich hin soll! Die neue Wohnung ist kein Ziel. Ich will doch einfach nur nach Hause.

An einer roten Fußgängerampel bleibe ich stehen und halte mich an dem Mast fest, die Werbezettel zum Abreißen für Gesangsunterricht und eine Heilpraktiker-Ausbildung sind matschig. Ich weine in meine linke Hand. Die Ampel schaltet auf Grün. Ich stoße mich mit rechts vom Mast ab und rolle auf die Straße. Ich schaue auf meine Füße, nicht nach vorne. Ich höre, wie jemand mit schnellen, sehr schnellen Schritten hinter mir herläuft. Gerade in dem Moment, in dem ich zum ersten Mal in die Pedale treten will, bemerke ich einen Widerstand. Etwas oder jemand zieht mich am Gepäckträger nach hinten und hält mich fest. Ich falle fast um und springe vom Rad. Es ist Ferdinand. Ich heule weiter, wage aber nicht, ihm mein Gesicht zu zeigen. »Komm her«, sagt er, hält mein Rad und nimmt mich in den Arm.

Brief von Magnus

Unsere Insel, Anfang April

Liebe Sunny,

warum ist das alles nur so kompliziert? Ich liebe dich und du fehlst mir so unendlich. Jeden Abend, wenn ich hier ins Bett gehe, könnte ich heulen, weil ich allein und ohne dich bin. Bestimmt wunderst du dich, dass du nichts von mir hörst, oder bist längst stinksauer, so gut kenne ich dich und in solchen Momenten, in denen mir das bewusst wird, vermisse ich dich am meisten. Ich wollte dir einen Brief schreiben. Einen richtigen Brief auf Papier, keine E-Mail oder SMS. Bitte glaub mir, dass mir die Trennung unendlich schwerfällt. Der einzige Grund, warum ich auf unsere Insel gefahren bin, ist der, dass ich mich hier wenigstens auskenne, auch wenn sich vieles verändert hat. Du würdest die Gegend nicht wiedererkennen. Ich musste weg, nicht nur von dir, sondern Luft holen und »mich abschalten«. Ich musste dich verlassen, denn mein Gefühl sagt mir, dass, egal was ich mache, es nie genug sein wird und dass sich all die Probleme zwischen uns nicht lösen lassen. Ich fühle mich, als wäre ich emotional tot, und das will ich nicht mehr. Ich will morgens wieder aufwachen und mich auf den Tag freuen. Vielleicht sind das Depressionen, aber wie könnte ich dich damit belasten, nach all dem, was in deiner Familie passiert ist? Wir haben uns beide so beschissen einander gegenüber verhalten, dass ich einfach nicht mehr konnte und kurz vor dem Durchdrehen war, bevor ich gefahren bin. So was habe ich noch nie erlebt und ich will es auch nicht mehr erleben. Genauso wie du zweifle auch ich manchmal an meinem Job. Manchmal würde auch ich gern einfach etwas anderes machen. Ich kann nicht mehr mit dir zusammenleben. Nicht weil ich dich nicht mehr liebe, sondern weil wir uns dauernd streiten. Ich kann und will so nicht mehr weitermachen. Das hat nichts mit der Liebe zu dir zu tun, auch wenn du das immer geglaubt hast, aber letztlich warst du wegen deiner dauernden Zukunftsängste und des stressigen Jobs emotional gar nicht mehr für mich erreichbar. Was spricht gegen einen Neuanfang? Im Gegensatz zu früher glaube ich nicht mehr, dass wir es schaffen. Wären wir denn wirklich, sowohl du als auch ich, in der Lage, alles auf null zu stellen, sprich: die Vergangenheit ruhen zu lassen und neu zu starten? Können wir mit den Fehlern des anderen leben, sodass all diese Streitereien vergessen sind und in der Zukunft nie wieder ein Thema darstellen? Ich habe lange Zeit davon geträumt, dass wir uns gemeinsam eine Auszeit nehmen, um unsere Situation zu bewerten. Ich hätte dafür sogar meinen Job gekündigt. Ich habe so viel Geld gespart, dass wir ein paar Monate damit hätten auskommen können. Außerhalb der gewohnten Pfade hätten wir vielleicht auch herausfinden können, ob das Thema Sex für uns wieder unkompliziert hätte werden können, ob das mit uns überhaupt noch funktioniert oder eben nicht. Auch ich wünsche mir eine Familie, glaub mir. Hätten wir während dieser Auszeit festgestellt, dass es keinen Sinn mehr mit uns hat, hätten wir zumindest gewusst, dass wir wirklich alles versucht haben. Erst dann, so hatte ich mir vorgestellt, wäre ich bereit gewesen zu sagen, dass wir wirklich gescheitert sind, auch wenn das mit Abstand das härteste Eingeständnis meines Lebens ist. Aber seit einiger Zeit weiß ich, dass diese Möglichkeit ein Luftschloss war, denn du würdest deinen Job niemals aufgeben. Auch wenn du rein theoretisch jeden Tag gehen könntest.

Mehr will ich auch gar nicht sagen. Glaub mir einfach, dass mir alles sehr leidtut. Ich kann für mich sagen, dass ich glücklich werden will und dass ich lange gehofft habe, es eines Tages mit dir wieder zu werden. Auch wenn ich mich ab und zu seltsam verhalten habe, wollte ich immer uns. *Ich wollte, dass wir es hinbekommen, denn ich liebe dich und ich wollte mit keiner anderen Person als dir alt werden. Du bist und bleibst die Liebe meines Lebens. Magnus*

Vorgestern lag dieser Brief in meinem Briefkasten, zehn Tage nach meinem Umzug in die neue Wohnung in der Kirschallee. Magnus hat ihn einfach so eingesteckt, ohne

Eilmarke oder sonst was. Auf gut Glück hat er den für mich wichtigsten Brief der Welt irgendwo in der indonesischen Pampa geschrieben und in einem kleinen Dorfladen abgegeben. Ein länglicher Umschlag mit einer Orang-Utan-Briefmarke, mit zwei Tesa-Streifen hinten zugeklebt. Darin mehrere Seiten gefaltetes Papier, ein Brief, in Magnus' kleiner Krakelschrift geschrieben. Er liegt jetzt auf meinem neuen Esstisch, den ich in der Zwischenzeit gekauft habe, er ist weiß und man sieht den Staub darauf nicht so schnell. Ich nehme den Brief immer wieder in die Hand und lese ihn. Dann schreibe ich abwechselnd am Businessplan für mein Weiße-Blusen-Geschäft und an meiner Antwort für Magnus. Ich kann immer noch nicht glauben, was geschehen ist. Letztlich wollten wir beide das Gleiche, aber wir waren auf unterschiedlichen Wegen unterwegs, wie zwei Züge, die zwar dasselbe Ziel, aber unterschiedliche Routen haben.

Ferdinand liegt auf der Matratze auf dem Boden und schläft, ausgestreckt wie ein erschlagener Bär. Ich weiß nicht, was das mit uns ist. Er versucht, mich zu halten, er tut mir gut, indem er für mich Suppe kocht und mir nächtelang zuhört, wenn ich mir den Kummer von der Seele rede. Vielleicht nutze ich ihn aus, ja – aber selbst wenn es anfangs nur die Sehnsucht nach Nähe war, die mich in seine Arme trieb, und auch wenn ich immer noch jeden Tag, jede Minute an Magnus denke und mich frage, was er macht und ob es ihm gut geht, so beginnt mein Herz doch, auch etwas für Ferdinand zu empfinden. Das macht die Sache nicht weniger kompliziert, aber ich habe mich damit abgefunden: Mein Leben ist im Moment so, wie es ist. Die Geschichte ist natürlich aufgeflogen. Dank der Nachbarin mit den Locken wusste Magnus schnell über Ferdinand und mich Bescheid. Jetzt redet er nicht mehr mit mir, geht nicht ans Telefon, wenn ich anrufe, und hat auf keine der SMS, die ich ihm geschrieben habe, geantwortet. Wir sind getrennt und doch weiß ich: Es ist noch lange nicht vorbei. Von den sechs Jahren, die ich angeblich brauchen werde, um über diesen Mann hinwegzukommen, habe ich vierzig Tage hinter mir. Bleiben noch 2.150 Tage. Er fehlt mir. Jeden Tag, wenn ich aufwache, und jeden Abend, wenn ich ins Bett gehe. Er war meine große Liebe. Meine Sonne. Mein Mond. Meine Sterne.

Epilog

Wie in meinem ersten Buch erzähle ich auch in *Meine Sonne. Mein Mond. Meine Sterne.* eine Geschichte, die meiner eigenen sehr ähnlich ist. Nach der Veröffentlichung von *Hinter dem Blau* hatte mein Leben zwei Pole: Auf der einen Seite bekam ich von allen Seiten Lob und Zuspruch für meinen Mut, ein Buch über den Selbstmord meines Vaters zu schreiben, und auf der anderen Seite erlebte ich den bittersten Liebeskummer meines Lebens.

»Magnus« hatte einen großen Anteil an dem Entstehen von *Hinter dem Blau*. Jahrelang hat er mir zugehört, mich unterstützt und ermutigt, vor allem wenn es um meine Selbstständigkeit und eigenen Ideen ging. Die Schwere, die das für ihn mit sich brachte, habe ich nicht gesehen. Er hatte selbst einen Freund durch Suizid verloren und lebte mit einer Frau zusammen, die aufgrund des Verlustes ihres Vaters ständig von Angst, Zweifeln und Unsicherheit umgeben war. Das Gefühl, nichts wert, nicht liebenswert zu sein, das steckt mir ewig in den Knochen. Als ich endlich eine Therapie anfing, wurde es anfangs noch schlimmer.

Die alten Wunden brachen auf und ich wusste nicht, wohin mit all dem Kummer, der in mir ist. Ich wurde von einem überwältigenden Schmerz beherrscht und hangelte mich von Tag zu Tag. Aber ich musste da durch, es gab keinen anderen Weg. Ich habe mir gewünscht, dass wir trotz dieser Belastung unsere Liebe retten, wusste aber nicht wie. Wie schafft man es, dass im Alltag wieder diese Verliebtheit aufflackert, wie die Flamme eines Feuers, das schon fast erloschen ist? Ich fühlte mich wie ein verbranntes Stück Holz, lag in meiner eigenen Asche, unfähig wieder aufzulodern.

Nach der Trennung war es mir nahezu unmöglich, noch etwas Positives zu sehen. Meine Gedanken verselbstständigten sich, ich drehte mich im Kreis und war davon überzeugt, mein Leben nicht mehr in der Hand zu haben. Ich glaubte, dass das Schicksal es nicht gut mit mir meint, da es mir nach dem Tod meines Vaters nun auch noch den Verlust meiner großen Liebe auferlegte. Zuerst gab ich ihm, dann mir selbst die Schuld am Scheitern der Beziehung, weil ich meinen Partner mit Erwartungen überfrachtet hatte: Er sollte mein bester Freund, Seelenverwandter, Ernährer, Vater der zukünftigen Kinder und Liebhaber sein, Sportskanone, Koch, einer, der Wäsche aufhängen und staubsaugen kann, lange Autostrecken fährt und romantische Urlaubsziele ausfindig macht, während ich auf dem Sofa hockte und mich darüber beklagte, dass nichts so lief, wie ich es mir vorstellte. Eine Weile verharrte ich in diesem Selbstvorwurf. Aber mit der Zeit wurde ich *anders* glücklich. Zwar kann ich mein Herz nicht recyceln, aber wie den Tod meines Vaters habe ich auch diese Trennung überwunden, selbst wenn mich ab und zu die Trauer wie ein böser Riese packt, mich durch die Luft schleudert und ich mich, wenn ich wieder auf dem Boden angekommen bin, frage: »Was wäre gewesen, wenn …?« Vielleicht hätten wir uns irgendwann getraut, wirklich ehrlich miteinander zu sein und uns gegenseitig zu sagen: »Sag mir, was du brauchst, dann kann ich versuchen, es dir zu geben.«

Das Leben ändert sich, Beziehungen ändern sich – Magnus hatte Recht, als er zu Sunny sagte, dass man die Liebe nicht festketten kann. Und doch weiß ich eines ganz gewiss: Ich werde diesen Mann immer lieben. Egal, was wir uns angetan und gesagt haben, er wird meine große Liebe bleiben. Ihn loszulassen, zu akzeptieren, dass es vorbei ist, hat mich fast den Verstand gekostet, aber ich will, dass er glücklich ist. Ob mit oder ohne mich.

Diese Krise hat mir gezeigt, auf was es im Leben ankommt. Nämlich darauf, *selbst* dafür Sorge zu tragen, dass es mir gut geht. Nur ich kann etwas an meiner Situation ändern, ich trage die Verantwortung für mein Glück.

Niemand anderes. So bin ich als Mensch gewachsen. Ohne diese Krise und Trennung hätte ich niemals den neuen Weg eingeschlagen, der mich ein Stück näher dahin führt, wo ich sein will: bei Alexa, der Frau, die ich versuche, jeden Tag ein bisschen besser kennenzulernen.